贵州省省级科技计划项目［黔科合基础（2020）1Z057］
教育部新农科研究与改革实践项目（2020145）
资助

贵州省农业农村发展典型案例研究

A Typical Case Study of Agricultural and Rural Development in Guizhou Province

梁龙 等◎著

中国农业大学出版社
China Agricultural University Press
·北京·

内容简介

近年来，在全国农业产业结构调整的浪潮中，贵州省紧紧围绕乡村振兴战略20字方针中产业兴旺这一基本要求，在确保粮食安全的前提下，大力调整农业结构，发展现代山地特色高效农业。目前产业结构调整成效显著，产业体系“版图”格外突出。本书立足于贵州省，聚焦农业产业结构调整开展长期的调查及研究工作，收集并整理贵州省农业农村发展的一些典型案例，对其进行系统的分析和论述，旨在为贵州省农业农村发展提供现实参照和政策参考。本书共分为十章，第一章分析贵州省贵阳市M区农村“三变”改革的现状及问题，并提出改进策略；第二章核算雷山县典型茶产区茶叶生产的净碳足迹，并探讨茶产业绿色发展的问题与对策；第三章探讨关岭县村居宅基地闲置的现状和原因；第四章分析习水县岷山路社区易地扶贫搬迁的后续问题，并提出相应的对策；第五、六章介绍施秉县太子参产业和盘州市刺梨产业的发展现状及问题，并提出相应对策；第七章核算黄平县稻田养鱼农作模式的综合效益；第八章简述盘州市核桃产业发展的现状及对策；第九章利用改进的能值分析模型系统，评价和分析盘州市典型农业强镇红米和烤烟种植的可持续性；第十章分析锦屏县特色蔬菜生产的能量效益和碳足迹。

图书在版编目(CIP)数据

贵州省农业农村发展典型案例研究/梁龙等著. --北京：中国农业大学出版社，2023. 5
ISBN 978-7-5655-3027-2

Ⅰ.①贵… Ⅱ.①梁… Ⅲ.①农业经济-经济发展-案例-贵州②农村经济发展-案例-贵州 Ⅳ.①F327.73

中国国家版本馆CIP数据核字（2023）第133728号

书　名　贵州省农业农村发展典型案例研究
GUIZHOU SHENG NONGYE NONGCUN FAZHAN DIANXING ANLI YANJIU

作　者　梁　龙　等　著

策划编辑　梁爱荣　　**责任编辑**　杜　琴
封面设计　李尘工作室
出版发行　中国农业大学出版社
社　址　北京市海淀区圆明园西路2号　　**邮政编码**　100193
电　话　发行部 010-62733489,1190　　读者服务部 010-62732336
编辑部 010-62732617,2618　　出　版　部 010-62733440
网　址　http://www.caupress.cn　　**E-mail**　cbsszs@cau.edu.cn
经　销　新华书店
印　刷　北京虎彩文化传播有限公司
版　次　2023年10月第1版　　2023年10月第1次印刷
规　格　185 mm×260 mm　　16开本　　11印张　　275千字
定　价　50.00元

著作人员

主要著者 梁　龙

其他著者 吴雪梅　孙　凯　余　豪　余肖静

陈　程　严　睿　刘倩文　汪福成

何兆雄

前　言

党的二十大报告提出，“坚持农业农村优先发展，坚持城乡融合发展，畅通城乡要素流动”。党和国家提出乡村振兴战略，并提出要坚持农业农村优先发展的总方针，在资金投入、要素配置、公共服务、干部配备等方面要采取有力举措，加快补齐农业农村发展短板，不断缩小城乡差距，让农业成为有奔头的产业，让农民成为有吸引力的职业，让农村成为安居乐业的家园。

乡村振兴战略是高质量发展的“压舱石”。坚持农业农村优先发展，体现党中央的重视，体现“三农”在经济社会发展中的压舱石作用。坚持城乡融合发展，是破解城乡发展不平衡不充分的关键。畅通城乡要素流动，为乡村振兴提供强有力的支撑。

贵州省深入贯彻习近平总书记关于“三农”工作的重要论述，认真落实中央农村工作会议精神，始终坚持农业农村优先发展，全面推进农业农村现代化，加快建设现代山地特色高效农业强省，助推贵州高质量发展实现新跨越，谱写多彩贵州现代化建设新篇章。如何聚焦现代山地特色高效农业强省目标实施科技助农？具体举措有：推进茶叶、食用菌、蔬菜、牛羊、特色林业、水果、生猪、中药材、刺梨、生态渔业、辣椒、生态家禽等 12 项农业特色优势产业发展，持续巩固搬迁群众脱贫成果，盘活农村闲置宅基地等。

2015 年，贵州省六盘水市在探寻脱贫攻坚道路过程中成功探索出农村“三变”改革模式，改革的成效得到中央高度认可，引起了全国广大农村地区的效仿学习。2017—2019 年，农村“三变”改革经验连续三年被写入中央一号文件。

2020 年 12 月，习近平总书记在中央农村工作会议上指出，构建新发展格局，把战略基点放在扩大内需上，农村有巨大空间，可以大有作为。农村宅基地和住房是农民的基本生活资料和重要财产，也是农村发展的重要资源。《中共中央关于制定国民经济和社会发展第十四个五年规划和二〇三五年远景目标的建议》指出，要“探索宅基地所有权、资格权、使用权分置实现形式。保障进城落户农民土地承包权、宅基地使用权、集体收益分配权，鼓励依法自愿有偿转让”。深化农村宅基地制度改革是一种有益的探索，盘活利用农村闲置宅基地和农房对于激活农村土地资源要素、促进城乡融合发展具有积极作用，有助于乡村振兴战略的顺利实施。

2021 年 2 月，习近平总书记在全国脱贫攻坚总结表彰大会上强调，对易地扶贫搬迁群众要搞好后续扶持，多渠道促进就业，强化社会管理，促进社会融入。当前，“十三五”时期的易地扶贫搬迁建设任务已经全面完成，易地搬迁工作已由“搬迁建设”进入“后续扶持”为中心的新阶段，要通过发展特色产业、保障搬迁群众稳定就业、促进搬迁移民社会融入，进一步巩固拓展脱贫攻坚成果，做好易地搬迁群众后续扶持工作。《中共中央 国务院关于实现巩固拓展脱贫攻坚成果同乡村振兴有效衔接的意见》也把易地搬迁后续扶持作为重要内容予以强调。易地搬迁后续扶持具有长期性、复杂性、艰巨性，对易地扶贫搬迁来讲，完成搬迁建设任务只是第一步，后续扶持是更为重要、更艰巨的任务。做好后续扶持工作，既是党中央、国务院的一项重大决策部署，又是满足搬迁群众对美好生活向往的内在要求。

习近平总书记明确指出，产业振兴是乡村振兴的重中之重。《中共中央 国务院关于做好2022年全面推进乡村振兴重点工作的意见》强调“聚焦产业促进乡村发展”并做出重要部署。新的征程上，要确保农业稳产增产、农民稳步增收、农村稳定安宁，需要以更有力的举措加快发展乡村产业；要全面认识乡村产业的鲜明特征与丰富内涵，深刻理解发展乡村产业的重大意义，大力发展具有中国特色的乡村产业。

本书是贵州财经大学农村区域发展专业的师生对贵州农村发展的部分探索成果，基于贵州省的农业农村发展目标，本书将从“三变”改革、易地扶贫搬迁、农村闲置宅基地及特色农业产业发展等方向进行研究。希望对政府决策部门以及其他利益相关者做出决策、促进农村的经济发展、带动贵州省农村的发展有所启发。

编　者

2022年10月

目　录

第一章　贵阳市 M 区农村“三变”改革现状、问题及改进策略研究

一、引言

农村“三变”改革是贵州省六盘水市探索农村发展路径过程中得出的宝贵经验，是结合我国大国情和农村具体实际开展的探索，是土生土长的中国农村改革，具有鲜明的中国特色。随着农村“三变”改革的深入推进，学界关于农村“三变”改革的研究也在不断深入，但是，由于世界各国社会意识形态和政治制度等不尽相同，国外暂未有关于农村“三变”改革的研究，但国外关于农村资源、合作经济理论、农业合作社、农民权益等方面的研究取得了丰硕的成果，这些研究成果值得学习借鉴，为开展农村“三变”改革研究提供了理论参考。

农户可以将土地资源转化为股权，甚至是资产[1]。按“入社自愿、退社自由”的原则加入农业合作社，有利于发展大规模的农业生产，提升抵御自然风险的能力，实现以最低成本实现最大收益，农民实现增收致富[2-3]。农民的土地权益与相关保障制度息息相关，政府应完善相关土地权益保障制度[4-5]，为农村“三变”改革提供保障。

六盘水市于 2014 年成功探索出农村“三变”改革模式，其改革经验为广大农村地区开展系列改革提供了案例参考。农村“三变”改革花开黔中，享誉全国，成为中央推动“三农”工作的重要决策部署，同时也吸引了越来越多的学者开展相关研究。目前研究重心主要集中在改革发源地——六盘水市及贫困地区，且多从农村“三变”改革的含义、作用、经验等方面开展探究，为该领域积累了大量的研究成果和素材，也为本研究提供了参考。

目前，学界关于农村“三变”改革的基本定义即“资源变资产、资金变股金、农民变股东”[6-7]。在资源变资产方面。资产盘活就是所谓资源变资产[8]。杨慧莲、刘培生认为，农村“三变”改革主要是指：村集体对系列集体资源资产开展清产核资，进而将权属清晰的资源资产入股投资新型农业经营主体，让村集体成员持股分红[9]。

在“资金变股金”方面，王兆阳认为，“资金变股金”是村集体通过对各级政府用于农村发展的系列资金进行整合，在遵循使用范围和性质的前提下，采用折股量化的方式将这些资金分布到村集体所有成员，集体成员从入股中获得收益[10]。金传佳也认为，资金变股金的方式主要由合同（协议）将涉农发展资金折股量化，村集体成员持股分红，享受改革红利[11]。随着研究的不断深入，王永平和周丕东进一步拓展了相关内涵，认为参与“三变”改革的资金还有个人自由资金、社会融资、金融部门提供的信贷资金和社会资金等多种类型的资金[12]。

在“农民变股东”方面，陈林提出，打造“股份农民”，实行股份合作是农村“三变”改革的核心，让农民通过将自有耕地入股经营主体转换成股份，实现“耕者有其田”向“耕者有其股”的转变。这样的转变有利于最大程度上调动农民生产发展的积极性、主动性和创造性，有利于增强农民在改革中的主体意识[13]。

六盘水市农村“三变”改革成效显著，获得了党中央国务院高层领导的认可。但在推进过程中还存在一些问题。周真刚认为，农村“三变”改革过程中，农户对农村“三变”改革持观望态

度，农村股份合作社人才队伍不完善，经营的项目有潜在风险且风险防范机制不健全，改革配套政策待完善，各级政府对改革的监督管理机制不健全等是存在的主要问题[14]。宋明智等调研发现，农村“三变”改革的制度建设还需不断完善，当前改革配套政策的指向性模糊，监管机制不健全，公有资产、资金的安全性没有保障[15]。

针对“三变”改革过程中出现的问题，范兆飞等认为，农村“三变”改革各利益主体之间利益分配制度是否健全，对改革成效影响较大，因此，各级政府应该构建科学合理的利益链结机制，确保改革红利在各相关方之间高效分配，避免因利益分配引发矛盾纠纷，给开展改革带来阻力[16]。杨学明、李如海认为，要破解农村“三变”改革瓶颈，可以从以下几个方面入手：①因地制宜地建设五种类型的农村“三变”改革村庄共同体；②健全农村“三变”改革的政策法规体系和职能联动机制；③拓展农村“三变”改革内涵；④深入挖掘地方性文化的社会功能，振兴农村文化及相关产业[17]。

随着农村“三变”改革的不断推进，众多学者关注并开展了系列研究，这些研究成果为本课题提供了坚实的理论基础。但是，目前的研究区域主要集中在经济欠发达地区，且主要是对农村“三变”改革含义、模式、做法和成效方面的研究，对于城郊区改革及其存在问题的研究涉及不多。另外，农村“三变”在某种程度上只是理清了政府主管部门、乡镇、集体经济组织和农民之间的权责利关系，农村“三变”要成功，最终还是要通过各类经营主体找到合适的发展路径，发展实体经济来实现的。因此，农村“三变”之后，各类经营主体与农村集体经济组织如何借乡村振兴大势深入发展和振兴，是值得进一步探索的问题。

二、研究背景及研究方法

（一）研究背景

“三农”发展事关国计民生。为促进“三农”高质量发展，助推乡村振兴，实现城乡统筹发展，建设社会主义现代化强国，广大农村地区必须不断探索改革发展路径。2014 年，贵州省六盘水市在探索脱贫攻坚助推乡村振兴的过程中，成功探索出农村“三变”改革模式，在该模式下，六盘水市大量闲置的农村资源资产被盘活，拓宽了农民增收渠道，扩大了产业规模，激发了农村发展活力，为全国农村集体产权制度改革提供了成功范本。2017 年 9 月，六盘水市农村“三变”改革经验得到农业农村部肯定，并被批复为“全国农村改革试验区”。目前，六盘水市的农村“三变”改革经验已在全国各地推广。

2016 年，贵阳市 M 区被列为省级发展壮大村集体经济试点区，为实现村集体经济发展壮大，发挥试点带动作用，M 区拟借鉴六盘水市农村“三变”改革经验，探寻适合本地区村集体经济发展的路径。在具体操作过程中，M 区采取先行先试、整区推进的模式，2016—2017 年期间开展农村“三变”改革试点工作，总结分析各试点的改革经验后于 2018 年全面推进农村“三变”改革工作，M 区结合实际区情，以丰富的资源优势为基础，通过外引内培的方式，鼓励经营主体深入开展“三变”改革，以农旅融合为主线发展实体经济，为“资源变资产、资金变股金、农民变股东”找到切实依托，以期拓宽农民增收渠道，发展壮大农村集体经济，实现乡村振兴。

具体到 M 区的农村“三变”改革，部分村寨享受了改革带来的红利，美了村庄，富了村民。取得成绩的同时，还有小部分村寨的改革没有取得预期效果，有些地方甚至出现了“水土不服”

现象。虽然学界已经开展了不少的研究，但大部分都是聚焦贫困地区，针对M区这种省会近郊区的农村“三变”改革研究很少。因此，在M区开展“三变”改革研究，总结改革过程中取得的成效，梳理存在的问题，针对性地提出改进策略，有利于丰富相关理论研究，为M区及类似地区开展“三变”改革提供参考经验。

农村“三变”改革既是农村经济领域改革，又是社会管理领域的改革，是一项牵一发而动全身的系统性改革，对于巩固脱贫攻坚成果、实施乡村振兴战略、完善农村经营制度、发展壮大集体经济意义重大。目前，学界关于农村“三变”改革的研究主要从经济学、农业学、法学等视角，聚焦改革发源地——六盘水市及经济欠发达地区“三变”改革的现状、措施、成效、经验等方面，且多以期刊、新闻报道等形式呈现。

本研究以M区为研究区域，以M区农村“三变”改革为具体研究对象，通过对M区农村“三变”改革的深入研究，分析改革过程中所遭遇的困境和问题，探索诸多地区“三变”改革没达到预期目标和效果的深层次原因，提出相应的改进策略，以便M区及类似地区及时调整，完善相关配套措施，进而促进农村“造血式”发展，促使农村集体经济发展壮大，推动M区农村“三变”改革向纵深推进，同时也可以为M区及类似地区“三变”改革顺利开展提供理论依据和案例支撑。

（二）研究方法

1.文献研究法

文献研究法主要是指搜集、鉴别、整理文献，并通过对文献的研究形成对事实的可行认识的方法[18]。本研究充分利用各类图书资源，收集整理与农村“三变”改革相关的研究成果，查阅M区的区志，每年的党代会报告、政府工作报告等资料，通过阅读大量相关文献，借鉴相关研究成果，对M区农村“三变”改革情况进行梳理，了解改革的主要做法与经验，剖析改革过程中存在的问题，并结合实际提出改进策略。

2.实地研究法

在整个研究过程中，此方法是笔者深入调查并收集相关数据的主要渠道。笔者整合各方建议，按照课题计划安排拟制访谈提纲，多次前往M区开展实地研究。通过对农户（主要访谈了38户）、承接改革的新型农业经营主体（本研究主要访谈的是5个家庭农场、9个农民专业合作社、2个龙头企业）、各级农村“三变”改革办公室、村干部等的访谈，进一步对典型代表村开展调研，了解这些村“三变”改革取得的成效，收集具有代表性、启示性意义的经验，为深入开展研究奠定基础（表1-1）。

表1-1　访谈对象基本情况表

项目	类别	对应数量/人	占比/%
性别	男	22	57.89
	女	16	42.11

续表1-1

项目	类别	对应数量/人	占比/%
年龄	18～28岁	4	10.53
	9～45岁	11	28.94
	6～60岁	17	44.74
	60岁以上	6	15.79
文化程度	小学及以下	7	18.42
	初中(中职)	16	42.11
	中(职高)	13	34.21
	大学(专科)及以上	2	5.26

数据来源:根据访谈情况整理所得

3.案例研究法

案例研究法是通过案例的形式来分析和解决问题,起到样本的作用。本研究选取贵阳市M区农村“三变”改革中的典型案例来展开实证分析。

三、相关概念界定及理论基础

(一)相关概念界定

本研究中“三变”改革的概念主要采用了中共贵州省委政策研究室《贵州农村“三变”改革导则》的定义①。

1.资源变资产

资源变资产(图1-1)主要是指:村集体对集体所有的自然资源性资产、经营性资产的使用权进行评估折价,使集体资源向可入股资产转变,通过与经营主体签订入股合同或者协议,以资本的形式将这些资源资产投资入股不同类型的经营主体,按股分红,使其获得股权收益[19]。简单来说,就是把农村集体“冷资源”变成“热资源”。

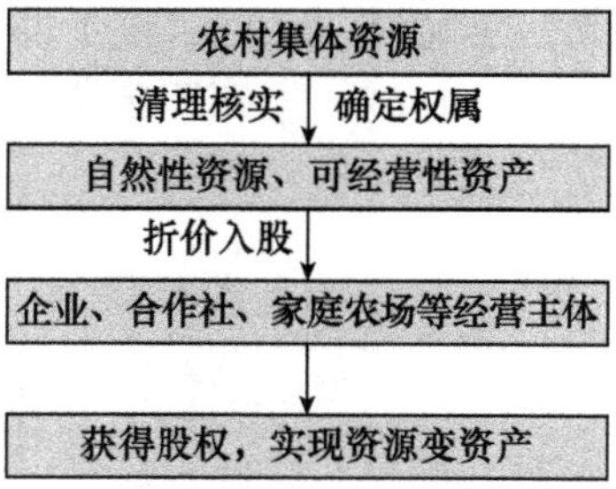

图1-1 资源变资产

① 中共贵州省委政策研究室.贵州农村“三变”改革导则[M].贵阳:贵州人民出版社,2017.

2.资金变股金

资金变股金(图 1-2)的主要来源有各级财政资金(各级财政投入到农村的发展类、扶持类资金)、村集体积累资金、农民自有资金。资金变股金是指将这些财政资金、村集体积累资金在不改变性质和具体用途的前提下折股量化到村集体及其成员头上,然后再选择发展前景好、信用度高的新型经营主体进行投资入股,村集体及其成员按照所持股份份额获得收益的过程。

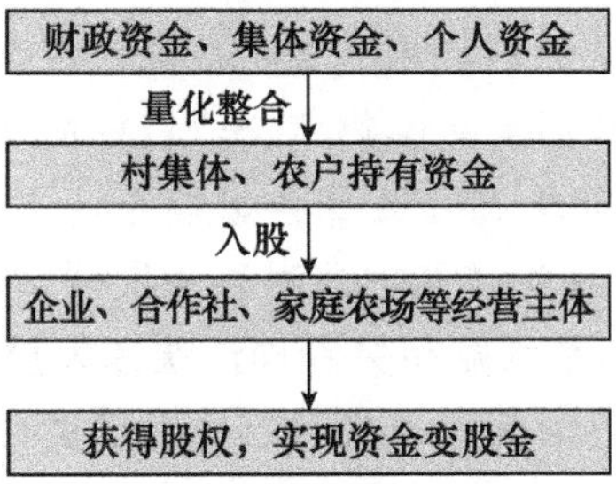

图 1-2 资金变股金

3.农民变股东

农民变股东(图 1-3)的前提是要有相关生产要素:农村土地承包经营权、宅基地使用权、房屋所有权、集体资产所持股权、技术、劳动力及相关物资。农民变股东是通过合同或协议的方式,将相关生产要素及资金投入到各类农业经营主体,按照协议或合同约定的股权获取收益,最终成为股东的过程。

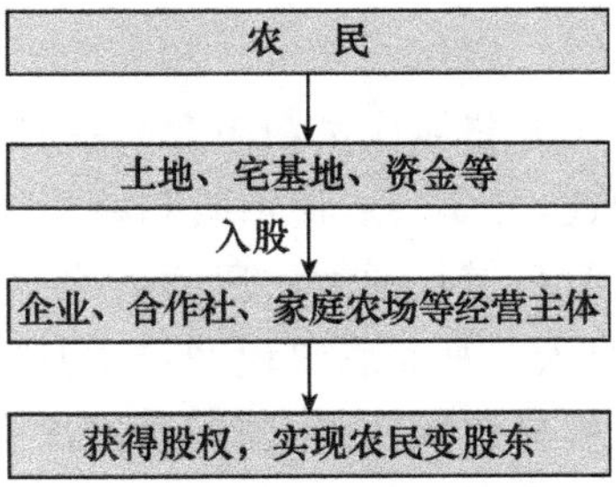

图 1-3 农民变股东

(二)相关理论基础

1.产权理论

产权具有可分解、排他性及可转让性的特征,也就是说,产权只能有一个主体,它是由多种权利构成的权利束,并且它能在不同主体间进行合法转让。近年来,我国的农村土地产权进入深化改革时期,暴露了农村土地主体不清等一系列问题,这些问题会形成连锁反应,阻碍农村土地的顺畅流转,进而降低农村土地的使用价值和市场经济价值,导致农民的土地租金、入股收益受损。马克思的经典著作《资本论》和《剩余价值论》,对土地产权的内容进行了详细论述,强调完整的土地所有权是行使土地使用权的前提和基础,土地的所有权和使用权属于一个完整的共同体[20]。

完善的产权制度是激发农村发展内生动力、增强集体经济发展活力、拓宽农民增收渠道、促进农业农村持续发展的前提。明确农村资源资产权属，有利于盘活农村大量闲置的资源资产，发展壮大农村集体经济，实现农村美、农民富。

2.利益相关者理论

首次提出“利益相关者”理论概念的是Anssof，他认为员工、消费者、债券所有者和供应商是企业的利益相关者，是企业生存和发展的重要组成部分，建议企业要重视这些利益相关者的利益。国内学者贾生华、陈宏辉认为利益相关者是指那些在企业中进行一定的专用性投资，并承担了一定风险的个体和群体，其活动能影响该企业目标的实现，或受到该企业实现其目标过程的影响[21]。付俊文、赵红认为环境和社区都会影响企业发展，应将二者纳入利益相关者之列[22]。1960年左右，利益相关者理论在西方国家逐渐发展，相关研究不断深入推进，其定义也不断更新完善。20世纪80年代，是利益相关者理论快速发展的阶段，其影响力引起了越来越多的关注，成为西方国家在选择公司管理模式时首要考虑的因素之一。“所有对组织目标的实现造成影响的群体或个人、在组织目标实现过程中受到影响的群体或个人”[23]，是经济学家弗里曼对利益相关者给出的经典定义，该定义得到学界的普遍认可。英国学者Clarkson从企业风险的视角展开研究，对利益相关者给予了新的定义，认为所谓利益相关者，就是指在投入人力、资本或实物等生产要素进行经营管理，并承担一定自然和市场风险的群体或个人[24]。

村集体作为政府机构的代理，扮演着与政府类似的角色，在参考利益相关者理论的基础上，本研究将M区农村“三变”改革中的利益相关者界定为村集体、新型农业经营主体和农户。在具体的农村“三变”改革过程中，由于不同的利益主体追求的利益不尽一致，在改革过程中所做的决策就会对彼此利益的实现造成影响，最终也会对农村“三变”改革效果造成影响。

3.收入分配理论

农村集体经济的发展壮大离不开集体成员积极参与；一定程度上，集体成员的收入水平也受集体经济发展情况的影响。因此，要实现农民增收和村集体发展，就需要在他们之间建立一个完善的收入分配制度。拓宽增收渠道是增加农民收入水平的前提，农民要充分利用掌握的资源资产增加财产性、经营性等收入。马克思曾说，“资本是可以带来剩余价值的价值”，即资本相较于简单的按劳分配来说更容易获取利益，国家也屡次强调要将“资本”这项生产要素参与到收益分配中去[25]。

王京东、王佳宁在《“三变”改革的现实背景、核心要义与推广价值》一文中指出农村“三变”改革的要义是通过建立优化的收入分配机制，推动农民持有资产增值，增加农民资产性收入水平，让农村“三变”改革带领农民发家致富[26]。M区开展农村“三变”改革，带动农户确权入股，其目的就是通过改革盘活农村闲置资源资产，增加农户财产性收入，优化收入结构，改变收入单一的现状。

四、M区农村“三变”改革的基本情况

（一）M区基本情况

1.自然条件

M区深处黔中腹地，全区土地面积964.32 km^2，地形地貌以山地和丘陵为主，是长江水系和乌江水系的分水岭，全区喀斯特地貌广泛分布，境内河流 17 条，水量主要靠自然补给，降水充沛。M 区受云贵高原南北走向皱褶的控制，山岭与山谷大体呈南北走向，东南部山势较高，最高海拔约 1 622 m；中部地区地势较低，最低处海拔约 1 050 m；用“地无三里平”形容全区地形尤为贴切。M 区为亚热带季风气候，雨热同期，夏无酷暑，夏季平均温度为 22.1 ℃。

2.人文环境

M 区下辖 4 个镇、5 个乡、8 个街道办、122 个行政村、52 个居委会，常住人口 98.49 万人。M 区拥有丰富的科教文化资源，区内有多所高等院校以及科研机构，随着贵州高校聚集区大学城的建成，成为人才的摇篮。M 区是著名的风景旅游区，主要有田园风光、峡谷风光、红色文化、气候天象等旅游资源，区内有 1 个国家 5A 级景区、1 个国家 4A 级旅游区。悠久的历史孕育出璀璨的民族文化，形成浓郁的民族风俗，既有布依族歌会、苗族斗牛大赛、猴鼓舞，又有布依族苗族的刺绣、竹编、服饰、头饰制作工艺，还有唢呐音乐等，具有十分鲜明的民族特色[27]。

3.经济发展

2021 年，M 区地区生产总值完成 704.12 亿元，同比增长 7.2%，规模以上工业总产值 105 亿元，固定资产投资完成 185.28 亿元，财政收入 57 亿元。城镇居民人均可支配收入 10 985 元，农村常住居民人均可支配收入 21 259 元。M 区先后获得“国家级生态示范区”“全国农产品加工业示范基地”“国家军民结合（装备制造）高新技术产业化基地”“国家新型工业化产业示范基地”“全国电子商务示范基地”“国家循环化改造示范试点园区”等国家级称号[27]，是贵阳目前经济发展速度最快、最具发展潜力的工业经济区域之一，如表 1-2 所示，M 区主要经济指标总体上呈正增长。

表 1-2　M 区主要社会经济指标

项目	2015 年	2016 年	2017 年	2018 年	2019 年	2020 年
地区生产总值/亿元	494	537	602	640	624	637
农业增加值/亿元	17.63	19.87	21.35	16.9	29.18	31.95
建档立卡贫困户数/户	620	595	374	366	0	0
农村居民人均可支配收入/元	12 414	13 463	14 782	16 211	17 987	19 293

数据来源：根据 M 区人民政府门户网整理

4.农业生产发展

M 区利用优越的区位优势，与多所科研院校合作，建成 100 亩（1 亩≈666.7 m^2）标准化草莓种苗繁育基地，建设全省首家“贵州黄”种鸡扩繁场，培育‘香辣四号’‘贵种八号’辣椒苗 2 万余亩，是贵阳市“菜篮子工程”的重要基地。成功推出系列农产品公用品牌，注册申报农产品品牌商标 9 个，建成投产辣椒加工中心、香葱分拣中心、草莓加工车间。目前，M 区草莓种植规模 3 000 亩，年产量 4 500 t，产值 2.5 亿元；年蔬菜产量 33.5 万 t，产值 11.9 亿元；农产品加工产值 267 亿元，农产品加工转化率达 61%。

(二)M区农村“三变”改革的背景

1.“三资”分散

改革开放以来，农村家庭联产承包责任制的全面推行，极大地解放了农村生产力，有效地解决了农民吃饭问题；然而随着经济社会的不断发展，农村双层经营体制出现了“统得不够、分得彻底”的问题[28]。具体到M区农村“三变”中，农村资源性资产、经营性资产闲置、资金与劳动力分散等问题越发突出，这样的现状对M区农村经济可持续发展提出了挑战。M区农村经济难以进行规模化、组织化、市场化发展，进而阻碍可持续发展。农村双层经营体制如何持续发挥效用，如何通过改革激活农村发展内生动力、盘活农村资源资产，成为一个现实问题。

2.脱贫攻坚时间紧、任务重

M区虽然属于省会周边城市，发展过程中享受了“近水楼台先得月”的福利；但由于该区域属于城郊区，区内经济社会发展呈现逐渐递减边缘化的态势，特别是在贫困乡镇贫困村，贫困农户体量大，致贫原因复杂多样。2018年，中共中央、国务院《关于打赢脱贫攻坚战三年行动的指导意见》(以下简称《指导意见》)中指出，要积极推动贫困地区农村资源变资产、资金变股金、农民变股东，要制定实施贫困地区集体经济薄弱村发展提升计划，通过盘活集体资源资产，签订合同或协议入股(参股)、量化资产收益等方式促进村集体经济发展壮大[29]。《指导意见》的出台，为M区打赢脱贫攻坚战助推乡村振兴提供了指引和支持，让M区更加坚定了全面推进农村“三变”改革工作的决心和信心。

3.农民增收渠道窄

调查发现，M区大部分农村地区的农民收入主要依靠外出务工和在家务农，在收入比例中，经营性、财产性收入占比偏小。随着大量青壮年劳动力外出务工，农村地区大量耕地撂荒，“三留人员”体量越来越大，造成一定的生态影响与社会影响。如何实现农民的财产性、经营性收入的增加，怎样拓宽农民增收渠道，如何优化农民收入结构确是一个现实问题。

4.六盘水市“三变”改革驱动

长期以来，我国广大农村地区发展缓慢，城乡差距呈扩大趋势。六盘水市在探索农村发展道路过程中提出“资源变资产、资金变股金、农民变股东”的改革思路，旨在盘活农村沉睡的自然资源，聚集农村分散的资金，实现农民变股东。六盘水市的改革经验得到中央的认可，成为中央推动“三农”工作的重要决策依据，这给正在探索农村发展路径的M区提供了现实的借鉴经验，于是，M区农村“三变”改革拉开了帷幕。

(三)M区农村“三变”改革的现状

1.M区农村“三变”改革历程

2016—2017年是M区农村“三变”改革的试点阶段。2016年，M区被列为省级发展壮大村集体经济试点区；同年3月，贵州省委召开全省农村“三变”改革试点工作推进暨培训会，会议要求全省各级各部门要运用农村“三变”改革统领农村各项改革，把农村“三变”改革搞得更规范、更扎实，形成可复制、可推广的经验，努力让农村“三变”改革成为农村经济发展的主要方式[30]。为落实省市工作安排，探索发展壮大村集体经济路径，2016年，M区经过多次深入调研，最终选定RR村为M区首个农村“三变”改革村，开展“三变”改革探索。2016年8月，M区根据《贵阳市加快推进农村“三变”改革试点工作实施方案》，结合工作实际制定下发《M区农村“三变”改革试点工作实施方案》，按照方案规定的时间及要求启动试点工作。2017年，M区在各乡（镇、街道）分别选取一个试点村，继续推进农村“三变”改革试点工作。在开展试点工作中，M区结合实际印发相关政策宣传手册给村民，指导村民进行操作，使农村“三变”改革从“共识”变成“共为”。

2018年至今，是M区“三变”改革全面推进阶段。区委、区政府围绕全区全面深化改革工作要点，守住生态和发展两条底线，以促进农民增收为核心，以现代高效农业园区为平台，以盘活农村资源要素为重点，全面推动M区农村“三变”改革工作可持续发展。一方面，总结试点村改革经验，巩固已取得的改革成果，通过对“联股联业、联股联心”新机制的探索，完善现有利益联结机制；另一方面，将试点之外的行政村全部加入农村“三变”改革的队伍中来，从而实现农村“三变”改革行政村全覆盖，不断推进M区农村“三变”改革向前发展。通过农村“三变”改革转方式、调结构、促增收，为M区巩固脱贫攻坚成果助推乡村振兴做出积极贡献。

2.M区农村“三变”改革采取的主要措施

（1）加强宣传培训，营造改革氛围　人民群众是农村“三变”改革的主体，改革要顺利推进，就必须充分发挥人民群众的积极性、主动性与创造性。M区在动员群众参与改革的过程中，采取区、乡、村“三级联动”宣传模式，借助相关传播媒介开展“三变”改革动员宣传，线下采取印发《农村“三变”改革宣传册》、各级改革干部走村入户、村委组织召开院坝会和村民代表大会等方式，营造了人人知晓“三变”、支持“三变”、争取“三变”的氛围。自农村“三变”工作启动以来，M区共印《农村“三变”改革宣传册》3 600册，粘贴宣传标语126条，组织区、乡、村三级改革干部业务培训12次，共计2 861人（次），组织召开区级农村“三变”改革专题会15次。

（2）聚焦经营主体，大力培育“三变”改革承接载体　开展农村“三变”改革，经营主体的承接作用至关重要。M区以现代高效农业园区为载体，结合各乡镇实际，因地制宜培育农业新型经营主体。针对经营主体体量小、带动作用不明显的乡村，出台政策、项目、资金等方面的扶持办法，采取联并、重组等方式发展壮大经营主体。对于没有经营主体入驻的乡村，通过招商引资、出台优惠政策等方式引进经营主体；以区级平台公司作为兜底，确保每个乡村都有承接农村“三变”改革的经营主体。同时，通过优惠政策的出台，吸引会管理、有资金、懂技术的“土专家”“田秀才”在家领办创办合作社。2021年底，M区共有1个国家级农民专业合作社，2个国家级农业龙头企业，5个市级农业龙头企业，13个省级重点农业龙头企业，17个家庭农场，361个农民专业合作社。

（3）夯实农村“三变”改革的基础　为进一步摸清集体家底、明晰权属，建立规范的资产、资源、资金“三资”台账，夯实农村“三变”改革基础，2017年，M区组织农业、林业、财政等部门及各乡（镇、街道办）开展了清产核资、确权颁证、成员认定、股份量化等工作。

①加快推进确权领证工作。2013年，M区被列为全国土地确权试点区县，也是贵州省第一个开展土地确权的试点区。M区按照尊重历史、实事求是、依法依规、先易后难的原则，强化措施、细化责任，稳妥推进试点工作，并于2015年初圆满完成确权试点工作。为助力农村

“三变”改革工作，M区开展土地承包经营权复查、纠错工作，进一步巩固土地承包经营权确权登记颁证工作成效。同时，加快推进农村宅基地、农村房屋、集体建设用地、林权、农村小型水利设施等确权登记颁证工作。截至目前，全区已完成农村承包土地确权登记颁证工作，共确权发证31 346户，打证率达100%，顺利通过贵州省六盘水市级确权办的验收，为开展农村“三变”改革打下坚实基础。

②加快推进农村“三资”清产核资。M区遵照贵阳市出台的相关工作方案，结合全区实际全面开展清查、登记、逐项核实等工作，清产核资结果经过乡镇级和区级审核后准确录入全国农村集体资产清产核资管理系统。经清查核实，全区122个村集体“三资”情况如下：资产总额206 292.38万元，其中经营性资产74 857.99万元，非经营性资产131 434.38万元；负债和所有者权益合计20 629 238万元；集体农用地面积82.21万亩，集体建设用地6.06万亩。目前M区正拟制农村集体“三资”各项管理制度，建设集体“三资”管理信息平台，实现信息化、常态化管理农村“三资”，助推M区农村“三变”改革向纵深推进。

③加快推进集体经营性资产股权量化。M区按照“依据法律、尊重历史、实事求是、公平合理”的原则，以户籍关系和农村土地家庭承包关系为基本依据，综合考虑改革过程中将会涉及的各种因素，制定《集体经济组织成员界定管理办法》，拟定成员认定的程序、进度安排和工作小组等内容，公平、公开、公正地开展认定工作。截至目前，全区122个行政村均已完成村集体经济组织成员认定工作，共计认定48 200户，204 316名成员。M区将集体经营性资产以股份或者份额形式量化到本集体所有成员，对集体经济相对薄弱的村采取人均量化模式，对集体经济较好的村采取“家庭股＋个人股”量化模式，对家庭人口数量两极分化较大的村采取“平均股＋实有人数股”量化模式。多种模式共生共存，有效化解了股份量化分配不均带来的问题和矛盾。全区纳入股份量化资产总额为6 900 039万元，按照“一人一股”的原则完成了集体资产股份量化工作，按照“一户一证”颁发了《贵阳市M区农村集体资产股权证》[31]。

④成立股份制合作社作为农村“三变”运行载体。按照省、市相关工作部署，M区认真组织全区122个行政村分别组建了农村集体经济股份合作社，对村集体“三资”及成员股份分红等进行管理和经营，其中，村党组织书记通过法定程序担任村级集体经济组织负责人的村占比65%，通过村民代表大会表决同意将集体经营性资产量化并全部纳入合作社进行管理，将已认定的集体经济组织成员全部纳入村集体股份经济合作社成为股东，并配股分红，同时制定了组织章程和内部管理机制，切实维护了农村集体经济组织及其成员的权益。截至目前，全区122个行政村均已完成集体经济股份合作社组建以及登记赋码工作，122个《农村集体经济组织登记证》（正本/副本）均已发放至各村集体股份经济合作社，为充分发挥农村集体经济组织的功能作用，确保其正常开展经营活动打下了坚实的基础[31]；也为更好地发挥股份经济合作社带动作用，助推农村“三变”改革工作打下了坚实的基础。

（4）盘活资源，引导资源变资产　农村“三变”改革工作启动以来，M区根据印发的改革方案及具体工作措施，结合实际，一方面鼓励农户以地权、林权、房权、地方特色等优势资源的使用权入股到企业、合作社、家庭农场等经营主体，这样便于农户融入经营主体的运作中，与经营主体联产联业、连股联心、联动发展，带动农户增收致富；另一方面鼓励村集体清查核实并确定集体资源权属关系，通过合同或协议的方式将集体资产入股经营主体，让村集体及其成员实现持股分红，盘活农村大量闲置资源，实现“冷资源”向“活资源”的转化。目前M区资源入股面积54 997.43亩，其中，村集体资源入股面积42 182.37亩，农户承包地入股面积12 815.06亩；村集体经营性资产的其他资源入股折价3 392.29万元。

[案例1-1]“自从村里有了开发本村特色的红米种植后，引进的公司改良了土质和技术，我的生活就完全变了样。我从小就在这里生活，家里面的那4亩多地，除了种有红米外，基本上都是丢荒，5月份的时候，我把家里面那些丢荒的地差不多都入股到这个公司，不仅改良了自家荒地，而且每亩土地还有90元的分红。只要有时间，我就去公司改良土质，这样摊下来我每个月有2 000元左右的收入；不像原来，收完一季的庄稼，就没有活可以做了，在家里面闲着无事干。”RR村村民LSH说道。

旁边的红米基地负责人继续介绍：这个村属于半山区，海拔1 960 m，适宜水稻等农作物，当地的红米曾被称为M区的三宝之一。可是，在几年前，由于种种原因，整个乡红米种植仅有两户，种植面积也仅有1亩。为了保护红米这一优良的地方品/米种，以产业带动当地村民致富，近年来，M区引进了农聚福农业有限公司，并按每亩地600元在RR村流转了400多亩土地，在流转的土地上种植红米，还搞了一个黑糯米试验基地。按照“公司+村集体+农户”模式，该村股份经济合作社以劳务入股我们公司，107户农户以承包地入股，按持股比例进行利润分红，“通过改良土质和技术引进，公司种植的红米收成不错，亩产差不多有300 kg，一年下来我们公司产值400万元左右。村集体按照40%的比例获得公司盈利分红，然后还要把这些收入按约定比例分红给村集体成员，入股农户每亩地有600元的固定分红，公司每斤(1斤=0.5 kg)大米给农户3角的分红，农户在公司务工，每个工时还能有80～100元的收入。

(5)聚集各类资金，实现资金变股金　“资金变股金”改变了以往各级财政对农村“输血式”的扶持，有利于营造农村“造血式”发展的氛围。村集体不断探索以财政资金撬动社会资本，注重资金投入的公平性、规范性和效益性，规范股权管理。鼓励农户将分散闲置的自有资金通过合同或协议的方式入股经营主体参与改革，撬动社会资本注入农村“三变”改革中。据统计，全区资金入股3 286.14万元，其中，各级财政投入资金1 098万元，村集体自有资金入股550.34万元，农民自有资金入股780万元。

[案例1-2]HP村共有村民1 128户5 217人，村内布局有金石产业园、二手车市场等，是区内重要的商贸园区。HP村土地被大量征收，但部分地块被征收后并没有投入使用，使得土地闲置荒废，时间一长成为脏乱差的高发地。农村“三变”改革启动后，HP村作为改革试点村大胆先行先试，实施了园区周边废弃地整治项目。为推动该项目的顺利实施，该村两委发挥“主心骨”作用，组织召开村民代表大会，形成民主决议，并组织由党员、人大代表、政协委员组成的工作组，统一收回私自占用的项目废弃地。废弃地收回后，由村办企业——贵阳市合朋经济开发有限公司投资600万元进行规范整治，统一经营“三产”服务。项目采取“三变”的方式实施，村民按每股1万元入股，低收入困难群众入股资金由村干部向银行担保贷款，到款后缴入股本，村委会持股收益的20%，剩余80%收益由持股村民按股分红。目前，全村入股农户918户，村集体资产已超1亿元，村集体每年经营性收入超过200万元。2021年人均纯收入达

到 21 930 元，每年以约 15％的速度提升[56]。自 2016 年实施村集体分红以来，村民每人参与村集体分红红包分别为 600 元、800 元、1 000 元，分红红包逐年增长，收益村民达1 074 人，累计发放 2 577 600 元。HP 村利用村集体收益不断完善村奖学金制度，对考入大中专院校的学子给予一次性助学补贴，补贴最高达 9 000 元，2021 年度共发放各类助学金 55 479 元。村集体全额为村民交纳农村合作医疗保险，2020 年参保人数 1 699 余人，共投入 20 余万元；全额为村民交纳新型农村养老保险，2020 年共投入 10 余万元；每年春节组织慰问残疾人、80 岁以上老年人、60 岁以上退伍军人等，受到了村民的普遍赞誉。

(6)激活人力资本，实现农民变股东　农村“三变”改革的推进，离不开农户的支持与参与。M 区围绕“股份农民”这个核心，引进经营主体，实施农村“三变”项目，鼓励和推动农民以土地、资金、技术等资源资产入股经营主体，探索把发展类、扶持类资金量化为贫困农户的持有资金占有股份，实现突破。同时，出台优惠政策吸引农民工返乡创业就业，鼓励有实力、懂经营、有信誉的商人、致富带头人领办创办新型经营主体，培育一批优秀的农民企业家和新型职业农民，带动广大农民群众脱贫致富，打造一支农村“三变”改革的行家里手，助力农村“三变”改革向纵深推进。经梳理统计，全区参与农村“三变”改革经营主体 77 个，其中，村集体股份经济合作社 33 个，农民专业合作社 13 个，家庭农场 12 个，龙头企业 11 个，平台公司 6 个，种养大户 2 个。12 512 户 56 585 人变成股东，覆盖低收入困难农户 357 户 1 184 人。农民股东参与“三变”改革增加收益 2 279.29 万元，其中土地入股分红 515.11 万元，劳动力入股分红 590.3 万元，入股效益分红 521 万元；村集体增加收益 858.79 万元①。

[案例 1-3]“我是去年辞掉工作回乡创业的，干了一年多下来，我和 10 多位股东都分到了一笔红利。最近，大家又谋划着把这些钱用来继续扩大鱼庄规模。现在特别有成就感，不但自己创业成功，更重要的是还能带领乡亲们一起致富。”今年 45 岁的 CCH 谈起了创业以来的经验，虽有挫折，但是收获更多，脸上始终挂着自信的笑容。他说：“‘靠山吃山，靠水吃水’，我们村就有一条适合养殖冷水鱼的河流，但是本村村民都没有在此养殖过，都是些外地人来村里面养冷水鱼，然后拿出去卖，挣了不少钱。近年来，在党和政府的关怀下，村里面的路面都硬化了，交通情况大大改善，村容环境也越变越好，加上周边搞了许多水果采摘园，一些农家乐和民宿也随之兴起，到了节假日，到村里游玩的人越来越多了，于是，我才打算回家创业。”

回家后，CCH 和村里一些志同道合的村民商量，合伙搞一个专营冷水鱼的农家乐，合伙人有 10 多个本村村民。经商量意见一致后，有以现金的方式入股的，也有以自家土地入股的，建成农家乐以后，经过一年多的经营，到目前入股最少的村民都分到了 3 万多元分红。“我不仅用土地和资金入股鱼庄，而且还在这里上班，每个月有 3 000 多块钱的工资，加上年底分红，比外出务工的收入高多了。”自鱼庄开张第一天起就在这里工作的村民陈林说，“自己做梦也没想到有一天会当上股东。”“不瞒你说，以前在外打工，总觉得干得再好都是别人的。现在不同了，这个鱼庄就是我们自家的产业，再苦再累都干得高兴！现在，天天都能回家陪陪老婆、娃娃，这才是真正的过日子。”

---

① 数据来源于 M 区农村“三变”改革办公室。

乡党委组织委员YSY说："自从我们乡实施了美丽乡村建设，整治了河道，安装了路灯，生态环境也得到了提升，来的游客多了，返乡创业的人也渐渐多了起来。目前，GZ已经有3家鱼庄，入股的农户有20多人。有了新产业，村民们的生产生活方式都有了很大改变。"

3.改革的成效

M区在推动农村"三变"改革工作中，坚持围绕全域旅游创新区主线，以发展现代都市农业为核心，在抓好目标指引、路径规划和督导推进的同时，通过建立奖惩激励机制、鼓励改革主体放手探索的办法，激发改革主体抓改革的主动性和积极性，有效化解改革推进中容易发生的不敢改、不愿改等难点问题，推动全区农村"三变"改革取得系列成效。

(1)拓宽农民增收渠道　在相关政策的指引下，M区稳步开展农村"三变"改革工作，通过外引内培的方式培育经营主体，将农村闲置的"三资"盘活，大力发展种养殖、农旅融合等项目，为农村发展注入活力，提升了农户收入水平，改善了农户收入结构(表1-3)。农户入股农村"三变"项目，按照合同协议要求，项目发展要优先考虑招录入股农户务工，力争取得固定收益的同时，再增加工资性务工收益，农户可以实现在家门口就业的愿望，经营主体用工方式也变得灵活多样。

表1-3　M区"三变"改革后农户收入构成情况　　%

收入构成	2015年	2016年	2017年	2018年	2019年	2020年
工资性收入	77.9	76.3	74.9	57.4	58.3	61.4
经营净收入	20.9	21.7	22.3	36.7	31.2	29.1
财产净收入	1.12	1.2	3.2	5.0	4.6	5.5
转移净收入	1.57	1.6	2.8	5.5	4.9	4.5

数据来源：M区"三变"改革办公室，仅限本研究使用

随着农村"三变"改革的开展，农户的收入水平不断提升，收入来源越来越丰富。根据表格内容可知，除工资性收入外，M区农户的经营性、财产性、转移性收入占总收入的比重呈上升趋势，财产净收入所占比重上升趋势明显。究其原因，有两个：①开展农村"三变"改革以来，农户确定了在村集体中的成员资格，通过持股获得股份收益。同时，村集体将集体所有的闲置"三资"折价入股到经营主体中，入股分红由集体成员共同享受。②农户将自有耕地、宅基地、农房、资金、技术等资源资产入股经营主体从而享受股权带来的盈利和分红；农户在经营主体内务工，还可以获得工资性收入，拓宽了农户增收渠道，提高了农户收入水平。

(2)促进村集体发展壮大　在开展农村"三变"改革前，M区大部分村集体发展步履维艰，要么没有发展资金，要么没有发展途径，严重制约着村集体对村民的服务能力。开展农村"三变"改革以后，通过清产核资摸清家底，撬动社会资本进入，引进经营主体参与改革，盘活农村集体资源资产，为村集体经济的发展注入经济、技术等活力。随着农村"三变"改革的不断推进，村集体经济发展实现了滚雪球效应(图1-4)。村集体参与特色农业、休闲旅游等行业投资发展，充分利用村集体资源优势，发展壮大村集体经济，M区"空壳村"由改革

前的27个下降到现在的7个。随着村集体管理规范化发展,村集体成员越来越重视集体管理者的能力水平,这样有利于挖掘成员干部的潜力,最终促进村集体的发展壮大。

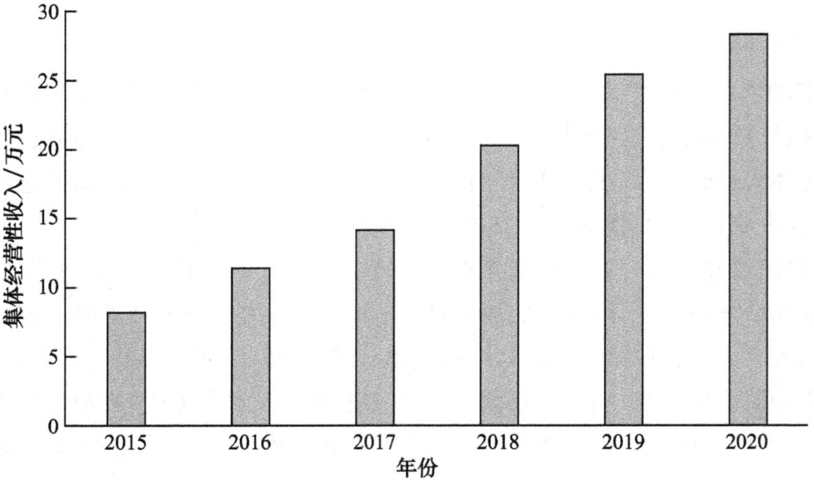

图 1-4 M 区村集体经营性收入变化

数据来源:根据 M 区农村"三变"改革办公室提供资料整理

(3)优化产业结构　近年来,现代化农业的不断发展,促使传统的农业生产方式随之发展升级,这就要求农村在农业发展模式上变革创新,充分发挥当地资源优势,使产业结构的优化升级速度能够跟上现代化农业的发展步伐。实施农村"三变"举措,对农村的土地、劳动力、资金、技术等要素可以合理优化配置,各个要素的利用率和效率得到大幅度提升,为推动农村产业结构调整起到不可或缺的作用。

在开展农村"三变"改革进程中,M 区实施"品牌强农"计划,坚持"一产显特色",将农业产业结构调整融入农村"三变"改革,认真抓好土地经营与资源资产整合,推进农业现代化、规模化、市场化。M 区紧紧围绕重点特色产业进行布局规划,通过不断选址,最终确定了9个乡镇作为连片示范区,示范区占地面积近3000亩。同时 M 区还不断增加高效田占地面积,不断拓宽产业发展的项目领域,通过建构相关产业链,促进 M 区农业产业与其他产业实现"接二连三"。在调研访谈期间了解到,M 区已基本形成了以茶、蔬、果等为主导的都市现代农业体系,已拥有23个"三品一标"农产品,3个"1万亩"(万亩辣椒、万亩香细菜和万亩山地精品果蔬基地)建设稳步推进。果色天香有限公司已成功打造500亩精品水果采摘园,建成日加工鲜水果150 kg、年加工量达2万 kg 的水果分拣中心。

五、M 区"三变"改革存在的问题

通过走访调研了解到,M 区农村"三变"推行工作通过不断实践探索,逐步实现了资源优势向经济优势的转化,挖掘了大量就业岗位,盘活了闲置资源资产,拓宽了农户增收渠道,壮大了集体经济,"带民致富"效果明显,还取得了系列社会与生态效益,可以作为继续带领"三农"发展的"领头雁""敲门砖"。但在走访调研过程中发现,M 区开展的农村"三变"改革工作并不是一路平坦的,随着改革工作的深入开展,一些影响改革的因素逐渐显露。以下结合案例对 M 区在农村"三变"改革过程中存在的问题进行阐述。

(一)农户层面

1.了解不深，参与积极性不高

农民增收是农村“三变”改革的宗旨之一，要通过改革增加农民收入，就需要农民积极参与改革，通过入股分红、就近务工等增加收入。刘绪贻在《改革开放的社会研究》中指出：中国的现代化必须要以“三农”为出发点和落脚点，通过出台相关惠农政策鼓励、引导农民积极主动参与农村“三变”改革，通过改革实现村集体发展壮大、农民增收致富[32]。由此可见，农户参与农村“三变”改革至关重要。笔者对M区38户农户进行了访谈，他们对农村“三变”改革的认识或深或浅，但总体来说，他们作为“三变”改革的主要参与者，对农村“三变”改革的意义认识不到位，有部分农民对农村“三变”改革持观望态度，认为此次改革和之前的改革并无不同，都是村两委在完成上级安排的任务，不会给农村发展和农户增收带来实质性的影响，有2户表示并没有听说过“三变”(图1-5)。由于农村“三变”改革发展的项目主要围绕农业开展，农业投资周期长、见效慢，农民对所谓的收益分红不看好，再加上宣传工作不扎实，影响了农户参与农村“三变”改革的积极性。

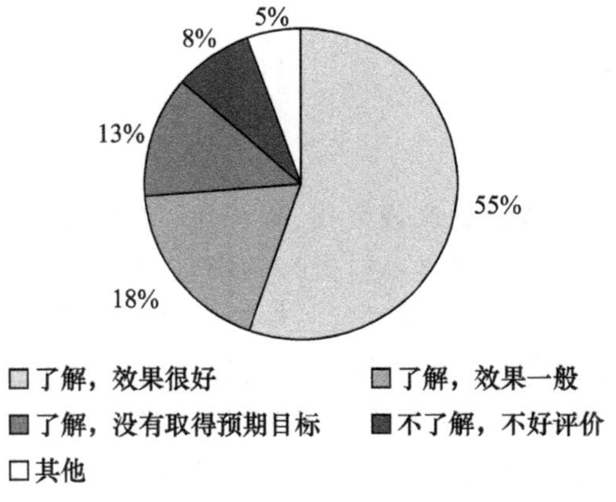

图1-5　访谈对象对M区“三变”改革的了解情况

数据来源：根据访谈数据整理得出

[**案例1-4**]在一次脱贫攻坚“走基层、大普查”入户过程中，通过查看农户家里粘贴的“明白卡”上主要收入来源一栏，并没有发现“三变”带动收入的记载，问及该户是否了解M区农村“三变”改革时，他们不加思考地回答并不知道什么是“三变”，更不知道股东是怎么回事。但是通过引导介绍M区“三变”具体内容时，他们表示，之前确实有村干部上门说过这事，当时是邀请他们去村里面参加村民大会，但是他们觉得参会没什么意思，由村里面自行决定便是，他们参不参加没有影响。

2.入股后缺乏话语权

农村“三变”改革作为新生事物，改革过程手续繁多、步骤复杂，因每个地方具体情况不尽相同，目前也没有普适性的改革经验参考，且改革涉及的法律规范颇多，对参与农村“三变”改革的农户法律素养要求高。但现实中，农户普遍文化水平不高，相关法律知识欠缺，在改革中很难通过法律知识来维护自身权益，入股经营主体后，更多的心思在保底分红方面，对于经营主体的经营管理、经营状况，大部分农户并不关心。

在具体的“农民变股东”环节，农户主要是将土地、林地、资金等资源资产入股经营主体持股分红。接受访谈的大部分农户对“股东”这一概念很陌生，他们觉得所谓的股东，是大城市里那些大公司才有的叫法，在他们看来，入股经营主体以后，就只需要等着经营主体按时发钱，相当于自己把土地、林地这些资源资产租给经营主体。农民变股东，表面上农民职业身份发生转变，但本质上农民没有发生变化，依然处于弱势地位，缺乏参与企业生产发展的机会与权利，始终无法掌握并影响企业的决策和发展[16]。在调研走访过程中了解到，大部分村确实是积极引导农户入股经营主体，表面上农民身份发生改变，但实质上农民并没有融入经营主体的日常经营管理，更没有参与经营主体的发展决策。

[案例 1-5]LJ 村充分利用本村丰富的旅游资源和深厚的传统文化底蕴资源，实现 2020 年到村旅游 6 万多人次，旅游收入 360 余万元。截至 2020 年底，资产管理公司已分红 3 次，60 余户入股村民户均分红 1.5 万元。但问及部分入股村民时，他们表示：知道村里面有公司，都将土地流转给了公司，还在公司里面干活，除了流转得到的租金和务工收入以外，每年还会得到分红，但是对于公司如何经营、如何发展，没有干涉和参与，因为自身不懂投资入股，那些合同看都看不懂，公司有专业的人会和政府对接，他们会把关，没有什么可担心的。

（二）经营主体层面

1.融资困难

农业经营主体是推动广大农村地区规模化、现代化、产业化发展的载体，是促进农村深化改革、推进农业供给侧结构性改革、助推乡村振兴的中坚力量。近年来，M 区将农业经营主体作为推动“强省会”的牵引力，不断加强对经营主体的培育和引进力度，出台系列优惠政策鼓励经营主体做大做强。但承接农村“三变”改革项目的经营主体基本上以农业生产经营为主，而农业是弱质性产业，面临自然和市场供需不平衡的双重风险和压力[33]，除了少数有实力、有资金的龙头企业外，大部分农业经营主体普遍都会遇到“贷款难”的问题，其中小微经营主体融资难度更大。王永平、黄海燕指出，若在再生产过程中，经营主体有融资不顺的困难，会对经营状态造成一定影响，严重的很可能引发亏损，最终影响参与农村“三变”改革相关主体的切身利益[34]。调研发现，M 区参与农村“三变”改革的经营主体经营运行相对粗放，缺少长远的发展规划，且普遍存在资金缺乏的问题。主要表现在两大方面：

（1）缺乏充足的周转资金　访谈的经营主体共 16 个，其中 7 个表示存在周转资金不够。例如，M 区狮子山蔬菜加工专业合作社，以种植和加工蔬菜为主业，因其加工产品市场前景好，该合作社前期投入大量资金种植和收购蔬菜，导致周转资金不足影响后期加工环节的资金投入，人工费都是先赊欠的，原本想包装一下加工产品，因为没有周转资金，所以合作社出售的产品看起来不上档次。

（2）融资贷款困难　访谈的经营主体共 16 个，其中 6 个表示存在融资困难。农业经营主体的申报条件相对宽松，农民专业合作社虽然需要在市场监督管理部门注册登记，但市场监督管理部门并没有对合作社申报资料特别是注册资金进行核实，很大一部分合作社没有办理法人和税务登记，也没有到农业部门登记备案，经营手续不完善。因为各种证照不齐备，在经营运作后期就很难获得银行的融资贷款，也不能及时得到农业相关部门的贴息、补助等优惠政策。家庭农场甚至都不需要到市监部门登记注册，只需要经过县级农业主管部门录入“全国家庭农场名录”系统，就获得家庭农场称号。在启动“三变”改革之初，区政府印发了配套政策文件，鼓励金融机构积极开发系列金融、融资担保支持政策，但在实际操作过程中，经营主体融资还不顺畅，各类财政涉农项目资金没有统筹，由各部门分别归口实施，撒胡椒面式的、不精准的财政投入普遍存在，难以形成统筹效应，金融在脱贫攻坚中没有发挥出应有作用。

[案例 1-6] M 区惠成茶叶种植农场主说：“我们乡里面的茶田，就我们这片坡的质量好。为了扩大种植面积，我把周边茶地都流转过来了，现在有 100 亩茶叶地，流转费用加上人工费用都很高，我现在都请不起制茶师了。想延长茶叶生产产业链，但苦于没有资金，很多项目没法开工。我这个种植规模还是得到区里面的重视的，每年政府相关部门也会给我一些补贴和扶持资金，但那些钱做不了大事。我门口那个钢架棚，是准备搞一个手工茶体验室，然后把这个茶场打造成农业生产观光园。前期我已经投了很多进去，现在我们去贷款，银行说我们资质不够，也没有可抵押的资产；即使可以贷款，贷款周期也不长，而我这个产业从投资到盈利没有三五年是不行的，所以我现在就希望政府能在贷款方面提供一些绿色通道。”

2.缺乏人才队伍

为加快推进农村“三变”改革进程，M 区通过内培外引、扶优培强等措施，打造能力强、有担当、有实力的经营主体队伍来承接农村“三变”改革。在 M 区农村“三变”改革的过程中，大部分经营主体存在缺乏专业技术人才的问题，导致农产品质量得不到保障，一定程度上影响了经营主体的市场竞争力，不利于经营主体长远发展。首先，专业技术人才缺乏。M 区承接农村“三变”改革的经营主体大多是农民专业合作社、家庭农场、种养殖大户，这些经营主体主要由农户自发组织成立，这些农户长期从事农业生产，积累了一定的实践经验，但基本上没有接受过专业的农技培训，缺乏系统的专业理论知识，科技兴农的能力不足，难以为经营主体提供技术支撑。其次，经营管理能人缺乏。在改革过程中，部分经营主体把更多精力投入生产种植环节，很少关注产业链的延长和市场拓展等环节，没有处理好短期利益和长远利益的关系，制约了产业发展，影响了“三变”改革效果。再次，财务管理人才缺乏。参与农村“三变”改革的经营主体中，除政府平台公司财务制度较健全外，大部分家庭农场、合作社没有专业的财务人员，大都是兼职会计、挂牌会计。

[案例 1-7] M 区康洁庄园常年养殖小龙虾，近些年开始投资农家乐，目前庄园已经有了比较稳定的客流量。在具体发展过程中，该庄园不断积极争取相关扶持资金。申请政府资金必须按照相关流程报送资金申请资料，由于该庄园成员文化水平不高，不熟悉申请项目资金所需手续，影响了资金到位效率。2020 年在申报省级家庭农场过程中，该庄园提供不了规范的财务报表，市农业农村局因其没有在规定时间报送所需资料，取消了该庄园的申报资格。

(三)政府层面

1.配套政策不完善

农村“三变”改革是农村地区全面深化改革的重要组成部分，是乡村振兴战略的主抓手。而农村“三变”改革向纵深发展，需要完备的配套政策保驾护航。笔者调研发现，M 区在开展农村“三变”改革过程中，部分举措缺少政策支撑。

农村“三变”改革初期，M区着力抓好确权颁证、清产核资、股权量化等基础性工作，但因为没有建立健全完备的体制机制，“三资”清查不彻底，确权颁证工作遗留问题较多。在调研走访中得知，M区在开展土地确权颁证过程中，经常有农户因为争夺土地承包权到区政府上访，少数地块到目前还没有完成确权颁证工作。每年一次的清产核资工作，基本上摸清了集体家底，但没有配套的政策措施、操作办法、文件规定等，导致村集体积累资金闲置。在资源性折股量化过程中，没有良好的市场评估和资源利用机制，造成村集体“三资”难以盘活，自然资源的实际价值存在被低估的可能。例如，JA村在开展清产核资过程中，古茶树被当作一般的经济林估价入股。

2.法律法规不规范

农村“三变”改革的顺利推进，离不开法律法规的指引和约束。农村“三变”改革的纵深推进，需要规范的法律法规做保障，农村“三变”改革涉及的清产核资、确权颁证、成员认定、入股合同签订、股份分红等方面，没有严密的法律规范进行支持和约束。M区在开展改革过程中，各乡（镇、街道办）对资金整合的层级、措施和途径不统一，资金合法性界限不分明。在成员认定环节，认定标准不一，最典型的是外嫁女和入赘男，有的地方以户籍为认定标准，只要是户内人口就视为成员，有的地方以是否被其他村集体认定作为认定标准，只要没有成为其他村集体成员，就视为本村成员。在签订土地、房屋、林地等入股合同中，所使用合同模板雷同，且内容不完整。

六、推进M区“三变”后续发展的策略

（一）发挥榜样效用，提升农户素质

1.发挥改革榜样的作用

农村“三变”改革是新时代的新生事物，改革过程中的风险和不确定性在所难免，要提升农户参与改革的积极性，改革成功案例的宣传就显得非常重要。针对农户“三变”积极性不高，对改革持观望态度的问题，M区可以通过打造宣传样板或榜样，通过宣传改革实践效果明显的典型案例，分享改革红利，激发农户参与改革的热情。还可以通过授予改革榜样荣誉、给予经济上的奖励等方式鼓励农户积极参与改革，邀请改革榜样进行改革经验分享交流，让农户更直观地感受“三变”改革的好处，营造农户支持改革、拥护改革、参与改革的浓厚氛围。

2.提升农户素质

在推动农村“三变”改革发展中，农户需要更广泛地学习掌握并运用基本法律知识。在“农民变股东”环节，农户想要实现自身股东权利，就要提高股东意识和提升自身素质，拥有行使权利的能力。只有具备了这些条件，农户在入股经营主体后才能平等地与经营主体协商、讨论，才能真正转变农民身份成为股东，行使相应的权利。

通过传帮带、培育农民的现代商业意识、不定期组织农民股东参观“三变”涉农企业、主动学习等方式来提升农民股东的履职能力[35]。各地可以针对“三变”改革设置一个咨询平台，宣传农村“三变”改革过程中的相关法律常识，为入股农户答疑解惑，增强广大村民的维权意识。开展形式多样的相关法律知识培训，鼓励农户主动学习与“三变”改革相关的理论知识，提高农

户相关能力水平，帮助农户认识自己在经营主体中的身份，鼓励农户积极参与经营主体的决策部署，引导农户依法行使自身权利维护自身合法权益。

(二)拓宽融资渠道，提升经营管理水平

1.拓宽融资渠道

经营主体作为“三变”改革承接主体，要通过适度规模的经营才能获得相应规模的效益。若存在融资困难，就会影响经营主体的正常运转，其发展就会受限，也会对农户分红造成间接影响，最终影响“三变”改革整体效果。为确保“三变”改革顺利推行，借助“三变”改革带民致富，就要大力培育经营主体，发展壮大经营主体。

(1)给予政策倾斜　一方面，政府部门要在融资渠道上为经营主体提供便利的融资条件，拓宽融资渠道，加快推进宅基地、房屋等财产权属的确权颁证，增设种类多样的专项扶持资金，落实税费优惠政策，逐步解决经营主体在贷款融资中遇到的抵押难的问题。另一方面，金融机构要在融资、贷款等方面制定优惠政策，根据经营主体主营业务发展需要，适当延长其贷款期限，尽量实现农业生长周期和贷款期限同步，促进经营主体持续健康发展。完善的信贷体系，为经营主体扩大生产经营规模提供了资金支持，有利于经营主体的高质量发展，也有利于增加入股农户的收入。

(2)引进社会资本　“三农”发展离不开社会资本的投入。社会资本的引进，是经营主体解决融资难的一个渠道。一方面，通过优惠的批发价格，与超市建立订单生产模式，争取超市提供的稳定资金来源；另一方面，引导村集体、农户将持有资金入股到经营主体。同时，财政部门可根据经营主体带动农户和集体增收情况，给予一定的奖励和补助。

2.培养壮大专业人才队伍

M区农村“三变”改革的稳步推进，需要一支稳健的人才队伍作支撑，相关部门要积极培养专业人才，为助推农村“三变”改革、实现乡村振兴提供专业人才支持。

(1)要建设一支熟悉市场、掌握专业技术的人才队伍　通过开设培训班，对经营主体从业人员进行理论知识与实践技能的培训，帮助他们成为专业技术人才；“打乡情牌”吸引熟悉市场的在外务工人员，鼓励掌握专业技术的优秀大学生返乡创业；政府主导创立当地极具特色和优势的农业项目，通过招商引资，引进中意农业项目的企业，这样，能为发展农村产业项目带来新鲜血液和动力源泉，从而推动农村经济社会发展。

(2)要培养和引进善于管理经营的人才队伍　近年来，农村“三变”改革作为乡村振兴重要的“推进器”，极需要那些比较精通经营和管理的专业人才参与改革，充分发挥人才效应，助推经营主体生产适销对路和高质量的产品，做到实体产品和口碑相一致，从而激发农村发展的内在活力。培养善经营、会管理的人才队伍应充分发挥学校的主阵地作用，在课程内容的设置方面须科学规范，教学方式应丰富多样，让参加培训的人员喜闻乐见，这样才能达到事半功倍的效果，同时，还要发挥内外联动效应，积极制定吸引善经营会管理人才的优惠政策，保障好善经营会管理的人才基本需求，真正做到“筑巢引凤”。

(三)完善配套政策,加强组织管理

1.完善配套政策

农村“三变”改革工作涉及面广,实施步骤繁多,改革过程中每个环节都会涉及农户与集体利益,相关配套政策的出台和落实就显得尤为重要。M 区要审视自身不足,积极完善配套政策,切实维护好农户和集体利益。

(1)要统筹好各行业涉农资金　出台涉农资金统筹使用和财政资金变股金的相关管理办法与实施方案,在不改变资金使用性质和用途的前提下,明确将省、市、区级财政资金投入到农村的生产发展类资金,以及农业生态修复和治理资金等量化为村集体或农民(低收入群体)的股金,打通财政资金作为“三变”股金的渠道。

(2)要加强与金融机构的合作　利用好现行“特惠贷”等金融扶持政策,加强与相关金融机构对接,引导和支持金融机构开发新的、便于操作的农村金融产品,增加适合“三变”改革的金融产品供给。要合理优化贷款方式,因地制宜引导农户通过直接贷款、低收入群体成立合作社统一贷款,切实降低风险、提高效率。利用好全省扶贫产业基金,加强政策研判和项目争取,不断增加可用于“三变”改革的股本金。

2.加强法律规范

党的十九大报告中指出:全面依法治国是国家治理的一场深刻革命,必须坚持厉行法治,推进科学立法、严格执法、公正司法、全民守法[36]。十九大报告对新时代中国特色社会主义法治建设的理论创新、实践要求和全面部署,为全面推进依法治国建设社会主义法治国家指明了方向,也为从区农村“三变”改革加强法律法规提供了保障。

只有真正做到有法可依,严格执行改革涉及的法律规范,改革过程中规范相关入股协议(合同),明确参与改革股东的权利和义务,明确每一位股东的持股比例和分红,才能实现改革的预期收益。

在改革过程中,还要对相关法律法规的落实情况进行监管,对入股的“三资”要明确权属,以防少数人侵占和支配集体资产。加强对经营主体资质的审查力度,坚决不允许经营主体以参与改革的幌子套取国家资金。为农村“三变”改革提供系列基层法律援助,建立法律顾问机制。组织律师和法律服务工作者针对农村“三变”改革涉及的法律法规进行梳理,审核相关文件是否符合法律规范,引导企业合法经营,对入股合同进行严格审核把关,指导农民签订入股合同并收获股权。

七、结论与展望

(一)结论

开展农村“三变”改革实践,对拓宽 M 区农民增收渠道、激发农村发展内生动力、壮大村集体经济具有十分重要的意义。本章运用了文献研究法、实地研究法、案例分析法的研究方法,通过对农村“三变”改革相关概念、理论,M 区经济社会发展情况,“三变”改革情况进行梳理,与当地农户、新型农业经营主体、各级农村“三变”改革办公室、村干部进行深度访谈。通过对 M 区农村“三变”改革进行研究,认为 M 区在各级各部门统一部署下,结合自身实际开展的改

革实践，取得了一定的成效，得出了以下结论：

(1)M 区农村“三变”改革的组织保障　M 区农村“三变”改革取得的成绩离不开党委、政府强有力的统筹部署和社会各界的支持，更离不开改革主体的积极配合、主动参与。

(2)M 区农村“三变”改革的定性分析　通过依托各村自身资源优势，培育引进经营主体参与改革，撬动社会民间资本推动改革，拓宽农民增收渠道，发展壮大村集体，优化产业结构，M 区农村“三变”改革为其他相似区域提供了一定的参考价值。

(3)M 区农村“三变”改革的持续发展　保障 M 区农村“三变”改革的持续发展，要进一步提升改革主体的积极性、主动性，培养技能型、职业型从业人员，为农村“三变”改革提供政策法规支持，营造良好的改革氛围，从而为实现乡村振兴铺新路。

(二)展望

M 区通过农村“三变”改革的实施，促进了乡村振兴战略的深入实施，深化了农业供给侧结构性改革。但是，M 区农村“三变”改革在将来的推进过程中还会遇到更多的机遇和挑战，农村“三变”改革的进一步研究意义深远。由于笔者理论知识和实践能力有限，本研究关于 M 区农村“三变”改革的分析框架不够丰富，部分分析结论流于表面，有些总结不具代表性。同时，由于主客观条件限制，调研数据的收集不全面，整理欠规范，期望以后的研究能够加以改进。

一是，本章采用文献结合实地研究等方法对 M 区农村“三变”改革进行研究，对 M 区农村“三变”改革的内容进行定性分析，有利于促进 M 区农村“三变”改革的持续发展，为都市近郊区农村“三变”改革提供参考经验。但由于理论知识不扎实，数据样本质量参差不齐等问题，本章仅采用案例分析法进行简单分析，理论与实践有待进一步融合，数据分析深度有待进一步加强，逻辑思维能力有待进一步提升。若能使用绩效评估等计量方法开展研究，将进一步提高研究结论的说服力，助推 M 区农村“三变”改革纵深推进。

二是，目前关于农村“三变”改革的研究，主要集中在经济发展相对落后地区，都市近郊区农村“三变”改革的相关研究不足。本章关于 M 区“三变”改革的研究没有同其他地区的“三变”改革情况进行对比分析，希望以后的研究能增加横向对比。

八、参考文献

[1] Toulmin J S. Further observations on the formation of the flints of the upper chalk, with remarks on the sponge theory of Mr. Bowerbank[J]. Annals & Magazine of Natural History, 1847, 19(127): 289-309.

[2] Sexton R J, Iskow J. Factors critical to the success or failure of emerging agricultural co-operatives[J]. Information, 1988, 41: 6.

[3] 刘俊伟.北海市银海区“三变”改革现状、问题与对策研究[D]. 南宁：广西大学，2021.

[4] Jaeoby H G, Li G, Seotte Rezelle. Hazards of Expropriation: Tenure Inseeurity and Investment in Rural China[J]. The American Economic Review, 2002, 92(5): 1420-1440.

[5] Loren B, Seotte M, Rezelle A T. Government behavior and property right formation in rural China[J]. Department of Agrieultural and Resource Eeonomies University of California Davis, Working Paper, 2002.

[6] 李玉忠.农村“三变”改革的路径研究:水城县D村为例[D].贵阳:贵州民族大学,2021.
[7] 雷昌林.以农村集体产权制度改革为突破口深入推进“三变”改革[J].农技服务,2017,34(12):43-45.
[8] 王佳宁,王东京.“三变”改革的现实背景、核心要义与推广价值[J].改革,2017(8):5-15.
[9] 杨慧莲,刘培生.农村“三变”改革的内涵、实践、影响及扩散研究综述[J]. 六盘水师范学院学报,2021,33(4):3.
[10] 王兆阳.农村“三变”:重构农业经营体系的重大制度创新:贵州省六盘水市农村改革调查[J].农村工作通讯,2017(21):47.
[11] 金传佳.六盘水市农村“三变”改革研究[J].决策与信息,2016(21):19.
[12] 王永平,周丕东.农村产权制度改革的创新探索: 基于六盘水市农村“三变”改革实践的调研[J].农业经济问题,2018(1):27-35.
[13] 陈林.习近平农村市场化与农民组织化理论及其实践:统筹推进农村“三变”和“三位一体”综合合作改革[J].南京农业大学学报(社会科学版),2018,18(2):1-11.
[14] 周真刚.贵州省六盘水市“三变”改革研究述论[J].新南民族大学学报(人文社科版),2018,39(8):20-21.
[15] 宋明智,李悦,邓文淼,等.农村经济体系“三变”改革过程中的问题分析:以六盘水为例[J].农村经济与科技,2021,32(19):9-10.
[16] 范兆飞,张俊英.农民、村集体、企业的利益协调机制研究:以大扶贫背景下六盘水“三变”改革为例[J],安徽学院学报,2018,20(2):22-25.
[17] 杨学明,李如海.“三变”改革推进乡村振兴的制度价值:基于贵州省六盘水市“三变”改革经验的分析[J].云南农业大学学报(社会科学),2022,16(2):16-17.
[18] 张思远.农村“三变”改革的理论与实践:以锦州市为例[D].兰州:西北民族大学,2021.
[19] 李玉忠.农村“三变”改革的路径研究:水城县D村为例[D].贵阳:贵州民族大学,2021.
[20] 韦向阳,钱方圆.马克思土地产权理论对我国农村土地制度改革的启示[J].2016(2):1-4.
[21] 贾生华,陈宏.利益相关者的界定方法述评[J].外国经济与管理,2002(05):13-18.
[22] 付俊文,赵红.利益相关者理论综述[J].首都经济贸易大学学报,2006(2):16.
[23] Freeman R E, Strategic Management: A Stakeholder Approach[M]. Boston: Pitman, 1998:4.
[24] Clarkson M.A stakeholder framework for analyzing and evaluating corporate social performance[J].Academy of Management Review, 1995, 20(1):92-117.
[25] 张润琴.安徽省“三变”改革试点绩效评估研究[D].合肥:安徽农业大学,2019.
[26] 王佳宁,王东京.“三变”改革的现实背景、核心要义与推广价值[J].改革,2017(8):5-15.
[27] M区人民政府网.秀美M区[OL].https://www.huaxi.gov.cn/lxhx/hxgk/.
[28] 王永平,周丕东.农村产权制度改革的创新探索:基于六盘水农村“三变”改革实践的调研[J].农业经济问题,2018(1):27-32.
[29] 中共中央国务院关于打赢脱贫攻坚战三年行动的指导意见[OL].http://www.gov.cn/zhengce/2018-08/19/content_5314959.htm.
[30] 中国六盘水市委,六盘水市人民政府主编.六盘水“三变”改革:中国农村改革的新路探索[M].北京:人民出版社,2016.

[31] 余肖静.贵州省农村“三变”改革现状分析：以M县为例[J].农村经济与科技，2021，11(12)：259-261.

[32] 习近平.决胜全面建成小康社会夺取新时代中国特色社会主义伟大胜利：在中国共产党第十九次全国代表大会上的报告[M].北京：人民出版社，2017(12)：12-38.

[33] 孔令刚，蒋晓岚.农村“三变”改革目标、问题与难点突破[J].地方财政研究，2017(7)：14-18.

[34] 王永平，黄海燕.农村产权制度改革风险防控问题探析：以六盘水市农村“三变”改革为例[J].经济纵横，2019(9)：66.

[35] 韩美军.着力农村“三变”改革激发农村发展活力[J].中国农村教育，2018(19)：22-23.

[36] 中共贵州省委政策研究室.贵州农村“三变”改革导则[M].贵阳：贵州人民出版社，2017(26)：2.

（注：本章为2019级农村发展班余肖静硕士学位论文部分内容，指导老师梁龙。）

第二章 基于净碳足迹的茶产业绿色发展问题与对策研究——以雷山县为例

一、引言

随着绿色发展意识的增强，碳足迹、碳标签的推广，茶产业整个生产过程的环境潜在污染受到广泛关注。农业的绿色低碳发展是实现可持续发展的基础，对区域内农业碳足迹的测算、评估与研究将有助于环境的改善。随着全球人口的不断增加，人类对粮食的需求也不断增加。如果仅通过开垦荒地来扩大种植面积，土地与植被的碳汇能力将减弱或消失，危及生态系统生物多样性，导致环境质量恶化[1]。基于传统模式的农业生产会产生大量的二氧化碳，相反，加速智能农业的发展则有助于减少二氧化碳的排放[2]。仅仅关注农业生产的碳直接排放是不够全面的，重视农业消费中的碳间接排放也有助于碳排放的缓解[3]。

最初英国环保组织和学者为了形象而准确地衡量温室气体排放对气候及人类生活的影响，提出了比喻式新词“碳足迹”这一概念[4]。Matthias 提出了生命周期影响类别指标、影响全球变暖的潜能值(GWP)[5]。Wiedmann 等则认为碳足迹是测量一种活动或一个产品生命中各阶段累计造成的直接和间接碳排放量，不是一个基于区域的指标，而是产品的供应链或是整个生命周期中累积产生的大量二氧化碳排放量，可以用物理质量单位来(如 kg、t)来表示[6]。王微等从生命周期角度出发，认为碳足迹主要指在人类生产和消费活动中所排放的与气候变化相关的气体总量，产品生命周期或活动直接和间接相关的碳排放[7]。沈玉保等定义“碳足迹”是指个人或团体的温室气体排放量，是用来评估消耗能源造成环境污染的影响指标，强调碳足迹主要是从个体角度进行评估的[8]。单力等认为碳足迹是一种用来测量公司、家庭、个人的碳耗用量，并以此作为评估对环境产生的影响的指标[9]。王秋等指出碳足迹是一种测量标准，用来衡量人类活动对环境及气候变化的影响，认为“碳足迹”主要是人类日常生活中发电、供暖、运输等活动中使用化石燃料所产生的温室气体的量相关[10]。

茶产业作为贵州省 12 项农业特色优势产业之一，2020 年茶园种植面积已达 46.7 万 hm^2，确立了贵州在全国茶产业第一方阵的地位。《贵州省“十四五”茶叶发展规划(2021—2025年)》明确提出，“坚持生态优先，打造‘干净茶’为核心，推进茶园生态环境保护”。

茶叶产业在支撑经济发展的同时，给环境带来了压力。王峰等分析了我国典型茶区化学氮肥的施用与生产运输过程成为温室气体的排放源[11]，此外，还有相关学者对我国 14 个茶叶主产区施肥状况和减排潜力做了研究分析，发现茶园化肥过量施用，加大了成本和污染[12]，且茶叶加工企业主要以煤炭为能源，会产生大量的温室气体[13]。

目前，在农业绿色低碳发展、农业生产的碳排放与农业碳足迹测算评估等方面取得了诸多研究成果，为本研究提供了可借鉴的经验与做法。但现有研究还存在以下不足之处：一是从研究内容上看，现有研究成果多集中于水稻、玉米与小麦等农业产业碳足迹研究，对茶叶产业碳足迹的研究相对较少;二是从研究尺度上看,已有研究多从单一方面研究茶园生产的碳排放或作物的碳汇,而对茶园的农资投入、管理过程产生的碳排放以及作物与茶园土壤碳吸收相结合尺度上的研究相对欠缺;三是从研究视角上看,从茶产业碳源或碳汇单一视角的研究居多,但从两者结合的净碳综合视角的研究少之又少。以上存在的不足,本研究力争改进与拓展完善。

基于此,本研究以贵州省雷山县茶产业为研究对象,分析雷山县茶园生态系统净碳足迹,探讨其驱动因素,对制定针对雷山县茶园的减排对策、实现茶园清洁生产、充分发挥茶园系统的碳汇功能、降低茶园温室气体源具有重要的现实意义。

二、研究背景及研究方法

(一)研究背景

农业是人类衣食之源、生存之本,中国是一个农业大国,农业处于国民经济中的基础性地位。然而,我国农业生产方式仍是粗放的,存在地力破坏、面源污染和生态系统退化等一系列问题,尤其是生产要素浪费等原因引发碳排放量的提升[14]。我国农业源温室气体排放约占全国人为温室气体排放总量的17%,且自1978年以来,中国农业碳排放以年均5%的速度持续增长[15]。因此,减排、低碳、绿色发展是农业可持续发展的重要组成部分[16]。

据国际茶叶委员会(ITC)统计数据显示,2019年世界茶园面积达500万hm^2,较2018年增长2.5%;2010—2019年十年间世界茶叶种植面积增长116万hm^2,2019年比2010年增长30.2%;2019年中国茶叶种植面积为306.6万hm^2,占全球茶叶种植面积的61.4%,与2010年种植面积相比增长109.6万hm^2,增长率为35.7%[17]。随着茶产业经济效益的提升,茶园投入增强,茶园生产活动如化肥与农药的使用、土壤呼吸作用等会产生大量的二氧化碳。而茶树作为一种多年生常绿作物,其生长过程对空气中的CO_2具有固定和吸收作用,同时,茶园土壤碳库对有机碳具有富积和保存作用。由此可知,茶园既是一个碳源,又是一个碳汇点[18]。随着茶产业链的延伸,茶叶初加工、深加工、运输、消费、废弃物处理都会产生温室气体,增加碳源。

贵州地处云贵高原东麓,地理气候条件得天独厚,自古就是我国的茶叶主产区,素有"西南茶乡"之称。截至2019年12月,贵州省茶园投产总面积40.1万hm^2,位居全国第一;茶叶产量40.1万t,综合产值451.2亿元,同比分别增长10.7%、14.5%,均保持高位增长态势;茶产业从业人员人均年收入超过1万元,助农增收成效非常显著。在农村产业革命的伟大实践中,茶产业发展呈现勃勃生机,正成为当之无愧的富民产业、希望产业[19]。

雷山县是茶叶发展"重点县"。深化对雷山县绿色农业、茶叶产业绿色发展的研究,期望为促进雷山县乃至贵州省茶叶产业、农业由传统的"化学化加机械化等于农业现代化"发展模式向"低能耗、低排放、低物耗、低污染"四位一体的低碳绿色农业转变提供智力支持。另外,在农业发展的过程中,农业生产经营活动中使用大量化石能源,造成大量温室气体排放,对环境的损害日渐凸显。

基于以上背景,本研究以贵州省雷山县茶产业为研究对象,通过净碳足迹法实证分析贵州省雷山县茶园生产碳足迹现状,以此分析贵州省雷山县茶产业绿色低碳发展存在的问题,并提出相应的对策，对雷山县茶园发展具有重要的现实意义；同时，可以开拓绿色农业研究的新视野，丰富农业绿色发展理论、农业可持续发展理论，还可以为贵州省雷山县茶产业的绿色低碳发展提供理论支持。

(二)研究方法

1.研究思路

在梳理和总结国内外研究成果的基础上，以“实证分析—发现问题—提出对策”为主线开展研究。具体研究思路如图 2-1 所示。

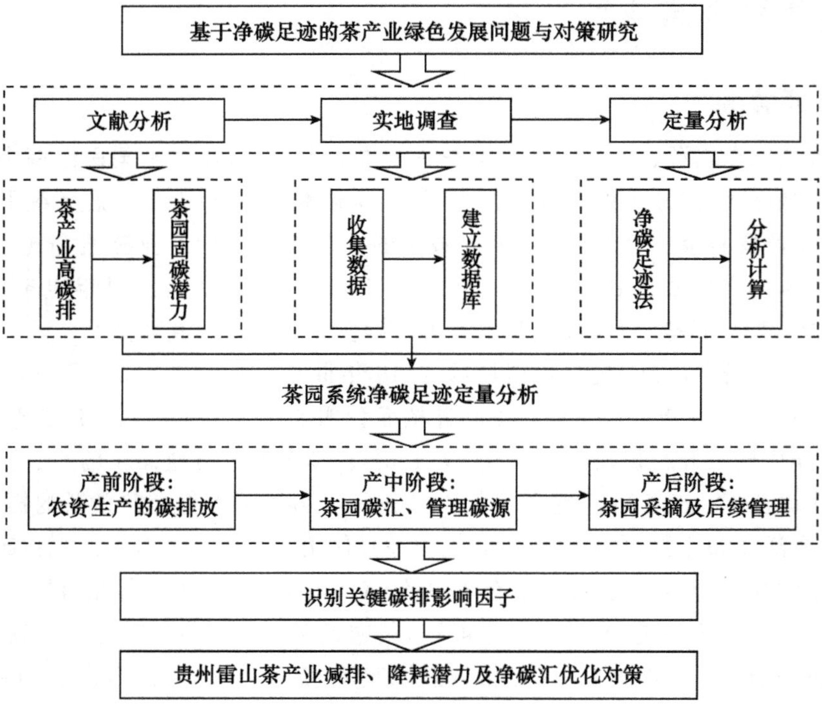

图 2-1　研究思路

2.研究方法

(1)文献研究法　通过中国知网(CNKI)、维普网(CQVIP)等网站搜索所需要的相关文献，归纳、整理、收集、分析各种文献和统计资料，在归纳总结前人研究经验的基础上，获得间接理论资料。本章收集了大量文献资料，整理了国内外学者对碳足迹和农业绿色发展、茶叶产业绿色发展等领域的研究现状和最新进展，寻找可供借鉴的研究方法、研究视角，进而为本章提理论指导和方法借鉴。

(2)调查研究法　选择贵州省典型茶区之一雷山县进行调查研究，结合访谈等方法，收集并整理雷山县小农户茶园生产农资投入、茶园管理现状等各类物质流数据，建立数据库，理清雷山县茶业发展、茶园生产现状，找到茶叶产业绿色发展中存在的问题。

(3)碳足迹法　由企业生产经营、人类活动、产品或系统引起的温室气体排放的集合，包括能源生产和使用、食品生产和消费、交通运输以及各类生产过程。通常集中于 CO_2、CH_4 和

N_2O三种温室气体，用二氧化碳当量(CO_2eq)来表示。本研究应用的碳足迹法包括温室气体排放量及碳吸收量两项指标，其中前者反映的是整个茶园生产投入和管理的温室气体排放量，后者是指茶园生态系统中茶树和土壤碳吸收量。

三、相关概念与理论基础

(一)农业绿色发展的相关概念

1.农业绿色发展的概念

绿色发展是基于传统发展模式，将资源合理配置、环境保护、减少投入与健康可持续发展有效结合的一种新发展模式。农业绿色发展是绿色发展理念在农业领域的实践和拓展，是在确保农产品数量安全、质量安全、生态安全、资源安全的前提下，以全面、协调、永续发展为基本原则，以提高县域农业综合经济效益为目标，采用先进的科学技术、装备，运用先进的管理理念，将标准化贯穿于农业生产的整个产业链条，在整个生产过程中提高对资源的有效利用和合理配置，注重对农村环境的保护，汲取人类农业历史发展的文明成果，最终实现资源节约型和环境友好型绿色农业的生产活动[20]。

针对我国农业的发展现状，习近平总书记提出了推进资源保护和生态修复、创新农业科技及确保农产品质量安全等一系列农业绿色发展思想[21]。农业绿色发展是习近平总书记“绿水青山就是金山银山”科学论断在农业发展中的具体体现[22]。

2.茶产业绿色发展的概念

茶产业绿色发展是茶叶在整个生命周期始终坚定不移贯彻创新、协调、绿色、开放、共享的发展理念，从源头茶树的施肥、病虫害防控上坚持种群间动态平衡的原则，最大限度地减少化学肥料与农药的使用[23]。在茶叶加工中选择清洁的原料和能源，对加工过程进行清洁化控制，能够减少或避免产生和排放对人体和环境有害的物质[24]。在茶叶包装上坚持减量化、生态循环、可降解、无公害、无污染、统一性的原则[25]。强调生产全过程“清洁化”，包括茶园环境清洁化、茶树种植清洁化、茶叶加工清洁化，以及茶产品包装、储藏和销售清洁化[26]。茶产业绿色发展实践中，结合区位优势、生态环境优势、种质资源优势等，建立标准化茶园“产、学、研”基地，培育新型职业茶农，强化科技支撑与创新，加强精深加工能力，提升茶旅结合，促进茶产业健康可持续发展[27]。

综上所述，本研究将茶产业绿色发展的概念界定为以绿色发展理念为指导，培育新型职业茶农，在茶树种植与管理过程中增加有机肥投入比，采用生物、物理等无害化防控方式，减少或避免使用化肥和农药，改善和保护生态环境，提高茶叶产量和品质，增加茶农收入。

(二)绿色发展的相关理论基础

1.绿色农业理论

欧洲在20世纪20年代开始出现绿色农业，到20世纪30—40年代时绿色农业在瑞士、日本、英国等国家得到发展。我国最早提出绿色农业是在20世纪80年代的全国农业绿色经济研讨会上[28]。2003年我国正式提出了“绿色农业”的概念，至今绿色农业得到了积极和广泛的实践，并逐渐成为发展的共识[29]。

绿色农业是指充分运用先进科学技术、先进工业装备和先进管理理念，以促进农产品安全、生态安全、资源安全和提高农业综合经济效益的协调统一为目标，以倡导农产品标准化为手段，推动中国农业发展走全面、协调、可持续发展的模式[30]。段清斌等认为绿色农业的核心是生产并加工销售绿色食品，有益于食品安全卫生和环境保护[31]。黄雨认为绿色农业实质是一场农业创新和农业技术革命，具有高效化、标准化、国际化、多样化和现代化五大特征[32]。发展绿色农业是促进农业与农村可持续发展的重要举措，能够有效促进农业生态环境改善与保护，不断满足消费者日益增长的绿色消费需求，提高城乡居民的生活水平和生活质量，对我国农业及整个国民经济的发展具有重要意义[33]。

2.可持续农业理论

20 世纪 50—60 年代以后，科学技术快速发展，为了提高农业生产效率，农药、化肥、农膜以及农业机械等被大量应用在农业中，提高经济效益的同时引起生态破坏、环境污染、资源不足等一系列问题，影响农业协调发展的可持续性。在此背景下，1981 年，美国农业科学家莱斯布朗对可持续发展概念进行系统阐述，为后来农业可持续发展的提出奠定良好的理论基础。1985 年，美国科学家首次提出“可持续农业”。可持续农业并不是一种万能的具体农业模式，而是一种广泛的农业发展指导思想。在自然资源的角度上，应用可持续农业的发展模式，可以保持农业生产的经济效益，保护和改善环境，保持和提升自然资源储备；在生态农业的角度上，可持续农业是指农业系统能够在持久的生态环境限制和社会经济压力下依然维持生产力[34]。

结合我国的国情，可持续农业的选择应结合实际，因地制宜，走以提高效率和增加效益为中心，以基础设施与科技投入为重点，以增强农业持续发展能力和发展农村经济为目标，实现人口、资源、生态与经济社会发展的协调共进和良性循环之路[35]。

四、贵州雷山茶叶产业现状

（一）世界及中国茶叶生产状况

全球有 60 多个国家和地区种茶，面积约 480 万 hm^2，年产茶叶近 600 万 t。中国是茶树的原产地和原始分布中心，茶叶的栽培和制作技术均是由我国传到世界各个国家与地区的。中国的茶叶，距今大约已经有上百万年的历史，最早起源于云南、贵州、四川交界处的三角地带[36]。这片区域处在云贵高原的东南部，海拔高而纬度较低，有多条大河穿过，温度、湿度、日照、土壤等都比较适合茶树的生长，属于“低纬度、高海拔、多云雾、寡日照”的“黄金产茶带”。

贵州省位于西南地区的东南部，103°36′～109°35′N 和 24°37′～29°13′E 之间，平均海拔 1 100 m 左右，山地和丘陵占全省地貌的 92.5%，河流多、密度大，水资源丰富，属亚热带湿润季风气候，气候温暖湿润，每年最冷月 1 月的平均气温是在 1.9～10.4 ℃，最热月 7 月的平均气温是 17.7～27.9 ℃，冬无严寒、夏无酷暑，是茶叶最适宜生长的地带之一。

(二)贵州雷山茶叶生产基本情况

雷山县是国家重点产茶县,被评为“中国茶文化之乡”和“贵州十大茶旅目的地”,2016 年被中国茶叶流通协会授予“国家重点产茶县”称号。因此,本研究立足于贵州雷山县,通过查阅文献以及统计数据理清贵州省雷山县茶叶产业现状。

雷山县地处贵州省东南部,茶叶种植历史悠久。据史料记载,雷山县在清代时期,县内乔兑村、桃江村、达地乡大坪山等地已有人种植茶叶,有了品茶的习俗,距今已有 300 余年的历史。雷公山国家森林公园位于雷山县,雷公山区是贵州省野生古茶树的集中分布地之一。分布于雷公山区原始森林内的野生茶树,有古先民遗址种植的,现在农民居住地房前屋后、田边地角栽培的以及清朝前后种植的茶园(林)三种形态。茶树树形、分布海拔与土壤质地、叶形及颜色、芽头大小及持嫩性、花果形态等有较为明显的特异性。目前,在雷公山北麓方祥乡毛坪、雷公坪等地发现上千年的野生古茶树。现雷山县种植的茶树品种主要有雷山银球茶、脚尧茶龙井 43、龙井长叶、福鼎大白茶、安吉白茶、白叶一号及乌牛早等。

1949 年新中国成立后,雷山县的茶叶产业得到了国家的资金和技术支持,茶叶生产步入新的历史时期。1955—2020 年,雷山县茶叶大体经历了平稳发展(开始起步)、较快发展、快速发展三个阶段。

(1)雷山县茶叶生产开始起步阶段　1955—1999 年是雷山县茶叶生产的开始起步阶段。在此阶段,雷山县开始加强茶园管理,逐步开展茶叶生产示范带动,茶叶种植面积、干毛茶产量和茶叶新产品的开发得到平稳发展。

(2)雷山县茶叶生产较快发展阶段　2000—2010 年是雷山县茶叶生产的发展较快阶段。在此阶段,全县投资茶叶基地建设,无性系良种茶园比例提高,茶叶加工、茶叶种植面积、采摘面积和干毛茶产量得到较快发展。

(3)雷山县茶叶生产快速发展阶段　2011—2020 年为雷山县茶叶生产的快速发展阶段。此阶段进入茶叶产业标准化管理阶段,茶叶品质逐年提升,种植面积与茶叶加工能力快速增长。据有关统计数据显示,截至 2020 年,雷山县全县共有茶园面积 10 826.67 hm^2,干毛茶总产量 4 098 t,大约是 1955 年的 1 154 倍,1988 年的 100 倍,2007 年的 35.7 倍,2011 年的 5 倍,茶叶产值成倍增长,为雷山县带来了巨大的经济收益,是名副其实的富民产业,逐渐成为全县乡村振兴的支柱产业。如图 2-2 所示,2011 年始至 2020 年,雷山县茶叶种植面积平均每年以 11.05%的速度在增加;2012—2015 年茶园种植面积以超过 15%的速度在扩大,但从 2013 开始,茶园种植面积扩大速度逐年放缓。全县干毛茶总产量以年平均 20.01%的速度在增加,2011—2012 年增速最快,已达 72.51%。如图 2-3 所示,单位面积干毛茶产量 2020 年比 2011 年增加 97.75%,总体呈波动上升趋势。

(三)贵州雷山茶园自然条件现状

茶树是一种叶用经济作物,茶树生长对自然环境条件的需求较多,需要均衡的外部条件来满足其内部生长发育的多元需求,以保证茶树的健康成长和茶叶的产量与品质。茶园的自然环境条件要求主要包含气象条件、土壤条件等。

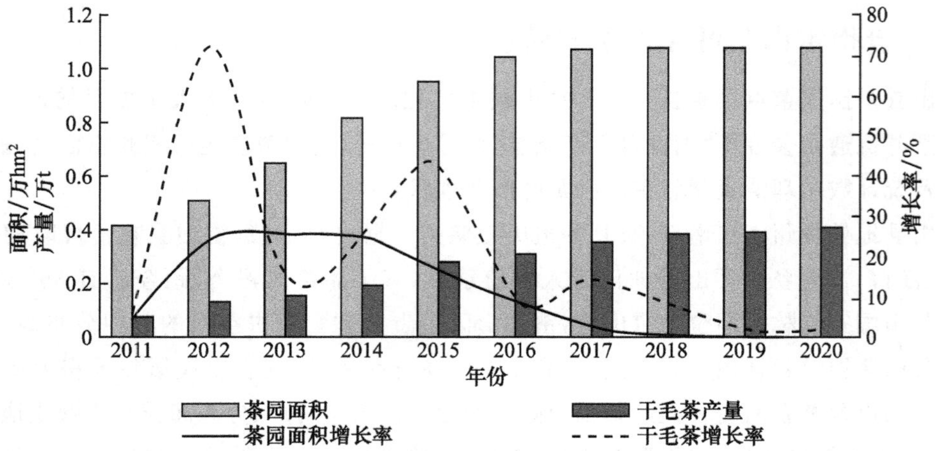

图 2-2　2011—2020 年雷山县茶园面积、干毛茶产量

数据来源：根据雷山县茶叶局统计数据整理

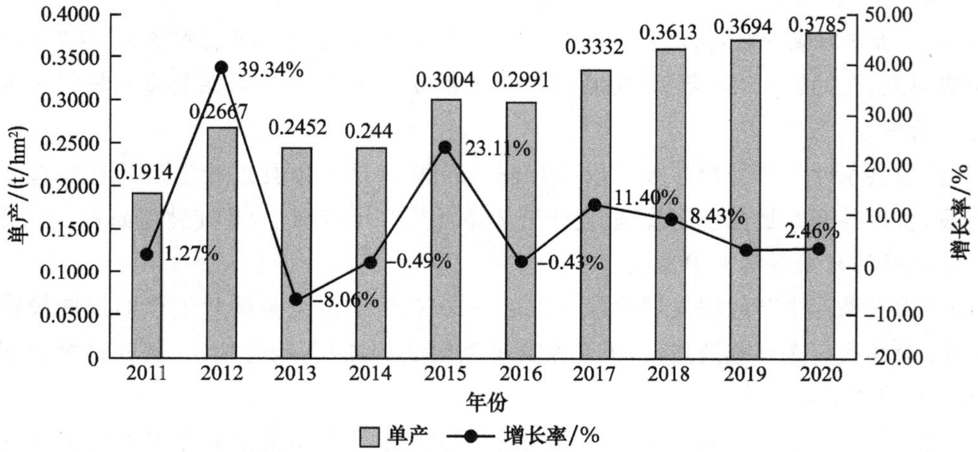

图 2-3　2011—2020 年雷山县茶叶单位面积产量

数据来源：根据雷山县茶叶局统计数据整理

1.气象条件

茶树原产于我国西南地区贵州、云南等地，成长于亚热带森林之中，经过成百上千年的生长、繁衍、进化，形成了对特定自然环境的相对依赖性与敏感性。茶树健康与否、茶叶产量增减、茶叶品质好坏等在很大程度上可从茶园的自然环境中找到根源，其中，温度、水分、光照等气象因子是决定茶园优劣的重要一环。因此，研究贵州雷山县茶园气象条件现状与茶树生长规律的关系有利于选择合适的优良茶树品种，可以有针对性地进行栽培管理，避免不必要的投资和减少损失，促进茶园高产与提高经济效益。

(1)温度适应性　茶是亚热带常绿植物，具有喜温喜湿的特性。温度是决定茶树一年之中生长期与休眠期长短的重要因素，对茶叶的产量和品质具有很大影响。茶树对于环境温度的适应能力具有一定的区域界限，可划分为三个区间温度[37]。一是生物学最高温度。不同品种茶树的生物学最高温度有一定的差异，但普遍认同的是≥35 ℃。若天气温度高于 30 ℃，茶树新梢生长将减缓；如果连续多日气温高于 35 ℃，则会导致茶树新梢停止生长甚至被灼伤，引起茶树热灾。二是最适温度。一般认为是平均气温在 15～23 ℃之间，当温度在此区间时，茶树枝叶生长发育旺盛，22 ℃左右时茶树枝叶生长最快；当温度上升到 23～30 ℃时，茶树枝叶生长速度虽较快，但新梢随着温度的升高而逐渐趋向粗老。三是生物学最低温度。研究发现，茶树能够承受的最低温度是－13～－8.8 ℃[38]，春季温度低于 0 ℃茶叶就会被冻伤；秋季温度低于 10 ℃茶树便逐渐停止生长并进入休眠状态；温度低于－13～－12 ℃将致使茶树枝叶被冻枯萎甚至死亡。茶树最低生长温度为 10 ℃，新梢开始萌动需要连续数日温度≥10 ℃，全年≥10 ℃活动积温不低于 3 000 ℃，茶树才能生长发育[39]（表 2-1）。

表 2-1　茶树生长的最适宜温度指标[40]

气温要素	适生条件	可生条件	有害条件	雷山县
年平均气温/ ℃	15～23	10～15 或 23～35	＜10 或＞35	16.3
≥10 ℃活动积温/ ℃	≥5 000	3 000～5 000	＜3 000	4 744
多年平均极端最低气温/ ℃	≥0	0～－8.8	＜－8.8	－3.8

雷山县位于云贵高原与湖南和广西的丘陵盆地过渡地带，107°55′～108°22′E 和 26°02′～26°34′N 之间，境内属中亚热带季风湿润气候，气候温和。年总积温 5 475 ℃，≥10 ℃活动积温 4 744 ℃。如图 2-4 与图 2-5 所示，2012—2020 年，年均气温 16.3 ℃。最冷月为 1 月，平均气温 6.2 ℃，极端最低气温－7 ℃，平均极端最低气温－3.8 ℃；最热月为 7 月，平均气温 24.5 ℃，极端最高气温 38 ℃，平均极端最高气温 35.3 ℃；极端温差为 45 ℃，年平均温差 18.3 ℃。昼夜温差较大，有助于白天光合作用形成茶树生长发育所需物质以及减少夜晚能量消耗。无霜期 230～274 d，同时，地理位置海拔高、纬度低，冬无严寒、夏无酷暑、四季分明，没有明显的热灾和冻害。总之，温度是影响茶树生命活动的重要环境因子，雷山县温度条件能够满足茶树的良好生长发育需求，为茶园种植提供良好的自然环境条件，是雷山县茶产业不断高产、高质发展的自然资源禀赋。

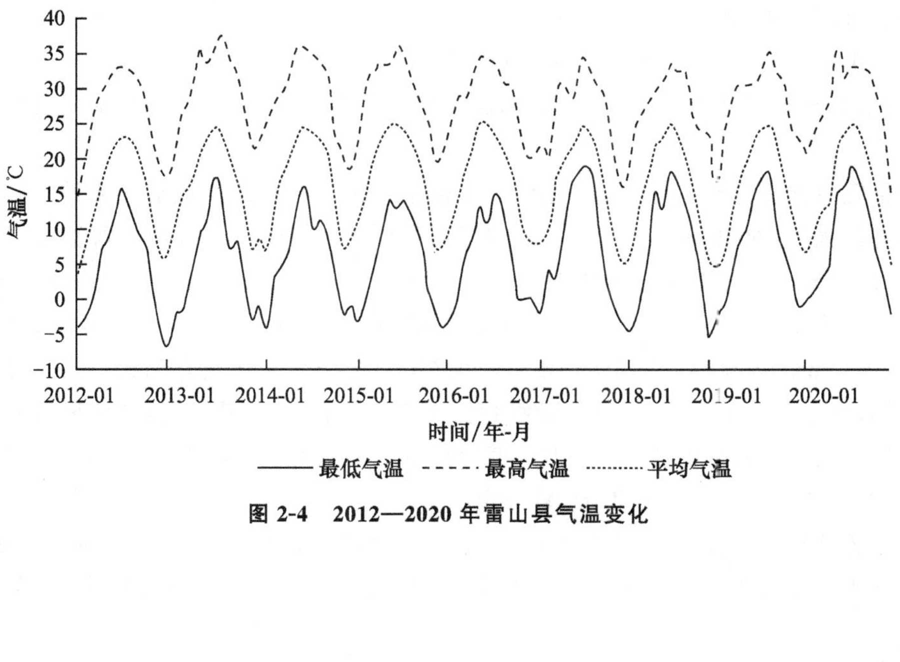

图 2-4　2012—2020 年雷山县气温变化

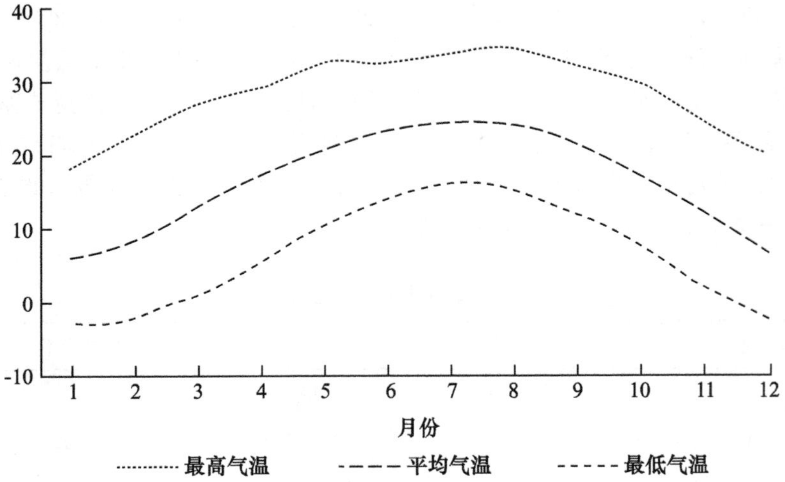

图 2-5　雷山县月气温变化

(2)水分适应性　水是生命之源,植物的细胞水分不足时生命活动就会受到限制。茶树养分的吸收与运输、光合物质的形成、器官的生长等都离不开水。据研究发现,整株茶树中水分占比为 55%～60%,越嫩的部分含水量就越高,新梢的水分占比可达 75%～80%[41]。在采摘期,不断采摘芽叶,新梢又逐渐生长出来,需要补充大量的水分。若水分不足,新梢的生长速度就会减缓,降低发芽率,减少可采摘的次数,同时,生长出的芽叶短小,产量和品质都受到较大影响;若缺水较严重,茶树容易枯萎或死亡。茶树喜湿但不耐涝,水分过多也会引起茶园土壤水分大量堆积,使土壤缝隙缩小,排挤出空气,根部无法进行有氧呼吸,长此以往则转换为无氧呼吸,产生酒精或丙酮酸,从而导致根系腐烂。茶园水分多来源于降雨,降雨量和空气湿度是影响茶叶产量与品质的重要因素。年均降雨量至少 1 000～1 400 mm,月均降雨量不低于 100 mm,相对湿度 80%～90%时较适宜茶树生长[42]。在不同时期和生长阶段,茶树对水分的需求有所不同,将春茶时间定义为 3 月至 5 月 15 日,夏茶为 5 月 16 日至 7 月,秋茶为 8 月至 10 月,越冬期为 11 月至翌年 2 月。据研究,贵州地区春茶年均需水量 165～267 mm,夏茶为 245～340 mm,秋茶为 232～352 mm,越冬期为 115～201 mm,越冬期对水分的需求低于生长期[43]。

雷山县境内常年云雾缭绕,雨量充沛。对雷山县 2016—2020 年近五年来的降雨量和相对湿度情况进行统计,如图 2-6 所示,全县年均降雨量可达 1 500 mm,月均降雨量为 125 mm,月均降雨天数为 15 d,降雨分配较为均匀;降雨量最多月为 6 月,最少月为 12 月;从季节上来看,春季(3—5 月)降雨量为 459.4 mm,占全年降雨量的 30.6%;夏季(6—8 月)降雨量为全年最多,可达 666.1 mm,占全年降雨量的 44.4%;秋季(9—11 月)降雨量为 259.9 mm,是全年降雨量的 17.3%;冬季(12 月至翌年 2 月)降雨量为 115.5 mm,全年最低,占全年降雨量的7.7%。如图 2-7 所示,近 5 年来雷山县年均相对湿度为 80.5%,1 月和 6 月最高,达 83.8%;全年最低为 8 月 78.2%,相较差为 5.6%,波动不大,较为稳定。

综上所述,降雨在实际中会有所损耗,不能完全被茶树吸收。在生长季即春夏秋茶季,雷山县降雨量能够满足茶树不断被采摘芽叶后重新生长出新梢时需要补充的水分,茶树健康生长的同时又能保证茶叶高产优质;在越冬期,茶树对水分的需求相对较少,雷山县降雨量达到越冬的要求,同时空气相对湿度大能使茶树安全度过雨量少的冬季。

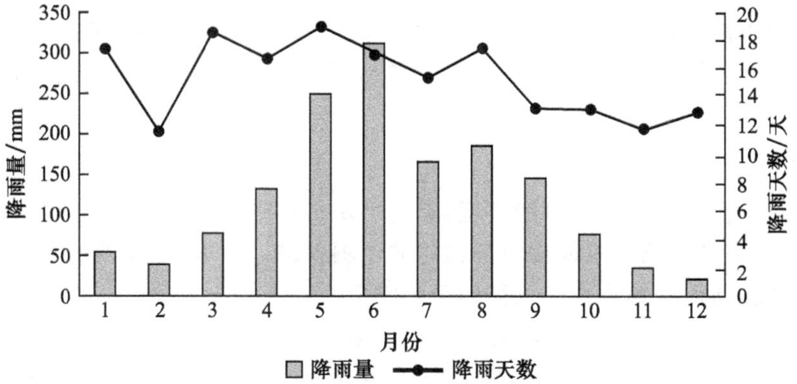

图 2-6 2016—2020 年雷山县年降雨情况

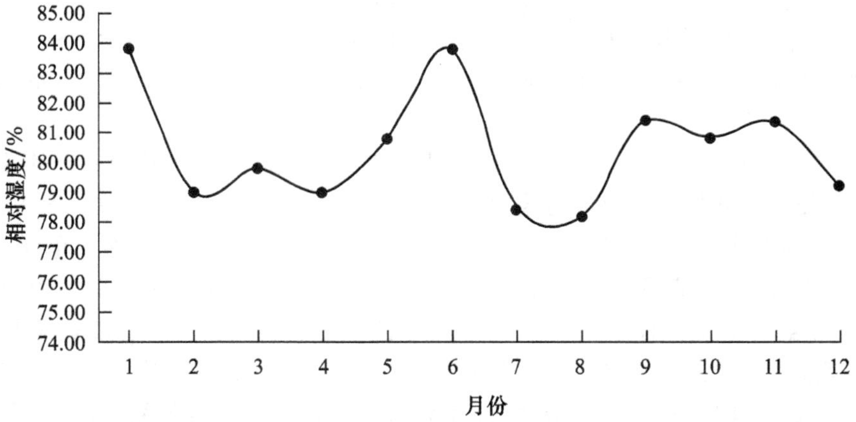

图 2-7 2016—2020 年雷山县相对湿度情况

(3)光照适应性 茶树属多年生常绿 C3 短日照植物,生长能量主要来源于太阳能。其茶叶通过光合作用将太阳能转化成有机物的化学能,贮存于体内,占全部生长所需能量的 90%~95%;光合作用对营养物质的形成具有极大影响,如茶多酚、氨基酸、咖啡因等的形成[44]。影响茶树生长发育的光照因素主要有三个:一是光照强度。茶树对光照强度的需求相对较低,适当的光照强度可增加芽叶中的叶绿素,提高茶叶品质。光照强度超过一定限度且持续时间较长时,茶树的消耗大于吸收,导致水分丧失过多或者嫩芽叶被灼伤;而光照强度太低,则会降低茶树的光合作用,使光合产物的积累不能满足茶树正常生长需求。二是光照质量。茶树对光照质量的要求相对较高,喜漫射光及散射光,漫射光中的紫、蓝光占比高。在此光照条件下,茶树中营养物质比例协调,茶叶持嫩性高,叶绿素、氨基酸、维生素和含氮芳香物质较多,茶多酚含量较少。三是光照时间。茶树的生长期、生产周期、休眠期长短以及茶叶品质与光照时间息息相关[45]。在茶树生长期,日照百分率<45%时,茶叶品质较好;≤40%时茶叶的产量和品质均更高[46]。

雷山县年均日照时数为 1 225 h,年太阳辐射总量 3 542.3~3 789.3 MJ/m^2,处于全国同纬度低值区，日照百分率为28%。茶园主要分布在900～1 400 m的雷公山腹地及周边，海拔较高，多云雾，空气湿度大，散射、辐射和漫射光较为丰富，气温与叶温差值小，受热均匀，光线中蓝、紫光多；境内植被覆盖率为94%，森林覆盖率为72.8%，林木资源丰富，自然生态良好，为茶园创造了一个天然的遮阴屏障，可有效减少太阳光直射茶园的时间。在"高海拔、低纬度、多云雾、寡日照"得天独厚的自然条件下，可以孕育出有机质含量丰富、香气独特、品质好的雷山茶叶。

2.土壤条件

土壤为茶树提供根系生长发育的环境，茶树可从土壤中直接吸取其生长所必需的空气、水分和矿物质元素，高产优质的茶园离不开良好的土壤条件。所以，酸碱度、类型与养分含量、重金属含量等土壤性质对茶树生长与人体健康影响极大。

（1）土壤酸碱度　茶树树根中有机酸含量丰富，无机酸盐类却比较低，这种特性使其根系对酸性土壤适应能力强，对碱性土壤适应较弱，酸性土壤中还存在与茶树根共生的微生物，它们参与养分和水分的吸收。因此，茶树具有喜酸的特性。土壤酸碱度影响着茶树生长的适应性、养分在土壤中的有效性和微生物的活性[47]。土壤pH在5.0～6.0之间最适宜茶树生长，pH为5.5时茶树新梢生长速度、产量以及品质均为最高[48]；3.5≤pH≤5或6≤pH≤6.5时为可生长条件；pH>6.5或<3.5时，茶树根系的生长以及养分的摄取将受到限制。

（2）土壤类型与养分含量　茶树从土壤中吸取养分以不断补充生长中缺乏的营养元素，土壤中营养元素的多寡和持续供应能力决定着茶叶的产量和品质。精准掌握土壤中养分含量的情况，有助于准确选取合适的区域进行茶树种植以及在茶园管理中设定有效的土壤改良计划和科学的施肥方案，提升茶园高产优质的可持续能力。据研究，在茶园土壤类型中，从养分整体情况来看，棕壤的养分全面丰富，指标均达到优质高效高产茶园标准；红黄壤有机质、碱解氮、速效磷、速效钾和全磷较丰富，但土壤酸化严重，全钾缺乏；黄棕壤除总磷略有偏低外，整体养分较为均衡；黄壤速效磷、全磷较为缺乏；红壤、砖红壤有机质、碱解氮、全氮养分含量丰富，但其土壤酸化明显，且速效磷、速效钾、全磷较为缺乏[49]。

（3）土壤重金属含量　重金属是指密度大于4.5 g/cm^{3}的金属，主要包括汞(Hg)、镉(Cd)、铜(Cu)、铬(Cr)、锌(Zn)、铅(Pb)、锰(Mn)、镍(Ni)、钴(Co)等。土壤中含有适量的重金属元素不会危害茶树与人体健康，若茶园土壤中重金属含量超标，则会造成茶树的根系生长缓慢，植株矮小，叶片泛黄、产量与品质下降。人体长期摄入重金属超标的茶叶且累积达到一定程度会引起慢性中毒。土壤中重金属污染来源广、情况复杂，汽车尾气、化工厂排放、化肥与有机肥施用、污水灌溉等均可成为污染源。

"雷山县是贵州省唯一一个没有冒烟工厂的'零'工业县份"，空气质量优良率100%。在实地调研中发现，雷山县茶园水分来源多为自然降雨。刘春林等[50]对雷山县的24个茶园进行了土壤重金属检测，检测结果为重金属含量均值均低于国家含量标准，且硒含量较高，达到富硒茶标准。雷山县跨黄红壤、黄壤、黄棕壤、山地灌丛土四个土带，土壤类型丰富，茶园土壤中有机质含量3.47%～7.22%，全氮2.02～3.42 g/kg，速效钾34.9～176.0 mg/kg，有效磷6.6～34.9 mg/kg，表明有机质和全氮丰富，缺乏磷和钾，在施肥中可适当增施草木灰、羊粪等有机肥补充磷、钾元素。雷山县茶园土壤的pH为3.3～4.6[51]，平均值为3.8，有土壤酸化的倾向，应适量增施生理碱性或生理中性类肥料。故而，雷山县茶叶为生态健康茶，在茶园管理中应根据土壤养分含量特征以及 pH 适当调整施肥种类，补充磷、钾元素，改善土壤酸碱度，防治土壤板结和酸化。

五、雷山县茶园生产现状分析

(一)数据获取与调研区域

1.数据获取方法

此次研究数据获取方法为实地调研。对茶叶种植散户进行随机抽样的入户问卷调查方法，主要分为四个阶段：一是根据已确定主题查找与阅读相关文献，设计调查问卷，形成调查问卷初稿；二是在小长假期间前去雷山县做预调研，补充修改并完善问卷；三是在寒暑假期间到雷山县各乡镇做正式调研，收集相关数据；四是将收集的问卷数据归类整理，建立数据库。

2.调研区域选择

截至 2020 年，雷山全县共有茶园面积 10 826.67 hm^2，年产优质茶叶 4 000 t，茶叶产业覆盖了全县 8 个乡镇(5 镇：丹江镇、郎德镇、永乐镇、大塘镇、西江镇；3 乡：望丰乡、达地水族乡、方祥乡)中 85%的村庄，全县茶农达 7.8 万余人，占农业人口的 70%。农民人均可支配收入来自茶叶产业占比达到 27%，茶叶产业成为雷山县乡村振兴的支撑产业。研究选取郎德镇杨柳村、南猛村，望丰乡望丰村、干河沟、三角田村、青山村为研究对象(表 2-2)，其中茶园平均海拔 900～1 200 m，地形地貌以山地丘陵为主，自然条件与雷山县整体情况基本相似，具有一定的代表性。杨柳村、青山村暂无茶叶初级加工厂，青山村主要茶园与公路距离较远；南猛村近年修建茶叶产业路，进行茶叶生产标准化管理，茶产业绿色发展处于初级阶段；三角田村为茶叶重点发展村之一；干河沟是 2017 年 10 月至 2018 年 10 月“贵州绿茶”国家级、省级农产品地理标志示范样板创建示范实施点。6 个样本村的茶园绿色生产具有一定的差异性，同时在绿色发展中存在的问题在雷山县也具有一定的普遍性。

表 2-2　茶树种植农户调查样本地及样本数的分布

村/组	三角田村	望丰村	望丰村干河沟	青山村	杨柳村	南猛村
户数/户	67	18	13	30	32	7

(二)雷山县茶树种植农户基本特征分析

1.农户茶树种植面积描述性分析

入户调查的茶树种植农户 167 户中，总种植面积为 1 001.9 亩，农户种植面积最低为 0.4 亩，最高为 32.0 亩，依据 5 亩为一个等级，将茶树种植农户分为四类。如表 2-3 所示，种植面积在 5 亩及以下的农户最多，占总调查农户的 58.08%；种植面积 10 亩以下的农户占比为 88.62%；种植面积为 15 亩以上的农户最少，共 4 户。平均每户种植面积为 6 亩，表明茶树种植农户中小散户较多，若进行统一的标准化、规范化、绿色化管理具有一定难度。

表 2-3　调查茶树种植农户茶园面积统计

项目	面积/亩			
	≤5.0	5.1～10.0	10.1～15.0	≥15.1
户数/户	97	51	15	4
比例/%	58.08	30.54	8.98	2.40

2.农户家庭从事茶叶生产的劳动力人数情况

根据入户调查统计数据，农户家庭从事茶叶生产的劳动力人数为 1～4 人。如图 2-8 所示，农户家庭从事茶叶生产劳动力为 4 人的有 7 户，仅占 4%；农户家庭从事茶叶生产的劳动力最高为 2 人，占 70%，2 人结构类型多为家庭夫妻；劳动力人数为 1 人和 2 人的农户家庭共有 136 户，占总调查户的 82%，表明从事茶叶生产的家庭劳动力较为缺乏。因此，在进行茶园除草、肥料运送与施肥、施药、剪枝、采摘等时，需要额外花费请家庭外部的劳动力，无疑增加了茶叶生产的投入，减少了收入。若少雇佣劳动力或不雇佣劳动力，茶园的管理水平将受到限制，易形成粗放型生产与管理方式，影响着茶叶产业的绿色可持续发展。

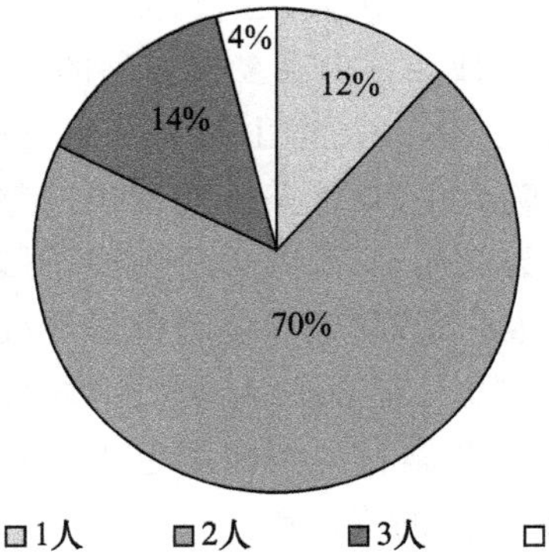

图 2-8　农户家庭从事茶叶生产的劳动力人数分布情况

3.农户家庭从事茶叶生产的劳动力年龄分布

入户调查的农户家庭中，从事茶叶生产的劳动力年龄最小为 30 岁，年龄最大为 81 岁，最大年龄差为 51 岁。按照 10 岁为一个年龄层，将农户家庭从事茶叶生产的劳动力分为五个级别。如图 2-9 所示，在调查的 167 户共 352 个从事茶叶生产的劳动力中，29 岁以下年龄层人数为 0，39 岁以下人数仅占 11%，60 岁以上年龄层的人数为 142，占比最高，可达 37%；50 岁以上人数占比高达 65%；49 岁以下人数为 107 人，不及 50 岁以上人数的一半。显然，从事茶叶生产的家庭劳动力年龄偏大，劳动能力相对较弱，年轻力壮的劳动力匮乏，劳动力年龄越大，学习和接受新技术、新管理理念、新生产模式所需要的时间相对就越长，难度也越大。同时，在入户调查访谈中得知，年轻人更倾向于投资回收期短、收入稳定且长期的城市工作，而茶园通常在远离城市的郊外山区；茶园投资生产具有季节性，茶园生产更加适合“半工半耕”人群从业；相对于每月按时发放薪水的工作而言，茶叶生产投资回收期较长，受天气影响较大，收入具有波动性。

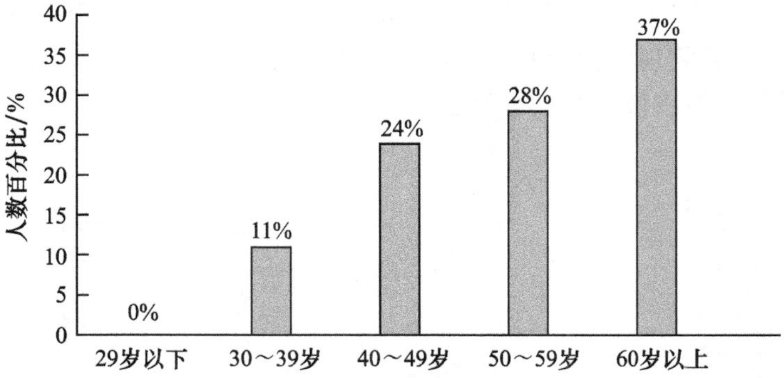

图 2-9 农户家庭从事茶叶生产的劳动力年龄分布情况

4.农户家庭从事茶叶生产的劳动力文化程度

农户家庭中从事茶叶生产的劳动力文化程度呈现出多样化、分布不均的特点，且差距较大。根据调查统计数据，将文化程度分为小学以下、小学、初中、高中及以上四个类别。如图 2-10 所示，农户家庭中从事茶叶生产的劳动力文化程度占比最高为小学文化，占比高达 49%，大约是总人数的一半；小学以下和初中文化程度分别为 27%和 19%，小学以下和小学文化程度共占总劳动力人数的 76%；在调查访谈中了解到，小学文化程度中有部分劳动力未全部完成小学 6 年全部课程；高中及以上文化程度人数最少，仅占总劳动力人数的 5%，其中高中文化程度 16 人，大专文化程度 1 人，本科文化程度 1 人，分别约为总劳动力人数的 4.4%、0.3%、0.3%。由此可知，农户家庭中从事茶叶生产的劳动力文化程度总体较低，一定程度上在自主获取新信息的渠道上较为单一，在茶园农药与肥料的购买和施用上倾向于他者的推荐，对茶园农药施用、肥料投入及茶园管理的认识不足，在茶园管理上缺乏针对性，注重治理而不重视预防。

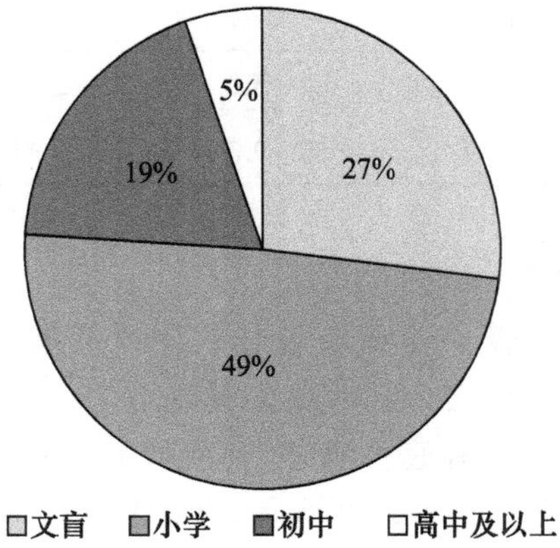

图 2-10 农户家庭从事茶叶生产的劳动力文化程度

5.农户家庭从事茶叶生产的劳动力从业年限

如图 2-11 所示，雷山县农户家庭中从事茶叶生产的劳动力从业年限为 11 年以上人数的占比较高，达 70.1%，其中从业年限为 11～15 年的劳动力人数占 35.2%，从业年限为 16～20

年的劳动力人数占34.9%；从业年限为6～10年的劳动力人数占比为18.8%；小于等于5年的劳动力人数最少，占比为11.1%。劳动力从事茶叶生产年限的长短对茶园管理的好坏有一定的影响，一般而言，茶园管理经验随着从业年限的增加而不断增加，茶园管理知识不断丰富和全面，进而影响茶园的经济效益和生态效益。

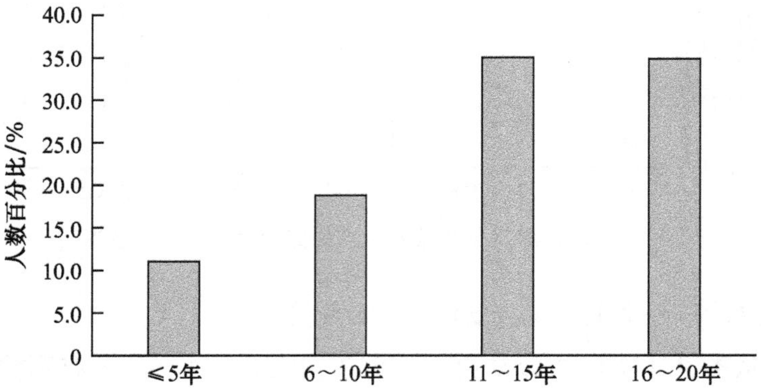

图 2-11　农户家庭从事茶叶生产的劳动力从业年限

(三)雷山县茶树种植农户茶园生产现状分析

1.农户茶园剪枝现状分析

雷山县茶园不同的茶树品种一年中的修剪情况也有所不同。据实际修剪情况分为1次和2次，将修剪用时1 d定义为8 h。如表2-4所示，年修剪1次的茶农户数为71户，占总样本户数的42.5%，亩均用时为5.0 h；年修剪2次的茶农户数为96户，占比为57.5%(表2-4)。修剪每亩平均油耗为2.86 L。

表 2-4　雷山县茶园修剪情况

修剪次数/次	户数/户	占比/%	亩均用时/h	总用时/h	总用时/d	油耗/L
1	71	42.5	5.0	2 196	274.5	878.4
2	96	57.5	9.5	4 968	621.0	1 987.2

2.农户茶园除草现状分析

杂草的繁衍生长能力较强，茶园土壤较为肥沃导致杂草的生长速度更快，不借助农业机械的情况下，除草是茶园生产管理中耗时最多的环节之一。茶园可分为幼龄茶园和成龄茶园。成龄茶园茶树树冠成蓬，具有遮阴能力，对杂草生长有一定的抑制效果，茶农在采摘茶叶时会随手清除掉部分杂草。如图2-12所示，雷山县成龄茶园年除草次数主要有2次、3次和4次。年除草3次的茶农户数占比最高，达80%；年除草4次和2次的次之，分别为11%和9%。

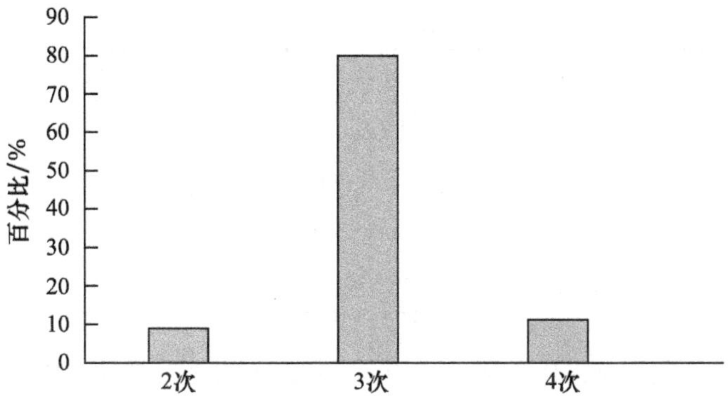

图 2-12　雷山县茶园年除草次数情况

根据雷山县茶农生产实际，将除草 1 d 时间定义为 8 h。如表 2-5 所示，使用除草机除草的茶农有 13 户，占总样本的 7.8%，亩均用时为 3.8 h，受到地形、茶园集中度等条件影响，1 人 1 d 平均可以完成 2 亩；使用镰刀和锄头除草的占比较大，可达 92.2%，大约 1 人需要 2 d 完成 1 亩茶园的除草。由此可知，雷山县茶园除草的机械化率还不高，而使用除草机除草速度是使用锄头镰刀除草的近 4 倍，在劳动力缺乏的情况下可适当提高机械的使用率。

表 2-5　雷山县茶园除草情况

除草工具	占比/%	亩均用时/h	总用时/h	总用时/d	油耗/L
除草机	7.8	3.8	2 728	341	1 091.2
镰刀＋锄头	92.2	14.9	35 408	4 426	—

3.农户茶园施肥现状分析

(1)施肥时期与用时　茶树的根系与植株在年生长活动中，具有一定的周期性和交替性。地上部分植株生长发育较快时，地下部分根系生长缓慢；而当地上部分植株生长趋于休止时，地下部分根系则生长活跃。5—9 月是植株生长旺盛期，而 9 月以后根系吸收开始旺盛，吸收旺盛峰值出现在 4 月、10 月和 2 月[52]。雷山县茶园施肥实际中，根据茶树需肥特性、生长周期性、茶农施肥实际，将施肥时期分为基肥期和多次追肥期，主要包含一次基肥期与三次追肥期。如表 2-6 所示，雷山县施基肥茶农户数占总样本户数的 100%。基肥施用时期主要集中在 10—11 月，处于根系发育活跃期，有利于茶树养分的吸收，为翌年春茶生长积累良好的营养物质基础。茶园追肥中，在第一期追肥的茶农是三期追肥中占比最高的，高达 77.25%。在 2 月中旬开始追肥的原因主要为春茶前福鼎中小叶茶树修剪后需要补充生长养分。第二期追肥的茶农占比较小，仅为 20.96%，这一时期是采摘数轮后为茶树补充生长养分，而这一时期的追肥茶农重视度不高，主要原因为家庭劳动力不足，又不招或招不到采摘工人，不能满足追肥后新梢快速生长相应的采摘速度要求。第三期追肥占比为 53%，这一时期的追肥主要是茶树采摘完毕后进行修剪与搭配施肥。由于安吉白茶品种的采摘期比其他茶树品种短，5 月初陆续采摘结束后就能进行修剪并追肥。总而言之，雷山县茶农施基肥与追肥时期较为适宜，比较重视施用基肥和第一期追肥，应适当增加追肥次数，满足茶树在不同生长时期的养分需求。

表 2-6　雷山县茶园施肥时期

施肥时期	最早时间	最迟时间	施肥户数/户	占比/%
基肥	10 月上旬	11 月下旬	167	100.00
第一期追肥	2 月中旬	3 月中旬	129	77.25
第二期追肥	4 月初	4 月下旬	35	20.96
第三期追肥	5 月中旬	8 月初	53	31.74

如表 2-7 所示，施基肥用时占比最高，达到了 75.4%，亩均用时是各追肥时期用时的近 4 倍；追肥亩均用时基本相同，第一期追肥茶农户数较多，是追肥中用时最多的，占总施肥用时的 14%，占总追肥用时的 57.3%；第二、第三期追肥茶农户数较少，分别占总施肥用时的 4.4%、6.2%，分别占总追肥用时的 17.3%和 25.4%。说明茶园施肥中，基肥施用量大，用时多，具有较大的减排潜力。

表 2-7　雷山县茶园施肥用时情况

施肥时期	亩均用时/h	总用时/h	总用时/h	占比/%
基肥	20.7	19 716	2 463.5	75.4
第一期追肥	4.9	3 668	458.5	14.0
第二期追肥	4.3	1 108	138.5	4.4
第三期追肥	5.0	1 620	202.5	6.2
总计	34.9	26 112	3 264	100.0

(2)施肥种类　在调查中发现，雷山县茶农施肥的种类较多。如表 2-8 所示，复合肥的施用比例最高，其次是单质肥和有机肥，混合施用中复合肥＋微生物肥的施用比例最低。在不同施肥时期，茶农施肥的种类也不同。在基肥时期，有机肥的施用比例最高，达 55.69%，茶农没有选择施用有机肥的主要原因：一是茶园与公路距离较远，二是认为施用化肥比有机肥更加省时省

表 2-8　雷山县茶园不同时期的施肥种类占比

施肥种类	占比/%			
	基肥	第一期追肥	第二期追肥	第三期追肥
单质肥	—	44.18	51.42	33.96
复合肥	31.14	41.08	42.86	50.94
有机肥	55.69	0.78	2.86	1.89
复合肥＋微生物肥	0.60	—	—	—
复合肥＋有机肥	8.98	0.78	—	—
复合肥＋单质肥	0.60	11.63	2.86	13.21
复合肥＋有机肥＋单质肥	1.79	—	—	—
单质肥＋有机肥	1.20	1.55	—	—

力。复合肥的施用次之，为 31.14%；混合施肥中，复合肥加有机肥的施用比例最高，占比为 8.89%；复合肥加施微生物肥的比例最低，仅为 0.60%。在追肥时期，复合肥的施用比例最高，单质肥次之，不同肥料混合施用较少。综上所述，不同时期肥料施用种类较多，但单一化施肥较为明显，尤其是追肥时期，容易导致养分比例失衡，不利于茶树吸收，造成肥料浪费，增加碳排放。

(3)施肥用量　在不同施肥时期适当的肥料养分施用比例有利于茶树充分吸收，提高土壤固碳能力，降低碳排放。如表 2-9 所示，在基肥时期，氮肥的用量为 190.5 kg/hm^2，占总氮肥施用量的 39%；磷肥施用量为 132.0 kg/hm^2，占总磷肥施用量的 39%；钾肥施用量为 96.0 kg/hm^2，占总钾肥施用量的 40%；基肥时期养分投入比例为 1∶0.69∶0.50。此时期施肥主要用于根系吸收贮藏养分，增加树体的越冬抗寒能力，为第二年的春茶萌发生长提供物质基础。在春茶前的第一期追肥，氮肥施用量为 124.0 kg/hm^2，占总氮肥施用量的 26%；磷肥施用量为 119.0 kg/hm^2，占总磷肥施用量的 36%；钾肥的施用量为 77 kg/hm^2，占总钾肥施用量的 32%；这一时期养分投入比例为 1∶0.96∶0.62。这一时期主要是为春茶的快速萌芽提供基础养分。春茶第二期追肥中，氮肥施用量为 62.5 kg/hm^2，占总氮肥施用量的 13%；磷肥施用量为 26.0 kg/hm^2，占总磷肥施用量的 8%；钾肥的施用量为 23.0 kg/hm^2，占总钾肥施用量的 9%；养分投入比例为 1∶0.42∶0.37。这一时期追肥是为了补充茶树被采摘后的生长养分需求。第三期追肥中，氮肥施用量为 105.0 kg/hm^2，占总氮肥施用量的 22%；磷肥施用量为 58.0 kg/hm^2，占总磷肥施用量的 17%；钾肥的施用量为 46.5 kg/hm^2，占总钾肥施用量的 19%；养分投入比例为 1∶0.55∶0.44。这一时期主要是茶园修剪后为茶树提供养分。一整年中，茶园氮、磷、钾的平均用量分别为 482.0 kg/hm^2、335.0 kg/hm^2、239.5 kg/hm^2，氮、磷、钾养分投入比例为 1∶0.69∶0.49。

表 2-9　雷山县茶园不同时期施肥量及比例

施肥时期	氮肥		磷肥		钾肥		比例
	用量/(kg/hm^2)	占比/%	用量/(kg/hm^2)	占比/%	用量/(kg/hm^2)	占比/%	
基肥	190.5	39	132.0	39	96.0	4	1∶0.69∶0.50
第一期追肥	124.0	26	119.0	36	77.0	32	1∶0.96∶0.62
第二期追肥	62.5	13	26.0	8	23.0	9	1∶0.42∶0.37
第三期追肥	105.0	22	58.0	17	46.5	19	1∶0.55∶0.44
总用量	482.0	100	335.0	100	239.5	100	1∶0.69∶0.49

4.农户茶园施药现状分析

农药的施用是茶园生产碳排放中的重要一环。如图 2-13 所示，年施药次数为 2 次的茶农户数占比最高，达 59.2%；其次是施 3 次农药，占比为 28.1%；施药 4 次、1 次、5 次的较少，分别为 10.8%、1.2%、0.6%。由此可知，雷山茶农年施药次数主要为 2～3 次，原因之一是雷山茶园海拔较高，植被覆盖率高，病虫害较少。然而，小农户使用粘虫板、太阳能杀虫灯等物理防控极少，因此，应减少农药的使用，增加绿色防控要素投入。

根据茶园实际施药情况，由于施药对天气的要求相对较高，需要达到一定的阴、晴天与温、湿度才可进行施药，因此，将施药用时 1 d 定义为 6 h。如表 2-10 所示，施药每亩平均用时为 2.8 h，总样本年施药总用时为 7 341 h，即 1 223.5 d，年总施药量为 654.130 6 kg。

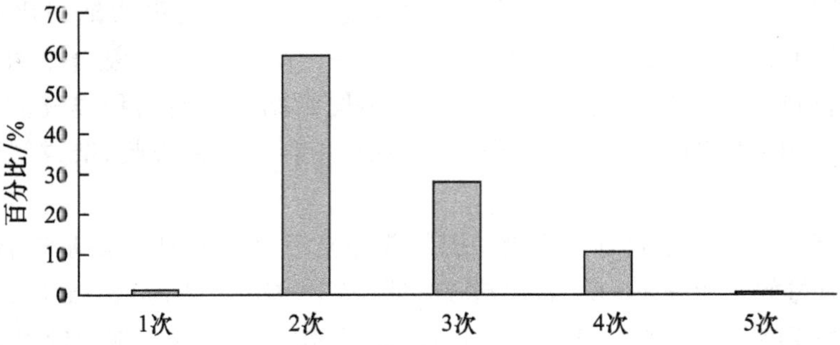

图 2-13 雷山县茶园施药次数情况

表 2-10 雷山县茶园施药情况

亩均用时/h	总用时/h	总用时/d	总施药量/kg
2.8	7 341	1 223.5	654.130 6

六、雷山县茶园生产净碳足迹分析

(一)茶园生产碳足迹估算

1.茶园生产碳足迹边界界定

茶园属于人工种植园,人类的修剪、施肥、除草等生产活动会产生碳排放,进而影响茶园系统的碳循环。雷山县茶农种植的茶苗基本由县政府免费提供,茶园水分主要依靠自然降水,茶树种植也未使用农膜,因此,为了便于对雷山县茶园碳源、碳汇进行核算,本研究将选择茶园的肥料、农药、除草、修剪、劳动力、农业机械使用所消耗的化石燃料等六个投入类型作为碳源核算对象,选择茶树与茶园土壤作为碳汇核算对象(图 2-14)。

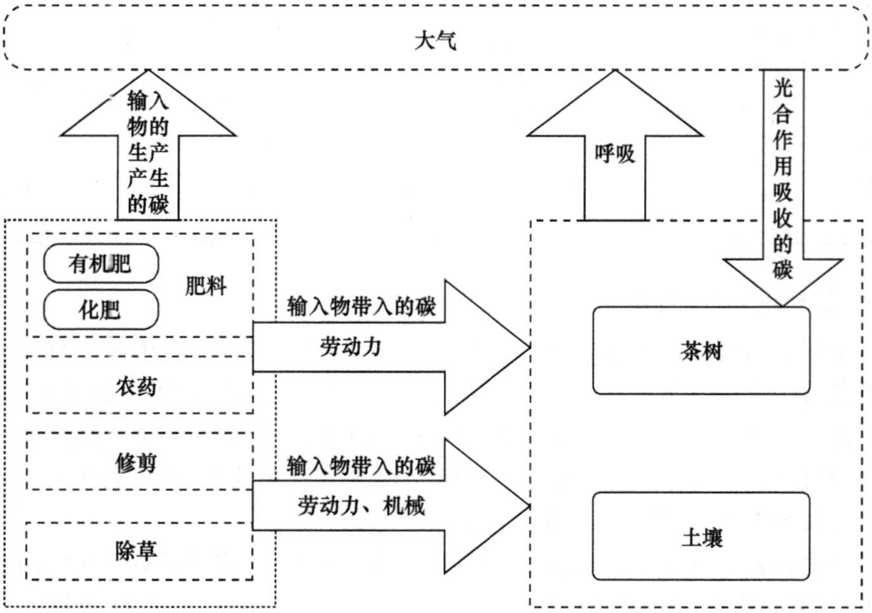

图 2-14 茶园碳循环系统边界

2.茶园生产碳排放量估算

在农业生产全生命周期导致大气增温潜势的气体主要包括 CO_2、CH_4 和 N_2O，其中，一部分来自农业上游农资的生产和运输；一部分由农作环节土壤硝化和反硝化直接产生，施肥导致氨挥发和硝酸盐淋失间接产生，机械燃油燃烧、有机肥分解以及劳动力耗能产生等。茶园生产碳排放主要来源于肥料（含有机肥和化肥）施用及劳动力投入、农药施用及劳动力投入、茶树修剪劳动力投入及使用机械消耗的化石燃料、除草劳动力投入及使用机械消耗的化石燃料。参考碳排放测算公式如下：

$$GHGE_{input} = \sum G_i \times \beta_i \text{ [53]} \quad (2\text{-}1)$$

$$GHGE_{field} = (N_2O_{direct} + N_2O_{indirect}) \times 1.57 \times 265 + CH_{4paddy} \times 1.33 \times 28 \text{ [54]} \quad (2\text{-}2)$$

$$N_2O_{direct} = 0.007\,3 \times N + 0.75 \text{ [54]} \quad (2\text{-}3)$$

$$N_2O_{indirect} = 1\% \times NH_3 + 2.5\% \times NO_3^- \text{ [54]} \quad (2\text{-}4)$$

$$NH_3\text{挥发} = 11.14\% \times N \text{ [54]} \quad (2\text{-}5)$$

$$NO_3^-\text{淋失} = 4.34\% \times N \text{ [54]} \quad (2\text{-}6)$$

$$CH_{4paddy} = 0.2\% \times paddy_{total\,C} \text{ [53]} \quad (2\text{-}7)$$

$$GHGE_{total} = GHGE_{input} + GHGE_{field} \quad (2\text{-}8)$$

式中：$GHGE_{input}$ 表示茶园农资投入产生的温室气体排放（kg CO_2eq/hm^2）；G_i 为每项农资投入的数量；β_i 为每项农资投入的温室气体排放系数（表 2-11）；$GHGE_{field}$ 表示作物生产过程中的茶园温室气体排放（kg CO_2eq/hm^2）；N_2O_{direct} 为氮肥施用直接引起的 N_2O 排放；$N_2O_{indirect}$ 为施氮间接造成的 NH_3 挥发和 NO_3^- 淋失；CH_{4paddy} 表示有机肥施用过程产生的 CH_4 排放，$paddy_{total\,C}$ 为有机肥碳投入总量（其中 2.8%是有机肥中有机质的碳含量），0.2%为有机肥施用过程中 CH_4 排放参数；N 为氮肥施用总量；1.57、1.33 分别是 N_2 对 N_2O 的分子转化系数和 C 对 CH_4 的分子转化系数；265、28 分别是 100 年尺度上 N_2O 和 CH_4 等量于 CO_2 的全球潜在增温趋势；1%和 2.5%是施入氮肥间接引起的氨挥发和硝态氮淋失中 N 对 N_2O-N 的转化系数。

表 2-11　茶园生产碳排系数及参考来源[55-59]

投入要素	碳排放系数/（kgCO_2eq/kg）
劳动力	0.86
机械	3.32
柴油	0.592 7
N	8.3
P_2O_5	1.5
K_2O	0.98
农药	18
有机肥	0.1
化肥	0.895 6

3.茶园系统碳汇估算

农田作物碳吸收指的是作物光合作用形成的净初级生产量，即生物产量[60]。茶树碳汇估算公式[61]如下：

$$CS = C_{NPP} + C_m \tag{2-9}$$

$$C_{NPP} = [C \times Y \times (1-V) \times (1+R)]/H \tag{2-10}$$

$$C_m = 27\% \times M \times 2.8\% \times 3.67 + A \times D \tag{2-11}$$

式中：CS 为茶园(生态系统)总的碳固定；C_{NPP}为茶树固定的 CO_2 量；C_m 为土壤有机碳的固存量；C 为茶树的含碳率；Y 为茶树的经济产量；V 为茶树的含水率；R 为茶树的根冠比系数；H 为茶树的经济系数(表 2-12)；M 为有机肥投入量；27%是有机肥中有机碳对土壤碳储量的贡献，2.8%是有机肥中有机质的碳含量，3.67(44/12)是 C 对 CO_2的转换系数；A 为茶园面积；D 为茶园土壤碳密度。本研究参考何小娟(2013)[61]净作模式茶园有机碳密度 0.23 g/cm²。

表 2-12　茶树碳吸收估算系数

项目	含碳率/%	根冠比	含水率/%	经济系数
指标	46.3	1∶1.5	60	0.2

4.茶园净碳足迹估算及核算指标

(1)茶园净碳足迹估算

根据以上公式可推出茶园净碳足迹估算公式如下：

$$NGHGE = GHGE - CS \tag{2-12}$$

式中：NGHGE 为茶园净碳温室气体排放，净碳温室气体排放为茶园生态系统碳足迹的最终结果，若结果为负数说明系统减少了空气中的温室气体，反之，则增加了空气中温室气体的净效应；GHGE 为茶园总的温室气体排放；CS 为茶园(生态系统)总的碳固定量。

(2)茶园碳足迹核算指标

茶园碳足迹核算指标[62]公式如下：

$$C_x = CS/CE \tag{2-13}$$

$$C_a = CE/A \tag{2-14}$$

式中：C_x 为净碳效率；CS 为茶园总的碳固定；CE 为茶园总的温室气体排放量。净碳效率为总固碳/总耗碳比，比值>1 为正，<1 为负，正比值越大，说明对茶园系统空气中温室气体的贡献越少，反之则说明增加的温室气体越多。C_a 为单位面积碳足迹；CE 为茶园总的温室气体排放量；A 为茶园面积，单位为亩，单位面积碳足迹表示每单位面积(亩)的茶树种植将排放或固定若干单位 $kgCO^2eq$ 的温室气体。

(3)茶园生产投入量清单

茶园生产投入主要包括劳动力、柴油、农药、肥料。肥料包含有机肥、化肥，肥料养分含量主要分为氮(N)、磷(P_2O_5)、钾(K_2O)。各农资具体投入量如表 2-13 所示。

表 2-13　雷山县茶园农资投入量清单

投入要素	单位	数值
劳动力	d	10 150.0
有机肥(1.63 : 1.54 : 0.85)	kg	175 343.0
复合肥(15 : 15 : 15)	kg	36 810.0
复合肥(30 : 6 : 0)	kg	3 771.5
复合肥(30 : 4 : 0)	kg	3 010.0
尿素(46.7 : 0 : 0)	kg	15 665.5
钾肥(0 : 52 : 34)	kg	4 866.5
磷肥(0 : 12 : 0)	kg	500.0
农药	kg	654.130 6
柴油	L	3 956.8

根据表 2-14 肥料投入种类及投入量，计算得出总的氮(N)、磷(P_2O_5)、钾(K_2O)、有机肥的有机质投入量，具体见表 2-14。

表 2-14　雷山县茶园肥料投入量　　kg

N	P_2O_5	K_2O	有机质的碳含量
17 729.8	11 159.1	8 666.5	4 909.6

(二)茶园生产碳排放估算与结果分析

1.茶园农资投入碳排放估算与结果分析

根据公式(2-1)计算得出 $GHGE_{input}$，即农资投入产生的温室气体排放量为 98 259.7 kg CO_2eq。如表 2-15 所示，农药投入产生的温室气体排放量为 11 774.4 kg CO_2eq，占总农资投入排放量的 12%；化肥投入产生的温室气体排放量为 57 876.8 kg CO_2eq，为农资投入温室气体排放中排放量最大的一个环节，占比达 59%，超过总排放量的一半；有机肥投入产生的温室气体排放量为 17 534.3 kg CO_2eq，占比为 18%；柴油投入产生的温室气体排放量为2 345.2 kg CO_2eq，占比为 2%，是农资投入中温室气体排放量最少的一个环节；劳动力投入产生的温室气体排放量为 8 729 kg CO_2eq，占比为 9%。由此可知，在农资投入中，化肥投入产生的温室气体排放量占比最高，具有较大的减排空间，应适当降低化肥的施用比例，提高有机肥的施用比例，减少碳排放；农药投入产生的温室气体排放量也较多，应减少农药的投入，增加粘虫板、太阳能杀虫灯等农资投入。加强茶园防护林、间种、套种等基础设施建设，提高茶园绿色可持续发展能力。

表 2-15　雷山县茶园农资投入温室气体排放量

项目	农药	化肥	有机肥	柴油	劳动力	$GHGE_{input}$
温室气体排放量/kg CO_2 eq	11 774.4	57 876.8	17 534.3	2 345.2	8 729.0	98 259.7
占比/%	12	59	18	2	9	100

2.茶园生产过程碳排放估算与结果分析

根据式(2-3)至式(2-7)计算得出结果，并代入公式(2-2)计算得出茶园生产过程中产生的总碳排放量。如表 2-16 所示，N_2O_{direct}产生的碳排放量为 130.2 kg CO_2 eq；$N_2O_{indirect}$产生的碳排放量为 39.0 kg CO_2 eq；NH_3挥发产生的碳排放量为 1 975.1 kg CO_2 eq；NO_3^- 淋失产生的碳排放量为 769.5 kg CO_2 eq；$CH_{4\ paddy}$产生的碳排放量为 35.1 kg CO_2 eq；结合公式(2-2)计算得出 $GHGE_{field}$，即茶园生产过程中产生的总碳排放量为 71 702.8 kg CO_2 eq。

表 2-16　雷山县茶园生产过程的碳排放量　kg CO_2 eq

N_2O_{direct}	$N_2O_{indirect}$	NH_3挥发	NO_3^- 淋失	$CH_{4\ paddy}$	$GHGE_{field}$
130.2	39.0	1 975.1	769.5	35.1	71 702.8

3.茶园生产总碳排放估算与结果分析

根据式(2-8)计算得出 $GHGE_{total}$，即茶园农资投入的碳排放量 98 259.7 kg CO_2 eq 加上茶园生产过程中产生的碳排放量 71 702.8 kg CO_2 eq 得出茶园生产总碳排放量为 169 962.5 kg CO_2 eq。综上所述，茶园生产过程产生的碳排放量远高于茶园农资投入产生的碳排放量，大约是茶园农资投入产生的碳排放量的 1.37 倍，二者碳排放比例为 1.37∶1。在茶园生产中，不仅要调整、优化农资投入结构，逐步降低农资投入环节产生的碳排放，还应该关注茶园生产过程中产生的碳排放。要结合生产实际，提升茶农对茶园的科学管理能力，改良茶园土壤，增加土壤和茶树的固碳能力。

(三)茶园碳汇估算与结果分析

1.茶树碳汇估算与结果分析

雷山县茶园亩产茶青量与茶园管理水平息息相关。根据调研数据可知，茶园亩产茶青量数据依靠茶农回忆估算，缺乏准确性，主要集中于 200～300 kg/亩，亩产最高可达 500 kg/亩，本研究将选取亩产茶青 250 kg 作为茶树的经济产量指标进行核算；调查样本的茶园总面积为 1001.9 亩，因此，经济总产量为 250 475 kg。根据式(2-10)并结合表 5.2 估算得出 C_{NPP}，即 1001.9 亩茶树的碳汇总量为 387 339.5 kg CO_2 eq。

2.茶园土壤碳固定估算与结果分析

雷山县样本茶园有机肥总投入量为 175 343 kg，根据式(2-11)计算得出 C_m，即茶园土壤碳固定量为 4 865.2 kg CO_2 eq。

3.茶园系统总碳汇估算与结果分析

根据式(2-10)与式(2-11)相加得出式(2-9)，即茶树碳汇总量 387 339.5 kg CO_2 eq 加茶园

碳固定总量 4 865.2 kg CO_2eq 得出茶园系统总碳汇量为 392 204.7 kg CO_2eq。可知，茶园土壤是一个巨大的碳库，保持茶园土壤健康有利于增加碳汇能力。

（四）茶园净碳足迹估算与结果分析

根据式(2-12)计算得出 NGHGE，即通过茶园总碳排放量 169 962.5 kg CO_2eq 减去茶园系统总碳汇量 392 204.7 kg CO_2eq 得出茶园的净碳足迹为－222 242.2 kg CO_2eq。因此，茶园系统是一个碳汇，可减少空气中的温室气体。

根据式(2-13)计算得出 C_x，即总碳汇量/总碳排放量得出净碳效率为 2.3，净碳效率大于 1，说明茶园系统的碳排放贡献率较低，碳汇贡献率较大。

根据式(2-14)计算得出 C_a，即茶园总的温室气体排放量/茶园面积得出单位面积碳足迹为 169.6 kg CO_2eq/亩，转化为 2 544 kg CO_2eq/hm^2。表明种植 1 hm^2 茶树将产生 2 544 kg CO_2eq。

七、雷山县茶叶产业绿色发展存在的问题

雷山县茶叶产业发展经历了开始起步平稳发展阶段及较快发展阶段，现在正处于快速发展阶段。茶叶产业给雷山县带来了巨大的经济效益和社会效益，有力地推动了乡村振兴的进程。然而，经济效益和社会效益提高的同时不能忽视茶叶产业的生态效益。2015 年，习近平总书记在十八届五中全会提出了“五大发展”理念，其中“绿色发展”理念使生态文明建设更加科学化、具体化和鲜明化。雷山县茶叶产业处在快速发展的机遇期，茶园绿色发展得到了一定程度的改善，但不可避免的还存在着诸多问题和不足。

1.基础设施不完善，茶农绿色生产积极性低

基础设施不完善，原因之一是雷山地处雷公山自然保护区腹地，多数茶园位于高山之上，茶园基础设施建设投入大、成本高、完善速度慢；二是多数茶农家中茶园单丘面积较小且分散，相关配套基础设施建设难度大、耗费高；三是茶叶初级加工厂较少，未能惠及所有种茶村庄。在茶园绿色发展中，公路和产业路的影响较大，是“硬件设施”之一，茶园与公路或产业路距离的远近关系着茶农绿色生产积极性的高低。在调查中发现，三角田村多在公路边，每年肥料销售商人下乡售卖肥料时，可将肥料直接卸载在农户的茶园附近；待到施肥时期或者正值施肥时期，农户可以省时省力省钱就把肥料搬运到茶园进行施肥，即使不在公路边，只要路程不是很远，农户的时间和财力成本亦不会太高，农户在施肥时对投入量虽大、绿色环保的有机肥选择意愿与积极性也更高；青山村的茶园虽较集中连片，但距离公路较远，没有茶园产业路，在茶园施基肥时，施用有机肥每亩需要上百公斤，仅依靠肩挑背驮难度太大，因此，青山村茶园肥料投入种类主要是化肥，选择有机肥的积极性低。

基础设施中茶叶初级加工厂对于茶农的绿色生产积极性也具有很大的影响。村里有自己的茶叶初级加工厂——茶叶合作社，茶农采摘茶青时就不会被恶意压价，有的合作社还会延长茶青收购期。如三角田村茶叶合作社在延长收购期间仅接收本村茶园采摘的茶青，茶农收益得到保障，相应地对茶园的绿色防控投入积极性很高。干河沟茶园距离公路较近，村中有合作社，茶农自发性加强茶园的绿色防控投入。杨柳村和青山村村中没有自己的合作社，茶农采摘完茶青后，需要在“外来”收购者收工前赶到收购点，茶农的采摘时间缩短；茶青保质期很短，需要当天采摘当天处理，如果遇上压价，也只能无奈卖掉。因而，茶农收入不稳定，对茶园绿色生

产积极性不高。

2.茶农整体文化程度偏低,绿色发展理念认识不足

茶产业绿色发展理念是一种可持续发展观,主张尊重自然、回归自然、人与自然和谐相处。雷山县茶农小学及以下文化程度劳动力人数占比高,高中及以上文化程度劳动力人数占比少,整体文化程度偏低。在茶园生产过程中以经济利益为主,追求短期的经济增长,没有将经济、社会和生态三大系统有效兼顾。茶园随着耕作年限的增长,土壤有酸化和板结化的趋势,限制了茶园土壤和茶树根系的固碳能力;同时土壤板结化会致使茶树根系活动受限,对肥料吸收不充分,没有被吸收的肥料挥发形成温室气体,增加了茶园的碳排放。

茶农对茶园用药用肥认识不深,施用缺乏针对性,重治疗轻预防。许多茶农不知道农药的用途,茶树出现病情或虫害时,通常治病和杀虫的农药混合施用,造成资源的浪费,增加碳排放。预防性防控要素(绿色要素)粘虫黄板、太阳能杀虫灯等的使用率较低,这些预防性防控要素往往是由政府免费提供,茶农自主性购买较少。轻预防重治疗,农药杀死害虫的同时将害虫的天敌也杀死,茶园生态系统变得单一,原生的茶园小生态系统遭到破坏,病虫害抗药性提高,茶农就需要增加农药用量。而绿色要素使用率低,无疑会增加碳排放量相对较高要素的投入。茶农对茶园土壤养分含量结构的认识不足,每年重复施用同一类肥料,引起茶园土壤养分结构失衡,茶树对某种养分元素吸收达到饱和后无法再有效吸收,造成肥料的流失和碳排放的增加,降低茶树的抗病虫害能力。

3.茶人才匮乏,缺少茶园绿色发展科学技术保障

科学技术是第一生产力,茶叶产业绿色发展离不开科学技术的指导与使用,这就需要有会使用科学技术的茶人才。雷山县茶人才比较匮乏。主要表现为:一是雷山县茶农整体文化程度较低,青壮年劳动力流失,农村中劳动力年龄偏大,缺乏茶树种植管理的科技人才;二是农村致富带头人之一的村干部,从业面广,处理事务多,时间和精力有限,精通茶树科学种植管理人才极少;三是茶叶企业的茶人才有限,通常只在与企业有合作和帮扶的村庄中指导;四是与科研机构或高校的合作少,茶园科研示范基地少。缺少茶人才的科学指导,茶园绿色发展得不到有效保障,有机、无公害、标准化茶园的科学技术推广会变得缓慢,小散户茶农的茶园建设得不到技术保障,易造成粗放式生产与管理,进而影响茶园整体的绿色发展进度。

4.政策支持力度与激励措施不够

雷山县全县茶农达7.8万余人,种茶小散户多,农户自身能力有限,筹集资金难,投入能力弱,仅依靠内生动力无法满足茶园绿色可持续发展的要求,需通过政府或企业等外部力量支持。而雷山县总体经济能力较弱,财政困难,对基数较大的小散户整合难度较大。茶叶专业村、重点村、老茶区及有初级加工厂的村点政策倾斜度稍大,茶园基地管理相对较好,茶青下树率高,效益较好;其余村点的政策支持力度小,茶青下树率低,效益较差,茶园管理较为粗放。对茶叶产业的政策支持缺乏长期性和稳定性,政策资金用途主要投入到新茶园基地的建设与拓展、茶叶品牌打造、茶叶重点村、专业村上,用于散户茶农培训、茶园绿色发展建设方面支持力度不够。

茶园绿色生产与管理的激励措施少,没有形成树榜样、立标杆的人人效仿现象。雷山县茶

园生产与管理中，一些具有前瞻性的茶农严格以生态绿色茶园标准进行经营管理，然而缺乏相应的激励措施，做得好与差，与同类茶品种收购同价，收益并没有因此得到提高，反而增加投入的时间和资金成本，长此以往，茶农对茶园绿色投入的积极性受到影响。通常茶叶种植大户会间断性得到一些有机肥、粘虫黄板、太阳能灭虫灯等补贴，而小散户则比较困难。激励“大”和激励“强”还未能同时兼顾。

5.茶园生产劳动力不足，茶园绿色发展成本高

在劳动力大量向城市和优势产业转移的背景下，农村从事茶叶生产的劳动力数量在急剧减少，据研究，茶园管理阶段的用工量占茶叶生产总用工量的70%以上[63]。雷山县茶农家庭中从事茶叶生产的劳动力较少，劳动力为2人的茶农家庭占比达70%，劳动力人数为1人和2人的茶农家庭占总调查户的82%。劳动力少，在进行茶园施肥、修剪、施药、采摘时就需要花费一笔费用雇佣其他的劳动者。随着经济社会的发展，社会用工成本在不断地增加，茶农为了降低生产成本，尽可能亲力亲为。而茶园绿色要素投入对于病虫害的见效时间相对较长，物理和生物防治灭虫治病没有化学药物彻底，需要少量多次；雷山县山高坡陡，化肥施用方便快捷，有机肥施用量多，劳动强度大，增加用工时间。每年2月下旬与3月初，品质好、价格高的茶树嫩芽开始集中萌动，是一年中采茶最忙、采茶收益高的时期，采茶工更加偏好于长势好、数量多、采摘连续性强的茶叶种植大户茶园进行采摘，劳动力少的散户茶农存在招不到工人的现象，采摘不及时又担忧茶叶老化影响下一批新茶叶生长，只能忍痛将部分不能及时采摘的茶园送给亲朋好友采摘或直接搁慌，导致茶叶老化、茶园经济效益低，茶农不愿增加茶园投入，有机肥以及物理、生物防治措施的使用率降低，不利于茶园生态系统的良性发展，会降低碳汇能力，增加碳排放。

6.集约化程度低，茶园管理参差不齐

雷山县茶园位于高山处居多，入户调查的茶树种植农户167户中，种植面积在5亩及以下的农户最多，占总调查农户的58.08%；种植面积10亩及以下的农户占比为88.62%，且多数茶农的茶园丘块小、散、多。从内生角度上，村庄内部小散户茶农进行茶园生产主要有三种模式：一是独自生产与管理，茶农按照自己的经验或咨询种茶大户获得部分管理信息进行投入与管理；二是几户按照一种生产方式种植生产，由一户具有茶园管理知识的茶农指导，通常统一用肥用药，指导者还会无偿帮助被指导茶农修剪，往往被指导的农户为年龄较大的女性劳动者；三是由部分村干指导茶园用肥用药，茶农各自管理。而这三种模式的经营管理效果不是很理想，没有达到茶园的绿色发展要求。从外生角度上，由政府部门或大型茶叶企业的“政府＋公司＋合作社＋农户”“公司＋合作社＋农户”等顶层设计管理模式进行统一规划、统一管理、统一监督，较为严格地按照标准化、绿色化生产管理，效果较好。茶叶专业村、重点村、老茶区及有初级加工厂的村集约化、组织化、标准化程度相对较高。其他种茶村茶园茶树品种杂多，管理参差不齐，且不占少数。多数由内生动力经营管理的种茶村自身能力较差，筹集资金难，投入能力弱，不能采用中耕施肥、绿色病虫防治、适时定型修剪等管理措施，茶青下树率低，效益差，形成恶性循环。

八、结论与对策

(一)结论

1.农资投入量情况

雷山县66.79 hm^2 茶园生产中,化肥年投入量为64 623.5 kg,化肥投入产生的碳排放量为57 876.8 kg CO_2eq;有机肥年投入量为175 343 kg,有机肥投入产生的碳排放量为17 534.3 kg CO_2eq;化肥投入产生的碳排放量是有机肥的3.3倍,降低化肥使用、增加有机肥使用将有利于降低碳排放。病虫害防治上,年施药量为654.130 6 kg,平均每公顷施药量为9.79 kg,年施药产生的碳排放量为11 774.4 kg CO_2eq,应降低农药使用率并提高绿色防控要素投入。

2.除草情况

除草是茶园生产中耗时最高的环节,年除草总用时为4 767 d,平均每户每年耗时28.5 d用于茶园除草;茶园除草机械化率为7.78%,机械化率较低,应提高机械化使用率,弥补茶农家庭劳动力的不足。

3.限制性因素

雷山县茶叶产业绿色发展限制性因素较多,从茶农角度上,主要限制性因素为茶农文化程度、茶农家庭从事茶叶生产的劳动力人数、茶农家庭从事茶叶生产的劳动力年龄。应该加强对茶农的绿色发展理念宣传和管理技术培训,多方式鼓励青壮年劳动力回乡从事茶叶生产,引导城市居民到农村从事茶叶生产,完善劳动力结构,逐步加大机械的使用比例。

4.总碳排放量情况

雷山县茶园系统总碳汇量为392 204.7 kg CO_2eq,茶园总碳排放量为169 962.5 kg CO_2eq,茶园净碳效率为2.3,单位面积碳足迹为2 544 kg CO_2eq/hm^2,表明茶园系统是一个碳汇,对温室气体排放的贡献率不高。

(二)对策

1.完善基础设施建设,提高茶农发展绿色茶园的积极性

茶园基础设施中,公路或产业路是最重要的设施之一。对于没有通车道路的部分集中或者连片的茶园,规划和设计好产业路,修建有效衔接多茶园的道路,便于茶农运输茶园生产要素,提升茶农生产和管理的积极性,降低清洁化、绿色化茶园管理的成本。低产茶园的基础设施改造,可在茶园两边种上防护林,茶园内套种绿肥牧草,增加害虫天敌的栖息地,提高茶园蓄水能力,减少降雨对茶园的冲刷,增加土壤有机质含量,改善土壤肥力,强化土壤和茶树的碳汇能力,改造成绿色可持续发展茶园,提高茶叶质量与安全性,增加茶农收入。同时,在有坡度的茶园周围修建水泥梯路,方便茶农修剪,即使遇上降雨天气,也不会影响茶农正常的茶园生产活动。

雷山县雨热同季,降水量基本满足茶园用水,但近年来极端天气频发,应逐步完善茶园的排水和蓄水与灌溉设施,提升茶园绿色可持续发展能力。在茶园间和茶园四周修建排水沟与竹节沟,在茶园附近修建蓄水池。在雨季,排水沟可以起到防洪排水的功能,减少水土

肥流失;在旱季,蓄水池可以蓄满水供灌溉使用,此时雨量虽小,但竹节沟可以起到蓄水的作用。

在没有初级加工厂的种茶村,逐步设立修建村级茶叶初级加工厂。在村里号召村民自愿入股加入茶叶合作社的设立和修建,形成村级茶叶初级加工厂,盈利后茶农可以分红,采茶季确保茶青不被压价;多渠道增加茶农收益,增加茶农对茶园投入的意愿,提高茶农发展绿色茶园的积极性。

2.加强茶农培训,提升茶园绿色管理能力

茶农是茶园的一线生产管理者,茶农生产管理理念与技术关系着茶园的绿色可持续发展能力,影响着茶叶的产量、品质和安全,对茶农的绿色认知宣传与技能培训尤为必要。首先,加强宣传,提高茶农的绿色认知,树立绿色经营管理理念。定期到种茶村里给茶农进行针对性宣传、讲座,设立茶叶技术推广服务公众号,供茶农随时随地观看学习,让茶农了解茶园绿色管理知识、理念,明白物理防治与生物防治等绿色防控病虫害原理以及化学防治的危害,将茶农"'绿色防控'比'化学防治'差"的错误观念纠正过来,相信从长期来看绿色防控比化学防治成本更低;教授茶农对茶园用药、用水、用肥的知识,避免存在漏用与偷用违禁药品、过多施用化肥肥料、错误使用污水等情况发生。其次,选派茶人才、茶专家指导茶农适时修剪、茶园测土配方施肥、茶树套种间作、病虫害绿色防控等。确保培训的连续性与系统性,保证茶农人人参与、人人学会。最后,可在几个种茶村中间选取一个地点,建设成为茶叶标准化、绿色化、清洁化的试验、示范、推广基地,号召附近村庄的茶农切实到基地内进行参与式观察、学习、实操,学以致用,使茶农真正树立绿色发展理念,逐步掌握绿色生产管理技术。

3.强化科技支撑,进一步聚茶人才

茶人才是茶叶产业发展的前提和基础,科技是茶叶产业发展的动力。聚茶人才,要坚持培养本地茶人才为主、适量引进为辅的原则。首先,在种茶村内部选出较为突出的茶农,进行统一培养,提升他们的生产技术、管理理念、推广技能,学成之后回村中长期指导其他茶农,培育出更多优秀的"田秀才""土专家";相关部门、茶叶企业内部要重视人才,设法将茶人才留下来。其次,有针对性地引进一批懂技术、会管理、能操作的复合型茶人才,补充茶人才队伍缺口,完善本地茶人才队伍。最后,加强与省内外高校、中国农科院茶叶研究所等科研机构合作,畅通茶人才流动渠道,在茶叶产业的规划、技术、研发、科技等方面提供服务保障;加强"校企"合作,建设合作共享茶叶基地,供高校培养应用型茶学学生,对于优秀学员提供就业机会,将人才留下来。强化科技支撑首先要与科研机构和高校合作,逐步培育和筛选出抗逆性强、品质高的优良茶树品种;其次要掌握现有先进技术,不断突破传统技术,研发出"清洁化、绿色化"的茶园管理技术;最后要采用先进检测设备,对茶园进行实时观察与监测,为茶农提供准确的预警播报,做好防控工作,为茶园绿色防控提供科技保障。

4.加大政策支持力度,健全激励制度

茶叶产业绿色发展,政策上需从源头抓起,保证原材料的清洁、绿色、健康。一是财政支持,政府应多渠道筹集资金,号召社会多主体参与,建立茶叶产业绿色发展专项扶持基金,用于支持修建良种育苗研究基地、无公害标准化茶园、低产茶园改良等,为优质、高产茶园奠定绿色可持续发展的良好环境基础。二是茶园基础设施建设,雷山地处雷公山自然保护区腹地,许多山林地受雷公山自然保护区保护,可开垦的土地资源有限,对于种茶村茶园无产业路的道路修建申请要严格审核，做出合理规划。三是信贷支持，雷山茶园在不断发展扩大，许多茶农自身能力有限、筹集资金难、投入能力弱，对于茶农建设和改良茶园加大支持力度，提供低息或贴息小额贷款服务，助力茶叶产业健康稳定发展。

茶叶产业绿色发展需要建立健全激励制度。一是多方式激励年轻人回乡创业。给予政策上的优惠与支持，让年轻人给茶产业发展带来新的管理理念，提供茶园生产青壮劳动力，做茶产业绿色发展的带头人。二是激励优秀茶农。在茶园管理中，无论是种茶小散户还是专业大户，只要达到清洁化、绿色化、标准化的茶园，应给予奖励；加大宣传力度，树榜样、立标杆，达到人人争相学习的效果。三是茶品质量监督激励。建立完善茶园环境监测信息系统，积极搭建茶园数字化管理平台，加快推进"茶产业＋大数据"融合发展，落实监管责任，做好源头监管，质量安全不达标一经发现，将做出相应惩罚，全面巩固提升茶叶质量安全水平。四是茶人才激励。拓宽人才晋升渠道，提升待遇与服务，营造人才想来能留的良好工作环境。

5.推广茶园生产机械化

雷山县茶园面积随着时间的推移在不断地扩大，而农户家庭从事茶叶生产的劳动力少、年龄偏大，青壮年劳动力外出务工多，茶园生产机械化已迫在眉睫。首先，加大宣传力度。雷山县山地丘陵为主，由于交通不便等因素，茶园生产机械使用率低，茶农对茶园机械化生产了解少。相关部门对农户进行关于茶园机械化生产的宣传，让茶农了解机械化生产可以大幅度降低劳动力投入、提高茶园生产效率、缩短生产周期等益处。其次，对于有使用机械意愿的茶农，进行有针对性的培训。一方面培训茶农机械的使用方式方法，严格按照机械使用说明进行操作，减少机械故障，增加机械使用寿命，更重要的是确保在使用中不会发生安全事故。培训项目包含茶园单人修剪机、便携式茶青采摘机、田园微耕除草机等的使用。另一方面培训茶农维修机械故障，因为机械在使用过程中出现故障是不可避免的。再次，每个乡镇选取交通较为便利的一家茶叶合作社或者一户茶叶专业大户的茶园作为机械化生产示范基地，茶农可以进园参观和参与机械的使用学习。从次，新茶园建设和低产茶园的改造要按照机械化生产茶园标准实行，方便机械的进入和使用。最后，茶农购买茶园机械时政府和企业给予一定比例的补贴，降低购买成本，提高茶园机械使用率。

6.加强茶园集约化，采取适度规模经营

雷山县茶园主要分布在雷公山海拔 900～1 400 m 的高山上，茶农家庭的茶园丘数多，每丘规模较小且分散，同时茶农家庭从事茶叶生产的劳动力不足，很多茶园只能采取较为粗放的管理方式，有的茶园甚至荒废了。因此，要加强茶园集约化管理，采取适度规模经营。一是加强宣传力度，纠正茶农错误的小农思想，让茶农了解集约化管理、适度规模经营可以降低生产成本、节省时间、节省人力、提高效率、增加产量，促使茶农纷纷加入茶叶产业集约化管理中来。二是由政府组织将种茶村茶农的集约化管理意愿进行统计，对于部分不愿意的茶农，统计分析他们不愿参与的原因，再组织人员去劝说解释，最大限度地将村中茶园集中起来统一管理。三是给予茶叶企业税收优惠，鼓励企业帮扶种茶村，采取"政府＋公司＋合作社＋农户""公司＋合作社＋农户""公司＋农户"等模式管理，充分整合茶园资源，进行集约化、规模化、绿色化、清洁化生产管理，将生态优势、资源优势转化为高质量发展优势、高经济效益优势，既发展经济社会，又保护生态环境。

九、参考文献

[1] Avijit Ghosh, Sukanya Misra, Ranjan Bhattacharyya, et al. Agriculture, dairy and fishery farming practices and greenhouse gas emission footprint: a strategic appraisal for mitigation[J]. Environmental science and pollution research internation, 2020, 27 (S1): 10160-10184.

[2] Michael O. Dioha, Atul Kumar. Exploring greenhouse gas mitigation strategies for agriculture in Africa: The case of Nigeria[J]. Ambio, 2020, 49(9): 1549-1566.

[3] Yin Long, Yoshikuni Yoshida, Runsen Zhang, et al. Policy implications from revealing consumption-based carbon footprint of major economic sectors in Japan[J]. Energy Weekly News, 2018, 119: 339-348.

[4] 罗运阔,周亮梅,朱美英.碳足迹解析[J].江西农业大学学报(社会科学版),2010,9(2):123-127.

[5] Matthias Finkbeiner. Carbon footprint-opportunities and threats[J]. Int J Life Cycle Assess, 2009, 14: 91-94.

[6] Wiedmann T, Minx J. A definition of carbon footprint[R]. ISA Research Report, 2007, 1: 1-7.

[7] 王微,林剑艺,崔胜辉,等.碳足迹分析方法研究综述[J].环境科学与技术,2010,33(7):71-78.

[8] 沈玉保,彭怀松."碳足迹"与"低碳族"[J].语文建设,2009(6):71-72.

[9] 单力,阿柱.计算你的碳足迹[J].环境,2007(8):54-56.

[10] 王秋,施阳.认识"碳足迹"倡导低碳生活[J].化学教育,2009,30(3):5-7.

[11] 王峰,陈玉真,吴志丹,等.我国典型茶区化学氮肥施用与生产运输过程的温室气体排放量估算[J].茶叶科学,2020,40(2):205-214.

[12] 倪康,廖万有,伊晓云,等.我国茶园施肥现状与减施潜力分析[J].植物营养与肥料学报,2019,126(3):421-432.

[13] 张强,崔清梅,王永健,等.恩施州茶叶加工企业能耗现状及能源替代对策[J].中国茶叶,2018,40(3):48-52.

[14] 褚力其,姜志德,任天驰.中国农业碳排放经验分解与峰值预测:基于动态政策情景视角[J].中国农业大学学报,2020,25(10):187-201.

[15] 夏四友,赵媛,许昕,等.近 20 年来中国农业碳排放强度区域差异、时空格局及动态演化[J].长江流域资源与环境,2020,29(3):596-608.

[16] 展进涛,徐钰娇,葛继红.考虑碳排放成本的中国农业绿色生产率变化[J].资源科学,2019,41(5):884-896.

[17] 前瞻产业研究院.2018—2023 年中国茶饮料行业产销需求与投资预测分析报告[R/OL].(2018-04-12)[2019-04-03].http://www.cn-bigdata.cn/report/2017/017/75585.html.

[18] 沈星荣,汪秋红,吴洵,等.充分发挥茶园碳汇功能,促进茶叶低碳生产发展[J].中国农学通报,2012,28(8):254-260.

[19] 柳一桥,吴大华.加速茶产业转型发展[N].贵州日报,2020-03-09(007).

[20] 郑微微，沈贵银.江苏省农业绿色发展现状、问题及对策研究[J].江苏农业科学，2018，46(7)：1-5.
[21] 刘嘉敏，刘巍.论习近平农业绿色发展思想[J].理论观察，2017(4)：37-39.
[22] 周凌云，罗金波，黄安平，等.湖南茶叶病虫害统防统治探讨[J].湖南农业科学，2015(1)：31-33.
[23] 陈宗懋.茶叶质量安全和茶产业的绿色发展[J].科技导报，2021，39(19)：1.
[24] 甘泉，邵宛芳，张路.刍论普洱茶加工过程的清洁化生产[J].中国农学通报，2009，25(18)：122-125.
[25] 蒋竹鸣，丁峰，唐春红.茶包装设计中绿色环保材料的选择[J].福建茶叶，2017，39(2)：134-135.
[26] 岳文博.中国农业绿色发展指标体系构建及评价[J].佳木斯职业学院学报，2016(7)：470-471.
[27] 莫怀鸿.广西茶叶产业发展现状及其可持续发展对策[J].南方农业学报，2016，47(6)：1051-1056.
[28] 段玲，张婷.国内外绿色农业研究文献综述[C]//劳动保障研究会议论文集(十一).四川劳动保障杂志出版有限公司，2021：138-142.
[29] 黄雨.绿色农业发展理论与实践创新模式探析[J].绿色科技，2017(1)：131-133.
[30] 刘连馥.从绿色食品到绿色农业从抓检测到抓生产源头[J].世界农业，2013(4)：2-3，6.
[31] 段清斌，吴长好，马新叶，等.绿色农业发展中存在的问题和对策研究：以河南省息县为例[J].中国农业资源与区划，2015，36(4)：59-66.
[32] 黄雨.绿色农业发展理论与实践创新模式探析[J].绿色科技，2017(1)：131-133.
[33] 严立冬.绿色农业发展与财政支持[J].农业经济问题，2003(10)：36-39.
[34] 刘凤枝，李玉浸，孙宝利.可持续农业及其特征简述[J].天津农林科技，2003(5)：12-15.
[35] 刘彦随，吴传钧.农业持续发展研究进展及其理论[J].经济地理，2000(1)：63-68.
[36] 许先.中国食文化讲座之十一 茶之为饮，发乎神农：中国产茶史简述[J].食品与健康，2007(11)：4-6.
[37] 黄寿波.茶树生长的农业气象指标[J].农业气象，1981(3)：54-58.
[38] 徐华聪，吴明龙.茶树种植影响因素[J].南方农业，2014，8(6)：16-17.
[39] 张锦镔.乐清市茶叶生产的气候条件分析[J].现代农业科技，2008(19)：34-35.
[40] 罗京义，晏理华，徐大红，等.铜仁地区茶树生长的气候适应性分析及优质绿茶种植区划[J].茶叶科学，2011，31(2)：136-142.
[41] 王强，王馨，王清.茶树生长发育对环境条件的要求[J].四川农业科技，2011(12)：28-29.
[42] 陈荣冰.茶树生长适宜的环境条件[J].茶道，2018(8)：90-91.
[43] 易俊莲，李勇，古书鸿.1961—2010年贵州省不同茶季茶树需水量的时空变化特征[J].中国农学通报，2015，31(4)：167-173.
[44] 孙君，朱留刚，林志坤，等.茶树光合作用研究进展[J].福建农业学报，2015，30(12)：1231-1237.
[45] 朱秀红，马品印，成兆金，等.鲁东南地区茶叶产量与气候条件的关系研究[J].中国农学通报，2008(8)：340-343.

[46] 陈元镇.浅析茶园土壤条件与茶树生长的关系[J].茶叶科学技术,2003(2):28-29.
[47] 林智,吴洵,俞永明.土壤 pH 对茶树生长及矿质元素吸收的影响[J].茶叶科学,1990(2):27-32.
[48] 张忠梁,舒英格.基于文献计量的中国西南地区茶园土壤养分特征分析[J].中国土壤与肥料,2021(2):1-12.
[49] 林小兵,孙永明,江新凤,等.江西省茶园土壤肥力特征及其影响因子[J].应用生态学报,2020,31(4):1163-1174.
[50] 刘春林.贵州久安、雷山茶园矿物元素特征及茶叶品质对比研究[D].贵阳:贵州大学,2020.
[51] 刘春林,张建,彭益书,等.贵州雷山茶区土壤-茶叶重金属含量特征及饮茶风险评价[J].浙江农业学报,2020,32(6):1049-1059.
[52] 陈席卿,张伟,杨贤强.茶树根系活性的年周期变化及其与农技措施的关系[J].茶叶,1987(2):18-20.
[53] 王兴,赵鑫,王钰乔,等.中国水稻生产的碳足迹分析[J].资源科学,2017,39(4):713-722.
[54] 崔文超,焦雯珺,闵庆文,等.基于碳足迹的传统农业系统环境影响评价:以青田稻鱼共生系统为例[J].生态学报,2020,40(13):4362-4370.
[55] 李文艳,李炳军,马文雅.中部地区农业碳排放与劳动力规模的关联研究[J].河南科学,2021,39(8):1357-1364.
[56] 田云,张俊飚.农业碳排放国内外研究进展[J].中国农业大学学报,2013,18(3):203-208.
[57] 田云,张俊飚.中国农业生产净碳效应分异研究[J].自然资源学报,2013,28(8):1298-1309.
[58] 白义鑫,盛茂银,胡琪娟,等.贵州喀斯特农田生态系统碳足迹时空差异研究[J].四川农业大学学报,2019,37(5):685-694.
[59] 程琨,潘根兴,田有国,等.中国农田表土有机碳含量变化特征:基于国家耕地土壤监测数据[J].农业环境科学学报,2009,28(12):2476-2481.
[60] 韩召迎,孟亚利,徐娇,等.区域农田生态系统碳足迹时空差异分析:以江苏省为案例[J].农业环境科学学报,2012,31(5):1034-1041.
[61] 何小娟.名山县茶园生态系统碳汇能力分析[D].雅安:四川农业大学,2013.
[62] 王兴,赵鑫,王钰乔,等.中国水稻生产的碳足迹分析[J].资源科学,2017,39(4):713-722.
[63] 莫怀鸿.广西茶叶产业发展现状及其可持续发展对策[J].南方农业学报,2016,47(6):1051-1056.

(注:本章为 2019 级农村发展班余豪硕士学位论文部分内容,指导老师梁龙。)

第三章　农村宅基地闲置现状、原因及对策研究 ——以关岭县五里村为例

一、引言

随着城镇化率的提高，农村宅基地装置出现不减反增的现象，农村宅基地的闲置不仅对我国耕地面积产生威胁，还对推进乡村振兴战略造成阻碍。自2017年以来，中央一号文件已经连续6年聚焦农村宅基地问题，其中2022年的中央一号文件中提出了宅基地确权登记、集体经营性建设用地入市（盘活）、宅基地制度改革试点和农村产权流转交易市场规范化建设试点四个内容，可以看出，当前宅基地闲置问题已然成为国家发展进程中的一大难点，同时也说明宅基地改革已经势在必行。而宅基地作为农民的安身立命之本，有其特殊性，对稳定农村社会、提高国家土地资源利用效率、推进乡村振兴战略等起到重要作用。我国土地资源丰富，但人口基数大，人均拥有土地面积相对较少，所以，宅基地合理利用对守住现行中国18亿亩耕地红线有着积极的作用，再加上我国各个地区文化、环境和地理位置等因素不同，各个地区宅基地闲置情况各有不同。因此，选择典型地区对宅基地进行研究很有意义。

通过对宅基地的研究，能为促进乡村振兴、缩减城乡差距和实现城乡融合提供参考和实际案例。合理利用农村闲置宅基地有利于提高土地资源配置效率，同时实现城乡建设用地中的增减平衡。本章以关岭县五里村为研究对象，了解关岭县五里村宅基地闲置现状，分析闲置原因。同时结合相关理论和实际情况，针对当地宅基地闲置现状和原因提出可行性对策并为当地政府提供数据参考，从而促进现行宅基地的管理及相关政策制度的完善，提高土地资源的利用率，为实施乡村振兴战略助力，从而促进关岭县五里村的发展，为农户增加就业机会和经济收入。

二、发展背景与研究方法

（一）发展背景

宅基地制度在我国是特有的，与闲置土地和农村住宅两个方面密切相关。在闲置土地方面，Vevin等通过研究印度尼西亚闲置土地后认为，闲置土地对国家的可持续发展不会有很大的帮助。需将闲置或废弃的土地加以规划利用，才能够实现国家可持续发展。空间规划、环境、经济社会等是造成土地闲置的主要因素[1]。Sikor在对阿尔巴尼亚农田的荒废弃耕进行实证研究后认为，城市化进程的快速发展是导致土地闲置的主要因素。大量的农户向城市移民，而土地所有者参与到非农产业活动中的同时，为保障自己的生存需求和经济收入，移民后由于生产要素的缺乏，他们仍会保留土地，从而导致土地的分散和闲置现象[2]。

在宅基地制度方面，桂华认为现阶段我国的土地资源配置效率低，需要在保障农民合法权益和降低社会风险的基础上完善宅基地制度，更好地与城市发展相结合，提高土地资源配置效

率[3]。吕军书和张晓在对宅基地的立法构造进行研究后认为，与宅基地相关的现行法律法规之间存在一定的冲突，需要制定专门针对农村宅基地的法规，以维护宅基地使用权人的用益物权，更好地守住 18 亿亩耕地红线[4]。陈璐认为，现在的宅基地制度与现阶段的社会发展适应性较差，法律法规之间相互矛盾，应该根据实际情况对农村宅基地的立法进一步完善[5]。通过对国内宅基地制度的研究，发现宅基地制度有待完善，需要根据实际情况进行修订。

在宅基地闲置现状方面，李婷婷等对全国典型村寨的调研中指出，2018 年全国农村宅基地闲置程度平均为 10.7%，总体上看，宅基地闲置程度与地区的经济发展程度呈负相关关系[6]。祁全明认为，从规模上看，当前宅基地闲置比例在 15%左右；从分布规律上看，宅基地闲置程度与离城区的距离呈正相关关系[7]。陈玉福对山东省禹城市采取分析高分辨率航空遥感影像数据以及对典型农户进行问卷调查的方式研究得出，现阶段的“一户多宅”的情况比较多，空闲房屋和闲置宅基地大量存在，多数村庄内部的老宅基地出现成片闲置[8]。通过分析文献，大部分学者认为当前我国宅基地闲置较多，闲置程度在 10%～20%之间，土地资源浪费情况较为严峻。

在宅基地闲置原因方面，由于我国各个地区的文化、环境、地理位置以及生活方式等因素不同，宅基地闲置的原因有很多。魏晖和巩前文在乡村振兴课题组和文献研究中指出，农村宅基地的闲置存在传统历史原因，还受现实因素影响，究其根本原因主要是政策制度不完善、宅基地流转限制等[9]。艾希在对湖北省 564 户农户进行实际调查走访后提出，宅基地闲置原因主要有四种，分别是建新房不拆旧房、老宅基地过剩、外迁导致宅基地闲置和继承宅基地闲置[10]。钟再明认为农村宅基地闲置与农户的传统观念、风俗习惯、建房习惯等是密切相关的，从深层次上来讲，宅基地闲置的根本原因是宅基地管理落后以及制度严重缺失[11]。

在宅基地闲置利用对策方面，国内学者主要是从制定相关法律法规、盘活农村主体等几个方面来进行研究。吕军书和张琪指出，当前农村宅基地利用的影响因素主要是政策制度上的模糊和立法上的缺失，同时也提出完善宅基地管理办法、创新利用主体和机制以及建立相应的配套制度一系列措施[12]。杜宇能通过对重庆、金华、成都和六安四个地区宅基地入市改革的分析，指出宅基地入市改革应该以全村农村人口的整体利益为出发点，因地制宜地制定改革方案[13]。张志敏在分析村庄空心化现象后提出要建设经济实力较强的“中心城镇”，促使周围地区的经济发展，盘活并合理利用闲置的土地资源，提供可持续发展要素，促进城乡融合发展[14]。总之，主要有完善法律政策、提高宅基地利用效率、减少土地资源的浪费几个方面的对策。

我国的土地制度与国外存在较大的差异，加上国外没有宅基地这一说法，故国外主要从闲置土地和城乡住宅等方面开展研究。在我国宅基地作为“三块地”中的农村建设用地，是国内研究的热点，大多数学者围绕宅基地产权制度、闲置状态、闲置原因以及利用对策进行研究。但是中国地大物博，不同地区的文化、经济和社会发展都存在显著的差异，因而宅基地闲置的现状和原因都各不相同。在利用对策方面，学者们主要从宅基地流转、退出和盘活展开研究，如何在保障全村村民合法利益的基础上利用闲置宅基地推进乡村振兴和城乡融合成为研究重点。其中，对宅基地退出意愿分析研究较多，但对宅基地利用意愿和管理办法分析研究较少。故而笔者在前人研究的基础上，以关岭县五里村农户为调查对象，分析其利用闲置宅基地的意愿，提出闲置宅基地的利用对策和管理办法。

(二)研究方法

1.访问法

以关岭县五里村户主为具体的研究对象,通过实地走访,咨询当地部分村干部和村民,获取相关基础数据、资料,了解当地基本情况,为下一步的问卷调查奠定一定的基础。

2.问卷调查法

采用问卷调查研究方法,结合相关文献资料制作调查问卷。首先进行预调研,然后对调查问卷不断完善和修改,最后入户发放问卷并指导填写,以此来深入了解当地宅基地闲置的现状、原因及利用意愿等相关信息。

三、关岭县五里村宅基地闲置现状

(一)区域概述

五里村是一个行政村,属于西部地区偏远山村,由原五里、上木市和石莲三个自然寨组成,地处关岭布依族苗族自治县东北部,东与黄果树管委会毗邻,北与镇宁县、六枝特区接壤。从五里村至安顺市区 57 km,距离关岭县城 34 km。截至 2022 年底,全村总户籍人口为 590 户 2 236 人,其中五里 203 户,上木市 136 户,石莲 251 户,通过易地扶贫搬迁户籍转移 28 户 112 人及动态调整后,现辖区内有 562 户 2 124 人。全村主要农作物有生姜、水稻、玉米以及油菜四种,经济来源主要以外出务工为主。其公共基础设施相对完善,自来水、村级道路硬化、路灯以及电视电话覆盖率均为 100%,在农作物集中的片区三轮车也能行进。

(二)宅基地与闲置宅基地

宅基地的概念表述在各个地方的行政法规中都有一定的差异,本章参照《贵州省农村村民住宅建设管理办法(试行)》中关于农村宅基地的界定,具体指本集体农户依法取得用于建造住宅以及附属设施的农村用地,包括住宅、庭院、经营场地和附属用房等用地。闲置宅基地是在宅基地的基础上引申出来的,艾希则将闲置宅基地定义为在一定时间内无人使用或居住的建筑物,包括新旧建筑物[10]。结合当地实际以及前人研究,本章所研究的闲置宅基地是指农村中长期无人居住(超过一年)以及地上无房屋或房屋已倒塌的宅基地。

(三)宅基地闲置分布情况

通过实地调查发现在五里村中的三个自然寨中都存在宅基地闲置情况,但其宅基地闲置分布大不相同。五里的宅基地在 2004 年以前主要集中在半山腰的位置,现在人们主要沿主干道 X213 县道两旁建房,从而导致半山腰的老房屋被逐渐舍弃闲置。上木市村民主要居住在山脚下且沿河而建,有少部分居住于山林中的村民宅基地闲置相对零散。石莲村民主要居住在山谷中,乡间小道错综复杂,近年来,大部分村民逐渐的建房于 X213 县道两旁。总体上来说,五里和石莲的宅基地闲置分布比较集中,而上木市的宅基地闲置分布相对分散。

(四)宅基地闲置比例

在与户主深度交流之后,利用调查问卷并结合实际对调查对象的宅基地实际数量以及宅基地面积进行统计和估算得出相应的数据。调查数据分析显示，五里村总的宅基地数量闲置率为37.4%，上木市闲置率最低是23.9%，而原五里自然寨的闲置率最高，达45.1%，主要是由于原五里早先的房屋是木质多层结构，底层一般是圈养牲畜，随着生活条件的改善这些老房被慢慢遗弃。五里村的面积闲置率是10.7%，其中闲置率最高的是原五里自然寨，闲置率是13.6%；最低的是上木市，闲置率是7.3%（表3-1）。

表 3-1　宅基地闲置量表

统计指标	原五里	上木市	石莲	汇总
户籍数/户	203	136	251	590
调查户数/户	45	30	55	130
宅基地数量/块	71	46	62	179
宅基地闲置数量/块	32	11	24	67
宅基地数量闲置率/%	45.1	23.9	38.7	37.4
调查宅基地总面积/m^2	9 680	5 840	11 600	27 120
闲置宅基地总面积/m^2	1 320	430	1 150	2 900
面积闲置率/%	13.6	7.3	9.9	10.7

数据来源：根据调查问卷数据整理

（五）宅基地闲置特点

在实地调查以及整理问卷后，发现五里村宅基地有两大特点：一是一户多宅现象普遍，二是宅基地使用面积超标现象严重。

（1）一户多宅现象普遍　现阶段对一户多宅的定义没有明确的界定，在《土地管理法》中也仅仅是强调农村村民一户只能拥有一处宅基地。在实地调查过程中，通过与村委实际交谈，“一户”指的拥有单独户口的农户。虽然一户一宅政策在我国很早就开始实施，但是当地风俗以及居住方式等原因导致宅基地闲置现象普遍并缺少相关针对此类现象的政策。在实地走访的三个自然寨中发现每个村寨中都存在一户多宅的现象，其一户多宅比例约36.2%（表3-2），闲置的宅基地大多是“祖宅”。调查数据显示，一户多宅形成的原因呈多样化，不仅有易地扶贫搬迁导致的，也有建新不拆旧、继承、购买等多种原因导致的。在2021年关岭县发布的《关岭县宅基地和建设用地使用权确权登记工作方案的通知》中提出对于符合条件有房地一体不动产登记需求的，由宗地地籍调查成果经核实完善后应当继续沿用，形成房地一体的地籍调查成果后办理登记。方案中也没有强调不符合条件的宅基地的处理办法，对于一户多宅的普遍现象并没有完善的处理方案。

（2）宅基地使用面积超标现象严重　在调查过程中发现五里村关于宅基地使用面积超标现象比较严重，主要体现在住宅面积超标和人均使用面积超标两个方面。在住宅面积超标方面，《安顺市村寨规划建设管理条例》中规定农村村民以户为单位的宅基地面积不得超过200 m^2，根据调查问卷结合实际情况分析得出，当地宅基地使用面积超标户数比例在26.2%左右。其主要原因是当地的房屋基本上每户都存在院坝，院坝有晾晒农作物以及停车等用途，在实际测量以及确权时，当地工作人员仅仅统计住房的面积，并未将院坝、庭院等附属建筑统计在内。在人均使用面积方面，《关岭县农村宅基地审批工作指南》中规定，3 人及 3 人以下的农户在 80 m^2 以内；4 人及 4 人以上的农户宅基地用地面积按照人均 30 m^2 计算。对农户宅基地人均使用面积进行实际调查后进行估算，五里村有宅基地的人均使用面积超标户数占比约 69.2%。

四、宅基地利用意愿分析

农村宅基地的有效利用关乎老百姓的切身利益，合理的利用方式可以更好地维护农村社会稳定。农户对农村宅基地的利用意愿极大地影响着闲置宅基地的利用用途和效果，因此有必要对其进行分析。农户对宅基地的利用意愿、用途以及方式等受到多种因素的影响，本章在前人的研究基础上结合实际调查设计了关于农村宅基地的调查问卷。为了保证问卷调查的合理性，在预调研之后对整个村的户主进行编号，在 590 户中采取简单的系统抽样，根据抽样的编号进行入户问卷填写，一共填写了 130 份有效问卷。然后对问卷数据进行统计，并对农户的宅基地利用意愿进行描述性分析，为宅基地盘活再利用提供一定的数据参考。

（一）抽样样本特征

通过表 3-3 可知样本户主的年龄主要集中在 30～50 岁之间，正值黄金劳动力时期，是主要的收入群体，对他们进行宅基地利用意愿分析具有一定的代表性。从户主家庭特征来看，家庭人口主要集中在 3～5 人之间，这些家庭主要由夫妻二人、子女以及老人构成，生活空间需求大，是导致宅基地闲置影响因素之一。户主的个人文化程度大多数是小学初中，这是因为 20 世纪末当地义务教育普及程度不高，教育观念落后。当地农户家庭主要收入来源为务农以及常年在外务工，家庭年均纯收入在 3 万～5 万元的家庭农户较多，收入相对较高是引起农村兴建房屋的主要原因之一，从而造成宅基地闲置。当地农户建房时间主要集中在 2011—2016 年，在此期间，农户收入稳定，政府对宅基地的申请管控不严。宅基地闲置情况主要是废弃和常年闲置，其中废弃房屋占闲置宅基地的 74.6%，这是由“祖宅”年久失修、易地扶贫搬迁等原因造成的。63.8%的家庭拥有 1 处宅基地，34.6%的家庭拥有 2 处宅基地。

表 3-3　样本特征

指标	样本数/个	占比/%	指标	样本数/个	占比/%
年龄：			家庭年收入：		
30 岁以下	11	8.5	1 万元以内	8	6.2
30～40 岁	42	32.3	1 万～3 万元	24	18.4
41～50 岁	45	34.6	3 万～5 万元	42	32.3
51～60 岁	18	13.8	5 万元以上	56	43.1
61 岁以上	14	10.8			

续表3-3

指标	样本数/个	占比/%	指标	样本数/个	占比/%
家庭人口数：			建房时间：		
2人以下	10	7.7	1998年以前	5	3.8
3人	47	36.2	1998—2005年	10	7.7
4人	35	26.9	2006—2010年	25	19.2
5人	31	23.8	2011—2016年	67	51.5
6人	5	3.8	2017年至今	23	17.8
7人	2	1.6			
文化程度：			闲置情况：		
小学及以下	48	36.9	废弃	50	74.6
初中	72	55.4	常年闲置	17	25.4
高中(职高)	7	5.4			
本科及以上	3	2.3			
主要收入来源：			宅基地数量：		
务农	31	23.8	0处	0	0
务农兼其他	25	19.2	1处	83	63.8
公务员或事业单位	7	5.4	2处	45	34.6
常年在外务工	56	43.1	3处	2	1.6
做生意	11	8.5	4处	0	0
其他	0	0			

数据来源：根据调查问卷数据整理

(二)对农户宅基地利用意愿的调查

在调查的130份问卷中，对于村内闲置宅基地的利用支持率高达86.9%，其中拥有闲置宅基地的农户为67户，其利用意愿较高，愿意利用宅基地的户主占闲置宅基地样本数的64.2%(表3-4)。总体上来看，宅基地闲置对人们的生活环境有一定的影响，随着农民生活水平的提高，闲置宅基地的保障性功能将会越来越低，农户对宅基地的利用意愿将会越来越高。

表3-4　农户闲置宅基地利用意愿

统计指标	分类指标	样本数/个	比例/%
是否支持村内闲置宅基地利用	支持	113	86.9
	不支持	17	13.1
是否愿意闲置宅基地进行其他用途	愿意	43	64.2
	不愿意	24	35.8

数据来源：根据调查问卷数据整理

在 24 份拥有宅基地不愿意利用的样本中，通过统计发现不愿意利用宅基地的主要原因是为了留给下一代，占样本中的 75%，12.5%的农户是由于对老宅有感情而不愿意利用，难以回收、收益低两项的指标仅占 12.5%。在补偿合理的情况下，有 89.5%的农户愿意利用闲置宅基地，10.5%的农户不愿意利用或有偿退出闲置宅基地(表 3-5)。综合来看农户对闲置宅基地的利用意愿较高，有少部分的农户由于子女多需要给下一代留着而不愿意利用。

表 3-5　不愿意利用闲置宅基影响因素统计

统计指标	分类指标	样本数/个	占比/%
不愿意利用宅基地的原因	对老宅有感情	3	12.5
	担心难以收回	2	8.3
	收益低	1	4.2
	留给下一代	18	75.0
补偿合理是否愿意利用	愿意	60	89.5
	不愿意	7	10.5

数据来源：根据调查问卷数据整理

(三)闲置宅基地利用主体和用途的意愿分析

在拥有闲置宅基地的 67 份调查问卷中，有 43 户愿意利用闲置宅基地，其中 53.5%的农户希望由政府来对闲置宅基地进行盘活利用，主要是政府兜底盘活利用一旦出现流产，农户可以直接找政府。16.3%的农户希望由企业来盘活闲置宅基地，主要是由于企业盘活利用资金及时不会存在拖欠情况。30.2%农户选择由村集体来盘活利用，村集体盘活利用村民可以直接参与其中，并能够从中获取一定的收益。总体来看，农户希望政府部门及村集体对闲置宅基地盘活利用的意愿较强(表 3-6)。

表 3-6　闲置宅基地利用主体

分类指标	样本数/个	占比/%
政府部门	23	53.5
企业	7	16.3
村集体	13	30.2
其他	0	0

数据来源：根据调查问卷数据整理

对于闲置宅基地的用途(图 3-1)，在 67 份愿意利用闲置宅基地的有效问卷中，大部分农户都选择入股分红、有偿退出以及抵押贷款三种用途，因为这三种用途可以直接或间接获得大额资金。而恢复耕地和出租的利用只有少部分农户选择，其主要原因是耕种带来的经济效益低导致种地意愿较弱，大部分的闲置宅基地处于废弃状态，即使出租带来的经济效益也较低。

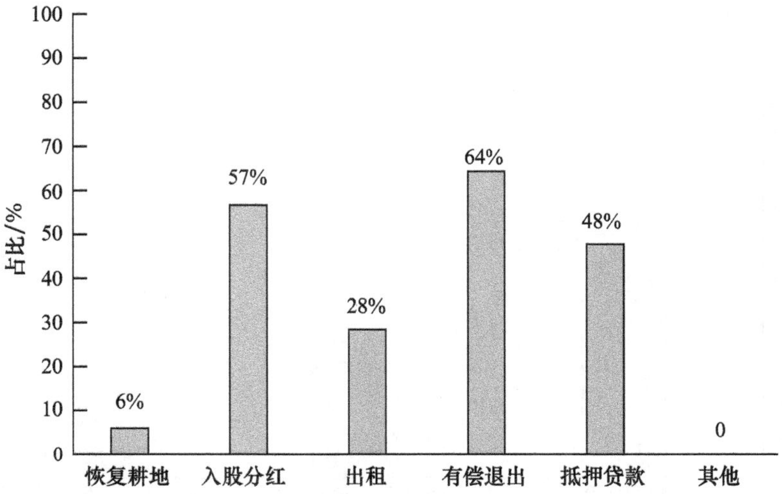

图 3-1　农户对闲置宅基地用途的选择

（四）农户有偿退出闲置宅基地的方式和标准

农户退出闲置宅基地有助于城乡建设用地的增减平衡，因此有必要对农户有偿退出宅基地的方式和标准进行研究。在补偿合理的情况下由表 3-5 可知，有 89.5%的农户愿意退出闲置宅基地，说明绝大部分的农户可以通过补偿的方式退出闲置宅基地。故此笔者对退出的方式和标准进行了调查。发现愿意退出闲置宅基地的农户大多属于地上房屋已倒塌或地上无房屋的情况。如图 3-2 所示，在利用方式上农户主要选择置换楼房与资金补偿两种方式，而愿意置换等面积耕地的农户很少，可以看出对农民在选择方式上比较理性，都期望获得较大的收益。

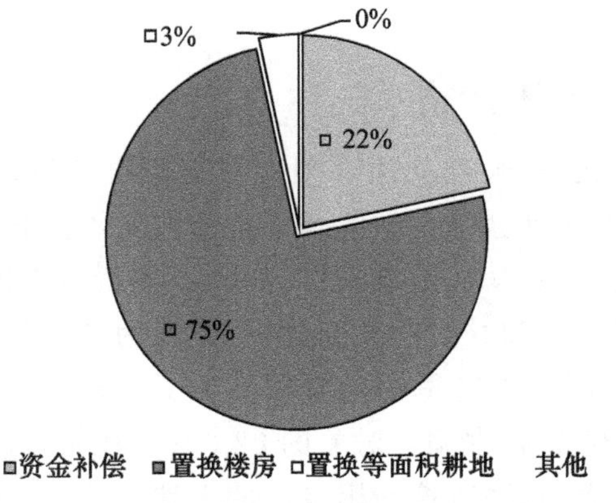

图 3-2　农户对闲置宅基补偿方式的选择

在 60 份愿意在合理补偿的情况下退出闲置宅基地的问卷中，在补偿标准上，63%的农户选择按户补偿的标准（图 3-3）。在实际调查过程中了解到，按户补偿主要是由于这类群体的闲置宅基地面积较小，按照实际面积补偿获得的收益不会太高，按户补偿大家收益差距不会太大，争议较小。选择按宅基地占地面积补偿的农户是因为闲置面积较大，可能获得的收益较高。有少量的农户选择专业人员进行补偿认定，这是由于农户担心补偿过程中会发生不公平、不公正的做法。

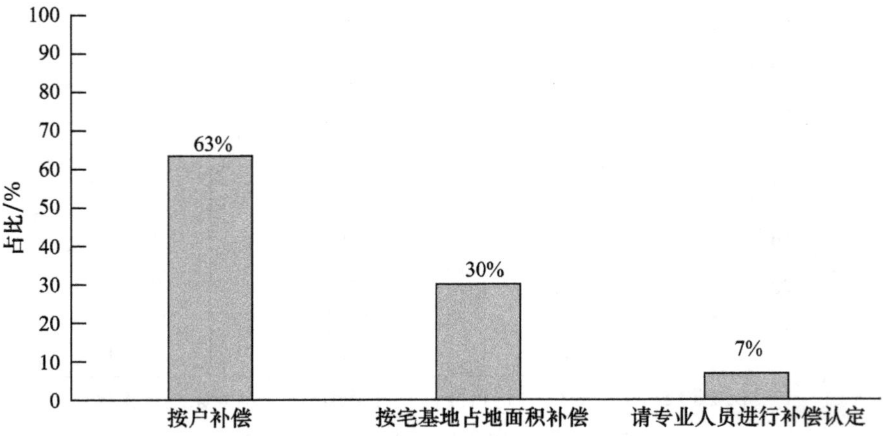

图 3-3　农户对于退出宅基地补偿标准的选择

五、关岭县五里村宅基地闲置原因分析

关于农村闲置宅基地的原因，学术界有不同的观点。其中祁全明指出在城市发展过程中，宅基地制度设计不合理、受传统文化影响和政策执行力度不强等是导致农村宅基地闲置的影响因素[7]。杨璐璐和王君也对晋江多个行政村调查分析后得出，农村宅基地闲置主要是由外出务工、征地补偿、继承以及祠堂闲置等多种因素造成的[15]。目前，对于宅基地闲置的原因主要在法律层面、社会环境及农户自身原因三大方面。笔者在前人研究的观点上结合实地调查数据，分析并总结出当地宅基地闲置的根本原因主要是基层审批和管控不严格、宅基地退出机制不完善、农户法律观念薄弱且政策了解程度低以及农户缺乏投资观念四个方面。

（一）基层审批和管控不严格

我国农村宅基地无偿获得、长期使用这项农村普惠性质制度，在一定程度上保障了农村居民户有所居，维护了农村社会稳定。但是审批和监管不严格一直以来都是农村宅基地在实际管理过程中存在的问题，从而造成农村宅基地"建新不拆旧"和宅基地使用面积超标等问题。杨亚楠等通过对河南和甘肃的实证分析，也认为基层行政管理不严格是造成农村宅基地闲置的原因[16]。我国农村宅基地早期获取方式比较简单，由表 3-7 可知，当地宅基地建设主要集中在 2016 年以前，占调查对象的 82.3%。在实际调查过程中了解到，2016 年以前的宅基地获取无须审批，村民直接利用自己的土地或购买（永久租用）合适的土地就可以建房，建房程序简单，从而导致宅基地的使用面积超标和"一户多宅"等现象较多。根据《关岭自治县农村宅基地申请审批工作指南》中提到宅基地使用权需经过村、镇以及县三级联审，审批通过后才能修建住房。而现实中很多宅基地使用都是未批先建，村集体对于此种做法只能睁只眼闭只眼。在宅基地管控过程中，五里村村委属于一线工作人员，受熟人社会、亲戚关系等因素影响，难以直接管控违法违规建筑物。而对于宅基地违规建设也没有设置有效的处理办法。例如，2021 年五里村有两处违反“一户一宅”规定的宅基地，村委以及乡镇人员对农户多次进行口头警告，但最后违规的宅基地还是建成了，乡镇的处理办法也仅仅罚款 5 000 元了事。易地扶贫搬迁后留下的闲置宅基地也没有相应的处理办法，有的搬迁户直接重返老宅务农。村干部在宅基地审批和管控的过程中容易受文化、人情世故以及社会环境等多因素的影响，执行力度不够，从而导致宅基地闲置和面积超标的现象发生。

表 3-7 现居住宅基地建设年份

分类指标	样本数/个	占比/%
2005 年以前	15	11.6
2006—2010 年	25	19.2
2011—2016 年	67	51.5
2017 年至今	23	17.7

数据来源：根据调查问卷数据整理

(二)宅基地退出机制不完善

由于缺乏有效的退出机制，农村宅基地建新不拆旧、进城落户以及易地扶贫搬迁等原因造成的宅基地闲置现象普遍存在。郭小鸣和虞洪通过对四川省的实证研究也认为，宅基地退出机制的构建不合理是造成宅基地大量闲置和土地资源浪费的原因[17]。在《中华人民共和国土地管理法实施条例》《贵州农村宅基地管理办法》《安顺市村寨规划建设管理条例》等一系列从国家到县政府的法规、文件中都有关于鼓励农户退出农村宅基地和实行自愿有偿退出原则的条文。但是总体上文件可操作性不强，对于宅基地退出标准、退出方式以及退出后如何处理闲置宅基地等问题没有具体规定。政府对于闲置宅基地甚至是废弃宅基地的处理也没有具体手段，缺乏合理的法律规定和政策依据。现阶段对宅基地退出工作的可操作性不强，宅基地退出的补偿标准、方式以及范围等没有明确合理的规定，是导致农村宅基地闲置普遍存在的重要因素之一。

(三)农户法律观念薄弱且政策了解程度低

农村人口受教育程度相对较低，很少主动学习或了解有关宅基地的政策法规，加上相关部门对宅基地的政策法规宣传不够，导致农户对于宅基地相关政策法规的认识和了解肤浅，从而造成农村宅基地大量闲置。冯令泽南对传统和现行的法律分析，指出农户传统观念与法律观念存在一定的差异，农户对政策了解度低是导致宅基地闲置的原因[18]。通过问卷调查发现，很多的农户不了解《中华人民共和国土地管理法》《贵州省农村宅基地管理办法》以及《安顺市村寨规划建设管理条例》等与自身利益相关的法律文件；有 25.4%的户主对“一户一宅”政策以及宅基地申请流程等政策不了解，66.9%的户主了解一点，仅有 7.7%的户主比较了解(表 3-8)。农村宅基地无偿取得以及宅基地自身的财产属性，导致农户把宅基地当作自己的保障，有的农户甚至打算把闲置宅基地留着等拆迁从而获得一笔不菲的财富。调查过程中很多农户认为自己拥有宅基地的所有权，无论宅基地是否闲置与他人无关，而实际上农户只是拥有土地使用权以及承包权，其所有权归集体所有。大部分闲置宅基地属于“祖宅”，在农村传统社会观念的影响下，“祖宅”承载着家族的历史、记忆以及聚会的功能，很多农户都对“祖宅”有着特殊的感情，不舍得轻易失去，导致老房子闲置而无人居住。所以说，农户对政策了解程度低也是导致农村宅基地闲置的原因之一。

表 3-8　农户对宅基地相关政策了解程度

了解程度	样本数/个	比例/%
比较了解	10	7.7
了解一点	87	66.9
不了解	33	25.4

数据来源：根据调查问卷数据整理

（四）农户缺乏投资观念

农户通过务农、务工等形式获取了一定的资金，由于缺乏投资观念，只能将资金用于建房或存入银行，在一定程度上推动了农村新建房屋的行为。黄玉玺和李军通过对农户的消费、收入等进行分析后也认为农户缺乏合理的投资观念，是农村宅基地闲置的原因之一[19]。在问卷调查中发现有的宅基地闲置是由交通不便、地理位置不好导致重建成本大等，最根本的是农户手中要有一定的积蓄才能建新房。建新房可以作为固定性资产的投资，也具有潜在利润空间和价值，尤其是一些面积大且地理位置较好的老宅基地，一旦遇到征用以及拆迁等，就可能获得丰厚的赔偿。在实际调查中发现很多的闲置宅基地还是能够满足居住条件的，但是由于早期村寨规划原因，村内道路仅仅用于牲畜以及小型摩托车通行，农户手中有一定的积蓄，又没有其他投资理财的项目，大多数农户选择沿路建新宅作为基本的投资。

六、闲置宅基地利用的对策建议

（一）强化基层审批和管控力度

基层是保证宅基地合理存在的源头，从源头上对宅基地进行严格的把关和控制有利于减少土地资源浪费行为，所以基层的宅基地审批程序和管控力度至关重要。

基层需要加强宅基地相关政策和法规的执行力度，对农村八不准建房、“一户一宅”等相关的政策法规要严格执行，禁止“乱批乱建”的现象出现，明确宅基地的申请条件和流程。基层工作人员对申请建设宅基地的农户要严格把关，对申请材料、拟建设面积、层高和布局等进行严格的审查，对于满足建房条件的农户，基层负责人要严格落实相关标准，实地对建房拟用地的面积进行勘测。审查通过的材料要及时公示，以达到村民和村干部共同监督的效果。

加强宅基地管控力度对于保障国家粮食安全和助力乡村振兴起着至关重要的作用。乡级负责人要承担起一线管理责任，对于违法违规私搭乱建的建筑要及时上报和处理，对未经审批私自占用耕地违规建房要态度坚决，该拆除的拆除，该追究责任的追究责任，不能靠“打招呼”、罚款以及人情关系等手段一带而过。建立监督举报平台，及时对举报的内容进行核实，一旦发现违规现象要立即做出处理，从源头上控制违规宅基地的出现。

（二）完善宅基地退出机制

在保障农户宅基地及其附属建筑的财产权的情况下，鼓励村民退出闲置宅基地，有利于节约土地资源和缓解城市建设用地压力，可以从确定宅基地权属和实行有偿退出两方面来完善宅基地退出机制。

一直以来，在我国特有的农村集体经济制度下，集体所有资产归属不够明确的状况是一直存在的，这样一个环境下宅基地权属边界不清晰[20]的情况也就一直持续下来。明确宅基地权属是保障宅基地有效盘活再利用的基础，要开展农村宅基地档案资料的归档清理，查清宅基地的面积和空间位置，颁发宅基地产权证书。一是搞准宅基地实际面积。通过实地测量、精准归档，建立一户一档，摸清宅基地的实际占地面积。二是绘制宅基地示意图。借助无人机、卫星地图等电子科技，绘制出农户的宅基地位置示意图，对每户宅基地进行编号，明确每个宅基地的四至，做到一户一图。三是与户主确认宅基地相关信息，颁发宅基地所属权证书，实现宅基地权属的信息化。

在各个政策中对于有偿退出闲置宅基地都有明确表示，但是各个地区的经济发展和地理条件等不同，因此有必要在保障户有所居的基础上充分考虑农户意愿，结合实际因地制宜建立健全宅基地有偿退出机制。一是提供多种退出选择方式。在宅基地退出方式中可提供资金补偿、置换楼房、置换等面积宅基地或享受社会保障福利等多种选择。二是划定统一的补偿价格标准。依据宅基地占地面积、宅基地上的附属建筑及设施等来划定补偿的价格标准。三是坚持多退少补的原则。除了选择资金补偿方式的农户，在补偿过程中可依照多退少补的原则，根据农户宅基地实际价值，不足的由农户补上，多余的可以通过资金补偿、部分土地收益来进行补偿。合理的补偿机制能够调动农户退出宅基地的积极性，为促进乡村振兴奠定基础。

（三）加强政策法规宣传

加强基层工作人员和农户的法律法规宣传才能对宅基地管理利用起到很好的作用。

基层工作人员是国家治理体系的末梢，这末梢却在整个治理体系起着至关重要的作用，决定着整个治理体系的效果。强化基层组织在宅基地管理中的责任是有利无害的，通过定期组织法律法规培训、讲座等来强化基层责任意识，提高基层人员对相关法律法规的了解程度。这样，基层人员在进行法律法规宣传时才能在人民群众中讲得出道理、站得住脚。

基层工作人员要根据实际情况进行多元化宣传，如利用短视频、广播、宣传手册、手机短信等形式加强农户对宅基地相关政策法规的宣传，特别是对村内比较有威望的和文化程度较高的群体进行宣传引导，通过这些群体将法律法规扩散至整个村，达到一呼百应的效果。对于文化较低以及不识字的农户，基层工作者可采取院坝会议、小组会议等形式进行相关政策解读，以此加深农户对宅基地政策制度的认同和理解，提升农户法律意识，引导农户合理高效地利用宅基地。

（四）多渠道盘活闲置宅基地

盘活农村闲置宅基地是有效利用土地资源、增加农户收入以及节约用地的有效途径。通过产业带动以及资本融合盘活闲置宅基地，不但可以吸引外出务工人员回流，增加就业机会，还能为闲置宅基地流转提供市场，从而更加有效地利用闲置宅基地，实现城乡融合发展。

村集体可以利用自然资源及人文优势等，因地制宜发展自身特色产业，解决当地宅基地闲置问题。一方面当地主要以生姜、稻谷、玉米等作为主要农作物，鼓励企业和个人利用闲置宅基地积极发展当地特色产业，通过产业带动经济发展，提高农户经济收入；另一方面可以根据本村的地理环境、交通环境以及资源禀赋等发展民宿、物流、农家乐、乡村旅游等产业，不仅可以提升农户收入，还能实现闲置宅基地的合理利用，有助于优化农村产业结构，提升农村生态环境，给当地农户带来更多的就业机会。产业的发展离不开基础设施的建设，在建设过程中也会对一些老旧危房进行修缮，从而降低房屋倒塌的风险，提升闲置宅基地的利用率。

通过将村集体和农民所拥有的资源股权化、资金股金化，量化入股合作社、龙头企业等新型农业经营主体，农民变成股东，使农民从传统农业中解放出来，资金在市场中流动起来，提高农民在入股企业、土地增值收益中的分配比例，实现增收致富[21]。农户的闲置宅基地可以作为资源进行股权化，同时也可以将自己的闲钱作为股金入股，以政府为主导，形成“政府＋企业＋农户”的经济体。一方面农户可以将自己的资金盘活起来，解决农户投资难的问题，将资金流动起来变成资本；另一方面农户也可以将自己的闲置宅基地进行股权化，不仅可以避免宅基地闲置造成土地资源的浪费、影响生态环境的现象，同时也可带动当地农户的就业，提高农户的收入及农户参与乡村建设的积极性。

七、参考文献

[1] Vevin S, Tresna P, Emirhadi Suganda, et al. Rejuvenating idle land to sustainable urban form: case study of bandung metropolitan area, Indonesia[J]. Procedia Environmental Sciences, 2015(28): 176-184.

[2] Sikor T, Miller D, Stahl J. Land fragmentation and cropland abandonment in Albania: implications for the roles of state and community in post-socialist land consolidation[J]. World Development, 2009, 37(8): 1411-1423.

[3] 桂华.当前农村宅基地制度改革的思路探析[J].人民论坛，2021(16)：68-71.

[4] 吕军书，张晓.论我国农村宅基地退出的立法构造[J].理论与改革，2020(4)：150-160.

[5] 陈璐.农村宅基地使用权立法现存问题与完善建议[J].农业经济与管理，2017(1)：94-100.

[6] 李婷婷，龙花楼，王艳飞.中国农村宅基地闲置程度及其成因分析[J].中国土地科学，2019，33(12)：64-71.

[7] 祁全明.我国农村闲置宅基地的现状、原因及其治理措施[J].农村经济，2015(8)：21-27.

[8] 陈玉福，孙虎，刘彦随.中国典型农区空心村综合整治模式[J].地理学报，2010，65(6)：727-735.

[9] 魏晖，巩前文.农村宅基地闲置的主要类型及分类治理对策[J].世界农业，2020(10)：13-19，135.

[10] 艾希.农村宅基地闲置原因及对策研究[J].中国人口·资源与环境，2015，25(S1)：74-77.

[11] 钟在明.农村宅基地闲置原因与治理探析[J].农业经济，2008(6)：57-58.

[12] 吕军书，张喆琪.农村闲置宅基地和闲置住宅盘活利用制度研究[J].农业经济，2021(7)：88-90.

[13] 杜宇能，周聪，刘娟.宅基地入市改革：实践反思、目标探讨与路径选择[J].世界农业，2021(7)：88-96.

[14] 张志敏.乡村振兴背景下空心村的形成与复兴路径研究：以Z省S县陈村为例[J].中国社会科学院研究生院学报，2019(4)：98-105.

[15] 杨璐璐，王君也.经济发达地区农村宅基地整理潜力类型及原因：基于晋江市20个行政村的调查分析[J].农村经济，2018(5)：8-14.

[16] 杨亚楠，陈利根，龙开胜.中西部地区农村宅基地闲置的影响因素分析：基于河南、甘肃的实证研究[J].经济体制改革，2014(2)：84-88.

[17] 郭晓鸣，虞洪.建立农村宅基地自愿有偿退出机制的现实分析与政策构想：基于四川省的实证研究[J].农村经济，2016(5)：3-9.

[18] 冯令泽南.农村宅基地产权法律与习俗的矛盾及其应对[J].农业经济，2018(7)：87-89.

[19] 黄玉玺，李军.我国农村住房发展的主要矛盾及影响因素分析[J].现代经济探讨，2015(7)：83-87.

[20] 赵保海，张会萍.浅谈农村宅基地有偿退出的途径[J].农业经济，2019(10)：96-98.

[21] 王永平，周丕东.农村产权制度改革的创新探索：基于六盘水市农村“三变”改革实践的调研[J].农业经济问题，2018(1)：27-35.

（注：本章为2018级农村区域发展班陈程本科学位论文部分内容，指导老师梁龙。）

第四章　易地扶贫搬迁后续问题分析及对策建议——以习水县岷山路社区为例

一、引言

易地贫困人口搬迁是一项重大的民生工程，旨在优先解决原居住地贫困户交通困难、自然灾害频发等脱贫攻坚问题。2001 年，在内蒙古、贵州、云南和宁夏开展易地扶贫搬迁试点，随后又陆续扩大到全国 17 个省份，2016 年，国家发改委制定并印发了《全国易地扶贫搬迁“十三五”发展规划》。此后，中国开始大规模易地扶贫搬迁，目前，全国搬迁工作已完成“搬得出”目标。但同时也存在着一些亟待解决的难题和矛盾：如何实现真正意义上的搬迁？怎样使搬迁群众得到更多实惠？这些都需要我们去认真研究和探索。搬迁安置工作进展迅速，入住率很高，但仍存在着许多问题，尤其是在安置后，由于缺乏足够的人力、物力，搬迁户的后续生活问题难以解决。一部分人不能适应新的生活环境，一部分人又搬回到原来的居住地，另一部分人则在农忙的时候回到原来的居住地，农闲的时候回到安置点。

做好搬迁户的后续扶持，要查明搬迁户在未来发展中存在的问题，并给予相应的政策指引，使搬迁户真正能做到“动、稳、富”。贵州作为易地扶贫搬迁“大省”，了解当前和今后面临的可持续生计问题，及时满足搬迁户的需要，有利于贵州易地扶贫搬迁的可持续发展。

目前，移民安置的后续帮扶措施已成为社会学、地理学、行政关系学等领域的热点问题，而移民安置的后续帮扶工作既关系到地区的发展，又关系到国家全面小康的实现。贵州省遵义市习水县岷山路社区，贫困户搬迁过后实现了脱贫，但也暴露出一些易地扶贫搬迁户后续生计发展中存在的可持续性问题，习水县人民政府正在积极探索易地搬迁户后续扶持政策，想方设法让易地搬迁户“能致富”。本章以贵州省习水县岷山路社区为例，通过问卷调查法和访谈法了解了当地易地搬迁后农户的基本情况、存在问题及其原因，并提出相关政策建议。只有认清现状，才能更加深入地研究搬迁户这个特殊的群体，从而为今后社区的发展、稳定、致富做好铺垫。

二、发展背景及研究方法

(一)发展背景

易地搬迁是一项富有中国特色的扶贫项目，它为居住在自然灾害频发、交通十分落后地区的贫困人口提供了有效的帮助。近年来，随着国家对易地扶贫搬迁工作的重视，全国各地都开展了大规模的易地扶贫开发工作，并取得了一定成效。但由于种种原因，目前还存在不少亟待解决的问题。

(1)关于易地搬迁的理论研究　地方效用(place utility，PU)是 Wolpert 于 1965 年提出的对易地搬迁的理论研究，他认为地方效用是人们对自己居住或熟悉的地方的主观评价，可以是正面的,也可以是负面的[1]。当负压超过一个人可以承受的限度时,就会采取一些措施来搬迁。由于移民安置问题涉及众多利益相关者,因此很难从单一角度分析影响迁移决策的因素。

(2)关于可持续生计发展的研究 可持续生计对易地扶贫搬迁有着重要的影响,Cernea通过研究无土地穷人的可持续生计得出的结论是,除无土地外,无土地穷人的贫困还受到失业、缺乏食物、家庭成员生病和缺乏政府公共资源的影响[2]。Dzanku 分析影响非洲农村居民人口生计的因素,发现农民居住的村庄位置、劳动力受教育情况和生活必需品价格对该区域人口的可持续生计影响很大[3]。

(3)关于政府颁布相关政策的落实情况方面的研究 曾小溪、汪三贵通过对我国目前的政策、国家和地区的实际情况进行分析,指出当地政府政策不精准、安置面积不严格、安置方式不精准、政策变化大、入户比例低、税费过高等问题,并提出了相应的解决方案[4]。冯朝平通过对云县易地扶贫搬迁政策执行情况进行调研,指出在推进云县易地扶贫搬迁过程中存在补贴标准低、进展缓慢、政策不清晰、宣传不充分等问题,并提出了整改意见和建议[5]。

(4)关于易地扶贫搬迁工程实施过程中存在的问题方面的研究 姚远指出易地扶贫搬迁工程实施过程中存在着农民增值收益难、后续发展慢、公共服务差、组织管理落后、政府和第三方的支持力度不足等问题[6]。张红霞等以商洛市为例,针对目前存在的资金短缺、搬迁负担重、政策执行偏差以及后续民生保障不足等问题,提出相应的对策[7]。贺立龙通过对秦巴山地区移民安置工作人员进行随机抽样调查,发现存在扶贫救济、生活环境差等问题,并针对不同的移民需要制定相应的安置方案,确定"减贫"发展方向[8]。

(5)关于易地扶贫搬迁后农户后续生计发展的研究 毛文园通过实地考察发现,桂林地区的后续生计问题在某种程度上得到了缓解,但是,桂林市在今后的民生发展进程中,仍然存在着老人儿童多、无支柱产业、青壮年文化水平低、民族文化缺失、难以融入安置区等问题[9]。吴敏就为移民安置营造一个良好的居住和生产条件,推进扶贫软件更新和技术培训,并就如何加强政府的管理工作提出了建议[10]。李晓园、陈颖以修水县"进程入园"易地扶贫搬迁项目为案例,建立了一套评估指标体系[11]。

目前,国内外关于易地扶贫搬迁问题的研究多集中在理论研究、实地考察、模型构建、定性研究、定量研究等方面,这些研究不仅丰富了理论研究的内涵,还对我国农村发展的政策、措施有很大的借鉴作用。尽管对搬迁安置的后续支持工作已有了一定的进展,目前易地搬迁后续扶持工作中仍有许多需要完善之处,例如,在易地扶贫搬迁后期扶持方面还未形成一套完整系统的理论体系,相关制度不够健全,农民搬迁后的补偿金额没有具体规定,易地搬迁户的未来生活和发展得不到保障。为此,本章对岷山路社区安置工作现状与问题进行分析,并根据农村发展战略对后续安置工作中的问题进行分析,给出相应的政策建议,为今后的政策制定提供借鉴。

(二)研究方法

1.实地访谈法

使用访谈提纲和问卷,深入走访岷山路地区的搬迁群众、乡镇干部,了解搬迁户在今后扶持发展过程中可能遇到的困难,了解政府对搬迁群众的支持政策,并了解搬迁户的真实想法。

2.案例分析法

以岷山路社区为例，对个别搬迁群众进行访谈，将访谈内容作为个别案例进行分析，分析搬迁群众在后续支持上遇到的问题和原因，并就如何提高搬迁群众的后续支持提出一些对策与建议。

三、岷山路社区易地搬迁的现状分析

（一）岷山路社区简介

岷山路社区辖区总面积 0.4 km^2，安置对象来自 26 个乡镇（街道），安置群众于 2018 年 3 月搬迁入住。岷山路社区共有 14 栋楼（划分为 6 个网格）、37 个单元、1 236 套住房，共计搬迁安置 1 035 户 4 468 人，其中贫困户 975 户 4 249 人，非贫困户 60 户 219 人。目前社区干部 10 人，街道下派包楼栋干部 7 名；现有党员 57 名，建立楼栋党小组 3 个。享受城镇低保人口 496 户 1 745 人，月保障金 62.579 8 万元。有劳动力 2 162 人，已就业 1 848 人，户均就业 1.8 人，劳动力就业率 85％。

（二）数据获取

本研究主要采取入户调查的方法。在调研过程中，随机对社区搬迁户进行抽样调查，内容为搬迁户基本信息，即劳动力人口、年龄分布、受教育程度、收入状况等。填写完毕后，及时录入数据库并进行数据处理。此次调研共发放问卷 61 份，收回 61 份，有效问卷 55 份。

（三）易地扶贫搬迁完成现状

1.社区工作现状

社区利用安置点门面引进贫困户创建个人企业墨客办公用品、社区汇泽购物超市两个集体经济项目，解决部分搬迁群众楼上居住、楼下就业，同时依托安置点骏华鞋业扶贫产业园推送就业。此外，社区还建有关工委、文化服务中心、义工联合会、青年之家、妇女之家、职工之家、益童乐园、老年日间照料中心、健身娱乐活动广场等，为不同群体创建沟通交流与文化娱乐场所，并由社区退役军人和部分党员同志负责带领社区公益性岗位人员定期开展法治宣传和治安巡逻的群防群治工作。

2.后续扶持措施

自 2018 年 4 月起，岷山路社区就把重点放在了“搬得动、稳得住、能发展、能致富”这一目标上，把党的建设作为指导，让搬迁群众生活安心、舒心、放心。在社区基层治理上，探索了易地扶贫搬迁安置社区社会治理“1331”服务管理模式：依托综治中心总平台实施网格化服务管理，以信息化为支撑，以基础单元网格为单位，按照搬迁住户的家庭情况和特殊人群划分三色（特殊家庭、重点家庭、一般家庭）分类服务进行管理；按照“社区属地为主、部门协同配合、社会力量参与”组建三支队伍，建立服务公示、民情日志、工作报告、分析研判、民情反馈、考核评价等社区网格管理制度，有效发挥网格社情民意收集员、矛盾纠纷化解员、法律政策宣传员、便民服务代办员、治安防控巡逻员、平安安全劝导员、文明社区引领员、心理健康疏导员、信访问题维稳员、特殊人群矫正员的“一网十员”的作用，做好“后半篇文章”，真正实现“搬得动、稳得住、能发展、能致富”的终极目标。

(四)易地扶贫搬迁取得的成效

1.居住条件改善

岷山路社区易地扶贫搬迁安置房建成后，由政府统一保障安置房的安全稳定。搬迁户的住房由土房甚至危房变成现代化住房，比之前舒适安全很多。加上易地搬迁时间短、搬迁成本小等原因，使得易地搬迁农户对住房满意度较高。从调查情况来看，绝大部分搬迁居民住上了新楼房，从易发生地质灾害和公共基础设施薄弱的地区向政府集中安置地区迁移，居民生活质量得到很大的提高。通过实地走访和问卷调查发现，大部分群众对搬迁新居比较满意，所有搬迁户都认为搬迁后住房条件有了显著改善。

[案例 4-1]我们搬家之前住的房子都是土木结构的，上面的人说我们的老房子是 D 级危房，下雨的时候漏雨很大，我们不得不晚上起来接水，有时一连下好几天的雨，村里有泥石流和山体滑坡的危险，我们不得不去和其他村子的亲戚住在一起。现在我住在一个小洋房里，面积还很大，没有漏雨，不用担心晚上突然发生泥石流。(被访人：李某某，岷山路社区搬迁户，男，53 岁；访谈者：严睿；访谈时间：2022 年 2 月 10 日)

2.生活环境改善

岷山路社区安置点交通便捷，紧邻学校、卫生院和集贸市场，能够满足搬迁家庭上学、看病、购买生活必需品等需求。安置地点设有垃圾池、污水排放处理设施，生活环境更加干净，还有活动场所、文化广场、绿化项目等，能够丰富搬迁户的业余生活。在对居民进行入户走访的基础上，调查了解了当地居民的住房状况和经济水平，所有易地搬迁户都认为，搬迁后的交通、通信和居住环境要好得多。

[案例 4-2]在我们搬家之前，通村公路土路难行，又陡又弯，下雨天开车上上下下都很危险，因为交通不便，每年出门一到两次都要花 30 元的车费。后来，我搬到离县城不远的新楼房里住了下来。新房子虽然有两扇大铁门，但是门还是开着。每天早上，我们都会看到一群人从屋里出来散步。现在好了！楼下还有广场，我经常去那里跟别人“吹牛”。最好的是交通方便，孩子们可以上学读书，平时购物也比较方便，每周二都是赶集日，生活真的很方便。(被访人：胡某某，岷山路社区安置点搬迁户，男，42 岁；访谈者：严睿；访谈时间：2022 年 2 月 11 日)

3.生活水平提升

岷山路社区紧邻幼儿园、小学、卫生室，可以有效解决易地搬迁户上学难、看病难问题。搬迁后，适龄儿童可以及时上学，可以节省家长接送孩子上学的时间，享受国家在义务教育阶段对搬迁家庭的各项补助，减轻家庭的经济负担。在易地搬迁过程中，政府通过建立“三防体系”，提高居民自我防护意识；开展健康教育活动，提升居民自我保健能力；加强基础设施建设，改善居住环境；完善社会保障制度，提升居民抗风险能力。对新型职业农民易地转移就业给予补助，100%的易地搬迁户农民参加了基本医疗和大病保险，国家对易地转移就业农民给予较高的住院报销比例，使因病致贫、因病返贫的农民住有所居。

[案例 4-3]搬家前，乡政府和村领导来我家做工作，父亲不同意搬，他觉得老家的田是祖辈们继承下来的，但是我们的孩子上学太不方便，加上父亲病了好几年，买药要跑到村委会，距离太远，我知道父亲的想法后，就一直在做父亲的思想工作。现在我们搬到这里来，两个孩子可

以自己去上学了，我们不必每个星期天都去接送他们。父亲需要药物和注射，我们可以事先在卫生室对医生说清情况，然后父亲就可以自己去卫生室看病，还可以报销费用。如今，孩子们每天都能回家，我能给他们辅导功课，孩子们的学习成绩也有了很大的进步，父亲的身体也越来越好。（万某某，岷山路社区搬迁户，女，40 岁；访谈者：严睿；访谈时间：2022 年 2 月 10 日）

4.就业机会增加

岷山路社区实施易地扶贫搬迁家庭创业就业技能培训，设立易地扶贫搬迁人才库台账，为有就业意愿的搬迁群众介绍劳动技能岗位，为外来务工人员提供车位费补贴，对有创业意愿的搬迁群众进行种植业产业培训。在此基础上，制定了相应政策鼓励群众发展经济。通过开展创业活动，解决部分搬迁户因贫困而导致的生活困难问题，同时还帮助他们实现致富奔小康。

[案例 4-4]搬家前，我们的两个孩子都在上学，我们每周要去接孩子一次。家里的老人不能骑摩托车，所以我们不得不在家附近打零工。搬家后，大女儿可以直接去上学，我们也可以放心地出去打工了，社区帮我们介绍了外地的工作，还资助我们车位费补贴。现在一年的工资收入比以前多了，生活越来越好了。（被访人：何某某，岷山路社区搬迁户，男，38 岁；访谈者：严睿；谈谈时间：2022 年 2 月 13 日）

四、易地扶贫搬迁后续扶持问题

（一）搬迁户生产方式脱节

1.易地搬迁导致的人地分离

根据我国《农村土地承包条例》规定，农村承包地是集体土地，已迁出原居住地的村民，不再是原集体土地成员的，不能再使用原集体土地或者登记不动产。然而，岷山路社区在搬迁后未收回原有土地，还重新为搬迁户分配新的土地，搬迁前的土地大都处于交通不便之处，因此难以实现机械化、规模化生产。受政策影响，易地居民多数以农业为主，从事种植业的比较多，收入较低，因此，他们的生计问题成为一个突出问题。为了增加家庭收入，大部分搬迁户就在社区务工，老人选择在旺季时返乡务农，在闲暇时间回家居住，一些搬迁户在自己原来的土地附近建造简单的“装房”、临时住所和生产工具以便收割庄稼。这些都违背了易地扶贫搬迁的初衷，也不利于贫困户的搬迁脱贫。

2.种植、养殖业发展缺少土地资源

原有的居住用地大量闲置，有种植、养殖需求的人也开始担心安置区没有土地，这确是一个新的问题。习水县大部分地区都是以社区为单位进行搬迁，有些地方交通便利，具备各种基础设施。但这些地区在新建搬迁社区之前，就已经处于饱和状态，建设中需要大量的用地导致安置点的耕地用地不足。搬迁户迁入新屋，安置房内没有包括菜园、猪圈等各种配套设施。政府通过流转、调剂等手段，为迁入的搬迁户提供一定的菜园，以解决其生产需要，但由于安置地点地处平地，且人口众多，实行土地承包制度后，大部分土地已被开发，调剂时缺乏足够的耕地，造成搬迁居民在生产上遇到许多困难。搬迁前后耕地面积变化如图 4-1 所示。

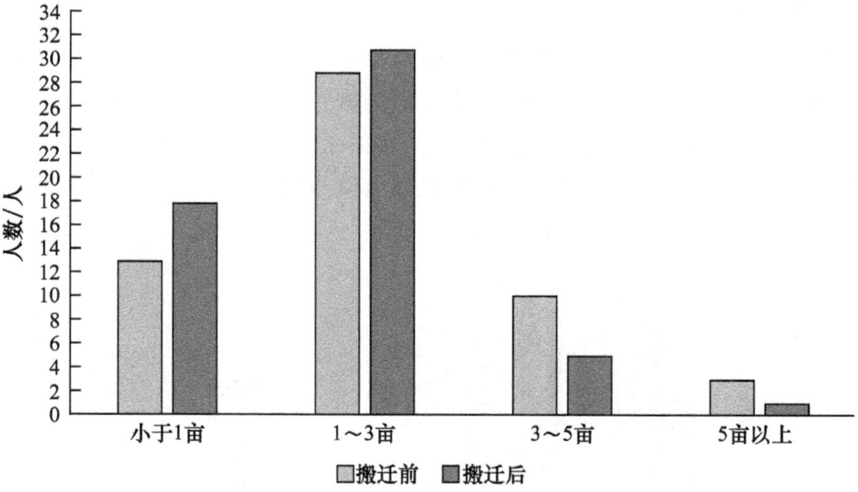

图 4-1 搬迁前后拥有耕地面积变化

(二)搬迁户生活方式难以转变

1.受到当地村民的排斥

采访发现,对于搬迁户来说,亲戚和邻居仍然是最主要的人际关系和社会关系(图 4-2);而在遇到困难时,亲戚往往是他们求助的对象。这些安置点的当地居民原来就是由几个村民小组组成的,他们之间存在着很大的抱团现象。他们觉得搬迁户在蚕食他们的生存空间,而且大部分搬迁户都是建档立卡户,建档立卡户被当地村民视为每个村民小组中不够勤劳的群体,这使得他们不愿意与其接触,甚至时常产生摩擦。据村委会的工作人员介绍,搬迁后,当地村民往往会和搬迁后来的村民发生口角,原因是一些非常小的事情,其实说到底是互相不喜欢,当地村民不喜欢搬迁户,搬迁户村民也不喜欢“高高在上”的当地村民。为了解决搬迁过程中因利益纠纷引起的矛盾冲突,政府出台了一系列政策来处理,如土地补偿费、住房租金等,但是这些办法没有从根本上解决问题。因利益问题引发的纠纷越来越多。乡政府和村委会多次组织协调工作,为使搬迁群众更好地融入当地采取了若干措施,但成效不大。

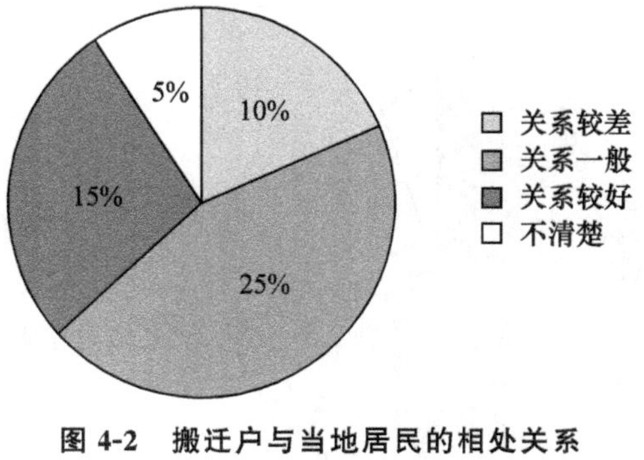

图 4-2 搬迁户与当地居民的相处关系

2.搬迁户参与社会组织积极性不高

据岷山路社区人员介绍，每年的许多重大节日期间，居委会都会组织打歌比赛，本地村民都会组织自己的小组积极参加活动，但集中安置点的搬迁户却很少参加，很少前去观看活动节目，有的甚至表示连听都没有听说过(图 4-3)。从整体来看，搬迁户的社会融入程度较低，社会融入仍面临重大障碍，政府在社会融入领域采取的后续扶持措施不够有力，需要进一步加大扶持力度。

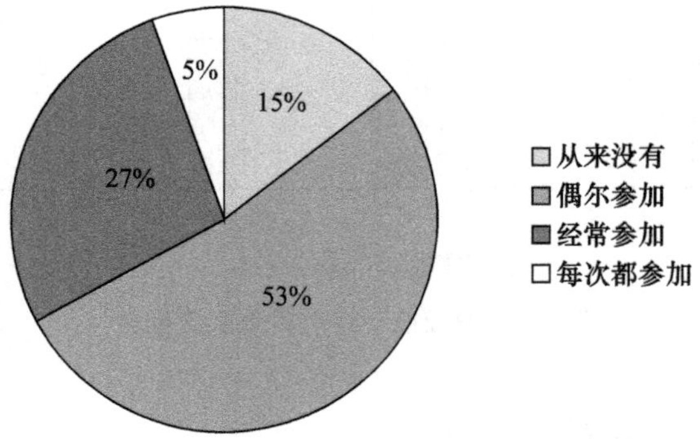

图 4-3　搬迁户参与社区活动积极性

(三)搬迁户所需的后续措施不完善

1.家庭收入不稳定

通过对搬迁户搬迁前后家庭收入的比较，发现搬迁后的人均纯收入远高于搬迁前，但并不稳定。对调查数据进行分析得出，影响搬迁前后家庭人均收入差异的因素主要为家庭人口数、户主年龄、家庭耕地面积、是否参加医疗保险等，其中家庭人口数量最重要。农民的主要经济收入来自玉米、林果、猪、牛、羊、鸡等，这些收入中有一部分来自劳动力的迁移，也有一部分来自政府的经济补助及少量的经营收入。

2.贷款渠道少

搬迁农户发展资金来源为自有资金、政府补助、联名帮扶捐助、财政贷款等。农商银行提出的贷款条件是贷款户的房屋必须是自己所有；由于房屋由政府出资建造，无法作为抵押，且搬迁户大多收入不稳定，几乎无人敢担保，因而难以向银行申请贷款(图 4-4)。

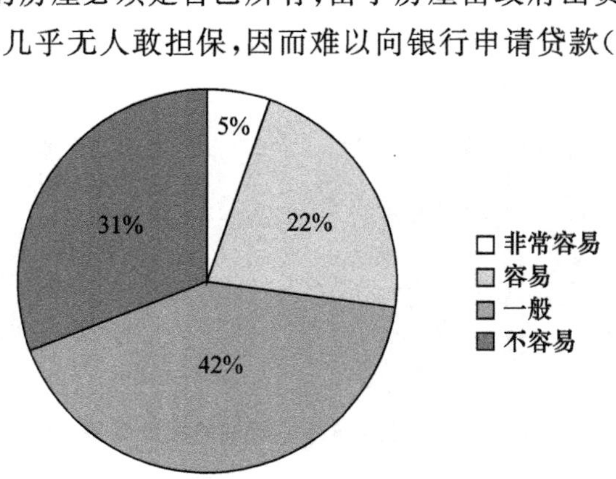

图 4-4　搬迁户获取银行贷款容易程度

(四)搬迁户就业问题突出

1.就业技能不足

易地扶贫搬迁的目标是为了帮助生活在交通闭塞、自然环境恶劣、基础设施落后、不适宜发展的偏远山区的贫困人口走出大山,实现脱贫增收。但要让搬迁户"脱贫致富",可不是搬出大山住在新房子里,靠政府的补助就能解决的;解决搬迁后的就业问题,让搬迁户拥有致富的能力,这才是真正的脱贫致富。现在,从原来的居住地迁往岷山路社区的搬迁户,基本生活没有问题。为了实现"致富"的目标,大多数人都要出去打工,但他们之前都只是普通的农民,大多工作意识并不强,身体素质和工作经验较差,所以无法找到合适的工作,只能在附近的建筑工地或者街道上工作,没有稳定保障的收入来源。调查结果显示,部分农户以前主要从事养殖、种植等活动,对迁出后能做什么工作、如何保证家人的生计等问题一无所知。

2.就业信息不通畅

岷山路地区搬迁户由于缺乏内生动力和技术,导致其就业困难;而相关就业信息的缺乏,使其就业问题更为突出。在调查中,搬迁户大多通过亲友的介绍获得就业信息,而从政府部门获得的信息相对较少。而且,为了照顾孩子,他们不得不选择附近的工作地点,而他们的亲戚和朋友大部分也都在原来的地方,人脉有限,很难及时得到有效的就业信息。近年来,互联网的发展越来越快,但大多数的移民文化程度低,缺乏足够的资金,并不熟悉互联网,无法通过网络获取各种信息,这导致他们在寻找工作时面临着诸多问题,只能依靠别人获取招聘信息,很难找到合适的新工作,得到稳定的收入。再加上刚搬迁到一个陌生的地方,他们的生存压力很大,不能从事农业生产,也很难找到新的工作,所以有一些人会选择回到原居住地。

五、问题形成的原因分析

(一)政策执行有偏差

安置点的建设是易地扶贫搬迁工作中的一个重点,有关部门往往会把重点放在安置房的建设上,而不太注重搬迁户的未来发展,这是很多政府机构普遍存在的问题。习水县政府在政策制定过程中,产业规划和相关政策的出台却很少。在资金配置上,为搬迁户设置的相关发展资金较少,造成该地区缺乏完善的配套设施,在发展过程中遇到很多障碍。在进行扶贫搬迁时,习水县政府各个部门的工作人员都比较重视,将重点放在搬迁工作上。虽然各级政府在制定政策时,都强调要对搬迁户进行妥善的安置,也要注重安置点产业的发展;但是大多数工作人员仅仅关注安置点的建设,而忽略长期的发展。当搬迁工作结束后,由于缺乏发展资金,安置点的各种行业都发展较慢。

(二)产业带动力不强

岷山路社区的产业发展,直接关系到搬迁户的收入和搬迁户能否在当地实现脱贫致富。而目前习水县的经济发展相对较慢,政府的财政收入不高,要保证搬迁户在安置点内发展,需要更多的资金投入。在扶贫搬迁工作中，前期建设安置场地就已经投入了较多的资金，再争取后续发展资金很困难。地方政府缺乏资金，导致社区发展缺乏健全的金融融资系统，不能通过各种途径筹集资金。经调研，有的企业选择在安置点设立厂房，主要是为了争取安置点的优惠，但多数企业在发展过程中依然遇到资金困难，不能迅速发展，还不能为搬迁群众创造更多的就业岗位。一个地区的发展需要资金的支撑，资金不足势必制约其发展，而要想真正地实现地区发展，就必须大力推进产业发展。

(三)社区治理水平有限

大多数的贫困户都已迁入岷山路社区。由于新建居委会(社区)及党组织的设立、批复、设置等手续烦琐、时间长，因此，社区的各种组织还不健全，人员隶属关系仍未理顺，基层党组织、群众自治组织、治安管理、综合防控等基层治理体系不健全，群众主体作用发挥不够，搬迁群众的心声、诉求无处反映，直接增加搬迁户适应新生活的难度，拉长适应期。

岷山路社区服务管理队伍的建设还比较落后，管理人员的个体素质也较低。早期岷山路社区的治理人员，主要是由以前的村干部中挑选出来的。由于种种原因，许多传统乡村干部的教育程度较低，文化水平相当局限，过分依靠过去的乡村治理模式，很难适应现代化的社区管理制度。在某种程度上，社区干部缺乏决策的勇气，对上级的决策过分依赖。

六、易地扶贫搬迁后续扶持的建议

(一)搬迁户层面

摆脱落后的思想和观念，是脱贫的一个重要先决条件。搬迁户要实现可持续发展，必须转变自己的发展观念，从“要我发展”向“我要发展”转变。搬迁户要充分发挥自己的脱贫主动性，抛弃“小农意识”“等、靠、要”等不作为思想，以积极进取的精神取代温饱即安的心态，树立“幸福靠奋斗”的信念.调整和克服消极心理，主动沟通和扩大社交网络，增强社会资本的培育和积累，尽快融入安置地的社区社会，充分利用现有的扶贫措施，有效利用社会资源提升生活质量。正确认识消费、投资、金融等方面的问题，充分利用现有的扶贫措施，有效利用扶贫资金，发展特色产业，谋求安全、稳定的经济效益。

社会交往的广度与个人的发展程度有很大的关系，而社交能力决定着搬迁者未来的发展空间。然而，一个人的社会技能并不能一蹴而就或“守株待兔”，而是要主动地与他人接触交流，并不断地维持巩固。交往的圈子越大，得到的信息越多，获得的机遇也就越大。

由于贫困，大多数的搬迁户都有一种自卑感，不敢参加社交活动。在安置区，他们总是小心翼翼的，不愿意和别人说话。在现实生活中，真正有信心的人有更广阔的交际圈，有更多的关系网，可以为一个家庭的社会资本积累和增加收入创造无限的可能性。因此，搬迁户要树立自信，保持乐观的心态和情绪，尽快地融入社会，扩大社会关系网，丰富家庭的社会资本。

(二)社区层面

健全的社会关系网络，有助于社会资本的积累与增值，并能有效地为搬迁户提供更多的生活保障。要从安置区内部的建设和社会力量的参与来推动安置区搬迁户。社区管理者要完善管理方法，动员搬迁户参与到社区建设中来，推动邻里和谐关系的建立，比如举办群众文化活动、文明示范评选活动，鼓励搬迁户积极参与，既能展现社区文明新气象，又能促进搬迁户之间相互了解、建立新的人际关系，加强归属感和认同感。

当前，搬迁户的心理和文化需求亟需社会力量的介入。为此，社区首先应加大宣传与引导，鼓励、关注并健全服务体系。引导社会团体转变以往的参与模式，由完善的硬件设备向服务系统的构建转变。引导社会组织开展活动，例如，在安置区设立心理辅导中心，帮助他们解决困难，避免出现心理问题，影响社会稳定。外来社会力量的介入，可以为搬迁户的发展提供一定的资源支持与强有力的保证。

搬迁户"等、靠、要"的谋生理念，一直制约着他们实现真正的脱贫。为此，社区首先要加大宣传和教育，改变其社会观念，营造一种自强不息的生活环境，准确把握他们的心理和物质需求。组织引导贫困家庭致富，树立良好的社会风气。其次要对致富典型进行表彰，传播正能量，注重激发搬迁户的内生动力，激励他们提高自身发展的能力，鼓励学习掌握新的技术，改变自己的工作方式。同时，还要转变简单的物质奖赏，采取生产奖补、劳务补贴等措施，以提高搬迁户劳动收入，彻底消除懒散状态与落后观念。

(三)政府层面

要使安置区的经济健康发展，必须依靠产业的支持。通过对习水县特色资源进行整合，对市场的需求进行准确的分析，根据产品类型、搬迁户的基础、产业的生命周期等，结合当地的实际，建立具有当地特色的企业，促进特色农业、龙头工业和现代服务业一体化发展，使产业协同发展并构成完整的产业链条，优化产业结构升级；秉持"互联网＋安置区"的新思维，让互联网产业逐渐融合到安置地的产业领域中，助力新型经营主体，鼓励和扶持私营企业的发展。

从整体上分析影响产业发展的各种因素，把搬迁户的生活和企业的发展有机地联系在一起，并根据不同阶段的产业发展特点，选择合适的发展模式。在安置区工业根基尚不稳固的情况下，可选择适合于搬迁户的发展方式，由有能力的农户、有能力的大户来带动；在行业逐步走向成熟阶段，以龙头企业为依托，带动周边企业成长、搬迁户就业，为企业可持续发展注入新动力。

在金融支持过程中，政府部门应该结合习水县的实际情况，进一步完善相关治理机制，及时制定有效的政策举措，不断拓展金融支持的广度和深度，有序为搬迁脱贫户提供金融支持服务，避免金融扶持实践产生偏差，让金融资源配置越来越合理高效。金融环境安全高效，融资渠道多样，搬迁脱贫户才能更好地开展经营活动，拓宽收入来源，确保生计可持续发展。

易地搬迁工作涉及的社会问题十分复杂。为切实维护搬迁群众的合法利益，必须从土地、住房、教育、医疗等方面提供政策扶持。完善土地管理制度，加快农村土地产权制度建设。同时，要加强对搬迁群众的政策引导，让他们利用自己的土地，通过承包、出租等方式，及时获得流转收益，加快农村土地的流转与规模经营。

七、参考文献

[1] Wolpert J. Migration as an adjustment to environmental stress[J]. Journal of Social Issues, 1966, 22(4): 92-102.

[2] Cernea M M. Involuntary resettlement in development projects: Policy guidelines in world bank-financed projects[M]. World Bank, 1988.

[3] Dzanku F M. Transient rural livelihoods and poverty in Ghana[J]. Journal of Rural Studies, 2015(40): 102-110.

[4] 曾小溪，汪三贵. 打赢易地扶贫搬迁脱贫攻坚战的若干思考[J]. 西北师大学报(社会科学版)，2019，56(1)：123-131.

[5] 冯朝平. 关于云县农村危房改造和易地扶贫搬迁实施研究[J]. 农村经济与科技，2017，28(3)：220-222.

[6] 姚远. 浅析易地扶贫搬迁中失地农民可持续生计问题[J]. 城乡建设，2019(14)：10-11.

[7] 张红霞，田建华，邓淑红. 新时期商洛市易地扶贫移民搬迁的困境与对策[J]. 陕西农业科学，2017，63(5)：90-93.

[8] 贺立龙，郑怡君，胡闻涛，等. 易地搬迁破解深度贫困的精准性及施策成效[J]. 西北农林科技大学学报(社会科学版)，2017，17(6)：9-17.

[9] 毛文园. 桂林市散居少数民族易地扶贫移民安置点存在的问题及对策[J]. 中共桂林市委党校学报，2017，17(3)：47-50.

[10] 吴敏. 关于易地扶贫搬迁中软件建设的思考[J]. 科技资讯，2018，16(9)：231-232.

[11] 李晓园，陈颖. 基于模糊综合评价的易地扶贫搬迁绩效评价及政策建议：以修水县“进程入园”扶贫搬迁工程为例[J]. 江西师范大学学报(哲学社会科学版)，2019，52(3)：130-137.

（注：本章为2018级农村区域发展班严睿本科学位论文部分内容，指导老师梁龙。）

第五章　施秉县特色农业发展现状及对策——以牛大场镇产业为例

一、引言

特色产业在脱贫攻坚和乡村振兴中具有重要作用。近年来，在扶贫事业上，贵州省的产业扶贫成效显著。在此基础上，结合贵州省实际，贵州省委省政府进一步提出要发展壮大12个特色农业产业，持续巩固脱贫成果，夯实乡村振兴基础。中药材产业就是12个特色产业之一。就中药材的发展条件而言，贵州拥有着得天独厚的自然气候条件，适合多种珍稀中药材生长。目前，省内拥有4 500多种中药材品种，主要有太子参、茯苓、天麻、铁皮石斛、杜仲、艾纳香、珠子参、牛黄等30余种道地药材。

施秉县位于黔东南州，处在黔东南州与遵义市交界处。由于其药材产业发展规模较大，施秉县的特色农业产业以发展中药材为主。此外，贵州中医药发展历史悠久，根据第七次人口普查数据显示，施秉全县常住人口约12.6万，少数民族占总人口的55.5%，因此在施秉县，苗药等民族药也拥有一定的发展优势，民族药学历史积累丰富，这些都为施秉县的特色农业产业发展提供了坚实的基础。近年来，施秉县在政府的支持下，结合各乡镇的实际情况，大力发展中药材种植，目前已初具规模。2021年上半年，全县共完成中药材种植11.38万亩，其中与国药集团合作发展太子参规范化种植1万亩。

牛大场镇地处施秉县西北部，北与遵义市余庆县相接，南与黄平县相望。在脱贫攻坚战结束后，村民们对于美好生活、富裕生活的向往更加迫切。因此，根据当地的实际情况和人民群众的意愿，结合近年来市场对中药材需求逐年增加的趋势，政府大力发展中药材种植产业。同时加强对药材种植技术以及病虫害防治方面的研究工作。通过不断地创新，我国的中药材种植业得到进一步的发展，经济水平不断提高。目前，牛大场镇主要发展天麻、铁皮石斛、太子参等中药材种植，其中太子参的种植面积相对较大，其种植历史也较为悠久，在经济和物质等方面的投入也较多，发展潜力较大，前景可观。地方政府公布的数据显示，牛大场镇村民传统经济作物以烤烟为主，近年来通过种植中药材，经济收入得到了提高，但随着市场需求的变化和种植技术等原因，目前已出现生产、加工、销售方面一系列待解决的问题。目前，针对县域和乡镇中药材产业的研究较少，因此，本章以牛大场镇太子参为例，分析现有产业模式的经济效益及其改良空间与潜力，以此探索施秉县特色农业产业发展的前景。

二、发展背景及研究方法

(一)发展背景

太子参作为生活中一种常见的中药材，因其疗效好、毒副作用较小等受到人们的喜爱，在日常生活中也被广泛使用。中药材是我国的传统国药，在医学界有着稳固的地位，并通过与其他国家的文化交流逐渐被引入其他国家。同时，我国也是世界上生产与采用中药材最多的国家。近年来,中医药在海外逐渐得到认可,随着其市场需求的增加,中药材产业的影响力越来越大,海外对中药材产业的研究也逐渐增多。Luo 等在研究日本中药材产业发展的过程中,发现了日本在中药材产业发展中比较重视科技创新和开拓国外消费市场,以珍稀的中药材品种为产业发展的核心,通过技术创新和产品的精深加工技术,探索中药材产业的可持续发展[1]。Chen 阐述了中药材产业链的特征,在此基础上分析了在大数据发展的互联网时代下中药材产业发展面临的困境,并以此作为基点来探索中药材产业走出困境的突破口。经过研究发现,要想突破这个困境,需要从加强政策实施、大力加强中药材产业项目建设、完善监督机制、进行规模化建设与管理、强化中药材的临床价值等层面实现突破[2]。Jommaso 等根据定量计算和公司品牌分析,发现中药企业目前存在成本难以控制、中药生产管理不善、中药产品利润率低、品牌形象容易受损等多种问题,并为中医药产业提出增加有效投资、有效控制成本和加强与社会合作等对策[3]。

国外对于产业链理论的研究大多是从科技创新方面出发,为中药材产业链的深化提供一定的参考,但国外对中药材的研究还没有形成体系,尤其是对于太子参产业来说,可供参考的文献相对较少。中药材起源于中国并发扬于中国,在抗击新型冠状病毒肺炎疫情中,中药材发挥了重要作用。国内学者对中药材的研究,相当一部分仍停留在中药材发展概况、发展区位条件等层面,对于中西部地区中药材产业的发展,尤其是镇域和村级层面中药材的发展缺乏细致研究,同时,产业链的深化层面也缺乏具体发展方向。

在太子参产业发展方面。刘娟从产业现代化角度分析了贵州中药材产业阻碍因素,提出要通过政府、企业生产环节、农业资源种植等方面的协调,达到促进贵州特色农业产业现代化发展的目标[4]。盖霞普与王留鑫等从贵州省特色农业产业发展现状入手探讨其出现的问题,提出贵州特色农业产业发展存在经营模式滞后、科技利用水平低下、抵御自然风险能力差等问题,强调特色农业产业发展要因地制宜[5-6]。此外,江维克和周涛指出中国的农业产业链还比较单一,在国际贸易市场上缺乏竞争力,优化农业产业链是当前的趋势,是提高其竞争力的必要手段[7]。李鹏英等在研究中发现,中国的中药材产业在扶贫方面起到一定的作用,但也存在着高风险、缺乏可持续性等挑战,因此,提出提高质量、规范种植、科学规划、加强科技支撑和培训等有关措施[8]。刘帮艳等关于高海拔环境对太子参生长、产量及品质的影响研究得出,高海拔地区环境有利于太子参的生长,利于提高太子参品质[9]。牛大场镇全镇海拔在 600～1 000 m 之间,高原性季风气候明显,且土壤呈弱碱性,有丰富的腐殖质,适合中药材等大多数植物生长。

产业兴旺是乡村振兴的前提和基石。在现存的众多产业研究中,大部分学者都从较宏观的层面来进行研究。本章从村镇层面入手,对牛大场镇的太子参与烤烟产业进行对照,通过微观层面进行实证分析,在乡村振兴、“一村一品”背景下对牛大场镇太子参产业发展现状进行探讨,分析产业的经济效益和发展潜力以及产业发展所面临的问题,为当地政府、农业企业和农户提出相应的有效措施,帮助当地农户提高收入,促进区域协调化发展,为乡村振兴夯实基础。

(二)研究方法

1.半结构访谈法

半结构访谈法指按照一个粗线条式的访谈提纲进行的非正式的访谈。该方法对访谈对象的条件、所要询问的问题等只有一个粗略的基本要求。运用半结构访谈提纲,分别对牛大场镇种植太子参和烤烟的农户进行访谈和调查,获得第一手资料和相关信息,以此获取牛大场镇种植太子参和烤烟的基本情况。

2.比较分析法

通过比较农作物生产中获得的有效成果与劳动占有和劳动消耗,制作出一个经济效益比较表,这种方法叫作比较分析法。同时,从各个农产品的单位投入与产出效益分析两种作物的经济效益,对照两种作物的经济效益和未来发展潜力,以促进产业结构的调整与优化。

三、太子参种植现状及经济效益分析

(一)太子参种植现状

该研究区域为贵州省施秉县牛大场镇,地处黄平县、遵义市余庆县的交界处,多年平均气温 15 ℃,有耕地面积 2.47 万亩,林地面积 25.1 万亩。在该地,太子参种植规模较大,且有相应的政策支持,为该地发展太子参种植产业提供了基础。

太子参是 20 世纪 90 年代引进的新品种,在政府支持下经过近些年的种植,目前已初具规模。截至 2020 年,牛大场镇太子参总种植面积达到 6 万余亩,产值达 3 亿余元。在精准扶贫过程中,施秉县充分利用中药材产业优势,以产业发展带动扶贫进程,在政府帮扶与群众自身努力下,施秉县的中药材产业取得了不错的成绩,为精准脱贫做出了较大贡献。近年来,由于政府的推广与企业的支持,通过与贵州威门、信邦等药业进行合作,建立了信邦太子参示范基地、汉方药业双井基地等。

20 世纪 90 年代,牛大场镇引进福建的太子参产业,通过当地人的反复种植试验,培育出一种适合当地气候条件的品种——“施太一号”。之后,牛大场镇太子参在 2004 年成功通过了国家 GAP 认证,目前年种植面积稳定在 2.5 万亩以上 ,成为全国太子参规范化种植基地。现在,该地区的太子参主要是第二代和第三代“施太一号”。经过近 30 年的发展,牛大场镇种植规模发展到 6 万多亩,种植农户达到 7 000 多户,年产量达 6 000 t,药农 5 236 户 2.4 万人,带动农户就业 6 000 余人,户均增收 1 万元以上,成为全国太子参主产区,年产量约占全国总产量一半,被誉为“中国太子参之乡”“西南药城”。

(二)太子参产业潜力分析

1.我国太子参产业概况

近年来,太子参成为我国发展较快的中药材品种,太子参的种植在山东、福建、安徽、贵州等多个省份的中药材产业中占有重要地位[7]。我国作为中药材生产和消费大国,所生产的中药材仅有少部分用于出口,大部分依旧由国内市场消费。随着经济收入的提高,人们生活水平有了相应的提高,健康愈加成为人们日常生活中的关注重点,在此方面的消费也逐步增长。而中药材的副作用较小,极大地迎合了市场需求。

中药材产业是蛛网理论的明显体现。从开始生产到最终产品产出有一定的时间，在这期间很难轻易改变规模，当期的产量决定当期的价格，而当期的价格又影响着下一期的产量。根据《中国农村统计年鉴》数据库制作图 5-1，展示了 2009—2018 年全国药材播种面积的变化。由图中可以看出，从 2009—2018 年，全国药材播种面积呈现波动上升的趋势，说明近年来人们对于中药材的需求越来越高，中药材产业发展潜力相对较大。

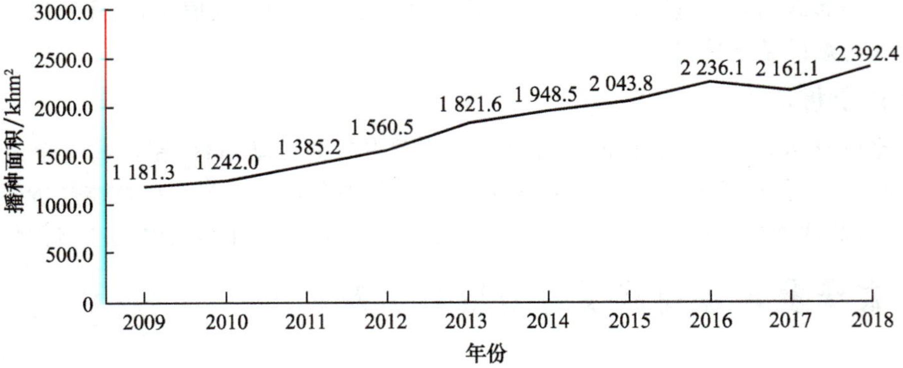

图 5-1　2009—2018 年全国中药材播种面积

2.施秉县太子参产业潜力分析

施秉县在国家政策指引下，根据太子参的生长特性大力发展太子参产业。

(1)在经济效益方面　在发展包括太子参在内的中药材之前，烤烟产业是施秉县的传统产业，几乎每家每户都种植过烤烟。因为当地缺少加工企业，农民只能以较低的价格将烤烟卖给收购商，获得的经济利益较少；大多数烟叶种植基地都是分散的，一户或几户合作种植，很少有条件形成一定的规模，标准和种植技术也各不相同，很难形成规模效益。此外，小农户和合作社出售的产品几乎是未经深加工的烤烟，产业链无法得到一定的延伸。根据调查得知，在经济利益驱动下，很多种植人员选择外出务工，放弃在家种植烤烟。

相对烤烟而言，太子参的经济效益较高，若能大规模种植推广，对该地在调整农业产业结构方面具有重要意义。太子参的推广、产业链的延长与产品的深加工、精加工会产生大量就业岗位，能够吸收大量农村劳动力，从而缓解农村劳动力的就业压力，增加农民的经济收入。目前，当地 80%的农户都选择种植太子参，若种植玉米、水稻等传统作物，一亩地平均收入仅有 800～1 500 元，而种植太子参平均一亩地除去成本可以收益 5 000 元左右，是普通作物的好几倍。

(2)在社会效益方面　施秉县拥有杉木河、云台山等旅游景点，而六七月刚好为太子参收获的季节，每年这个时候都会有大量外地人前来收购太子参，并且至少都会在该地入住10 d 以上。大量外地人的到来不仅能拉动当地民宿、酒店等的经济收入，还能带动周边旅游景点。近两年受疫情的影响，民宿、旅游等市场相当低迷，但太子参的生长并未受到疫情影响，到六七月仍会有大量外地人到来，给经济收入长期处于低迷状态的当地农民带来曙光。

(3)在环境效益方面　农田是提供农产品和工业原料的载体，此外，还是生态产品的载体。在烤烟种植中，农户烘烤烟叶是利用煤炭直接燃烧供热，燃煤供热的方式热能利用效率较低，还会产生较为严重的环境污染[10]。中药材生态农业追求生态平衡，要求尽量少用或不用化肥农药以及生长调节剂等，能够在一定程度上减少环境污染，所以低碳是中药材生态农业的显著特征，种植太子参能够合理利用自然资源，重视综合效益，注重农林牧副渔的全面发展，坚持减少废弃物的输出，降低碳排放，低碳效果较为显著。

（三）太子参经济效益

太子参种植过程中，每亩太子参需要投入的土地租金为 100 元；整地清理与施肥人工费（包括劈草人工、整地烧草木灰人工、深翻机耕、开沟作床、施放肥料农药人工等）1 000 元；肥料费（包括农药与肥料）150 元；种苗 3 500 元；种植人工费 300 元；培育管理费 200 元；病虫害防治费 300 元；采收人工费 500 元；其他管理费 100 元，每亩投入总计 6 150 元（表 5-1）。

表 5-1　太子参亩种植投入产出表　　元/亩

项目	指标	金额
投入	土地租金	100
	整地清理与施肥人工费	1 000
	肥料款	150
	种苗款	3 500
	种植人工费	300
	培育管理费	200
	病虫害防治费	300
	采收人工费	500
	其他管理费	100
	小计	6 150
产出		14 560
净收益		8 410

太子参全年需求量 6 000 t 左右，生育期为 220～240 d，目前全面按照商品参进行计算，若部分产出用于作种苗出售，则产值会有相应提高。根据访谈了解，2021 年，太子参均价约 52 元/kg，每亩约产出 280 kg，由公式算出每亩太子参净收益为 8 410 元。

（四）太子参与当地烤烟生产对标分析

1.当地烤烟种植现状

据数据显示，2020 年牛大场镇大力宣传发展烤烟产业，目前落地烤烟种植面积 5 790 亩，完成起垄 5 031 亩，盖膜 2 865 亩，烟农种植主体 129 个，目前部分烟农已经开始移栽，预计 4 月底全面完成移栽工作。但由于烤烟种植者文化素质水平较低，技术水平也较低，越来越多的农民选择外出务工，放弃烤烟种植。

2.当地烤烟种植经济效益

烤烟种植过程中，每亩烤烟需要投入的人工种植费用为 456 元；人工加工（包括采收、烘烤、分级、残留物清理等环节）费用为 680 元；苗种费用为 105 元；农药费用为 48 元；地膜费用为 60 元；耕地起垄（包括春耕与秋耕）费用为 160 元；化肥费用为 150 元；资源（包括烘烤环节所需的燃煤与电）费用为 198.25 元；土地租金为 80 元，每亩投入 1 937 元（表 5-2）。

表 5-2　烤烟亩种植各要素的投入产出

元/亩

项目	指标	金额
投入	人工种植费用	456
	人工加工费用	680
	苗种	105
	农药	48
	地膜	60
	耕地起垄	160
	化肥	150
	资源	198.25
	土地租金	80
	小计	1 937.25
产出		5 400
净收益		3 462.75

烤烟种植周期分为苗床和大田两个时期。苗床期在每年 3 月左右开始，到 5 月进行移苗栽培。大田期分为返苗期（10～15 d）、伸根期（20～30 d）、生长旺盛期（25～35 d）、成熟期（50～70 d），整个种植周期约 6 个月，一年一收。烟叶收购等级分为上橘、中橘、下橘等，平均价格为 26 元/kg，通过公式计算得出每亩烤烟经济净收益为 3 462.75 元。

3.太子参与烤烟的对标分析

综上所述，太子参种植的成本是烤烟种植的 3.17 倍，太子参产出的经济价值是烤烟的 2.70 倍，太子参的净收益是烤烟的 2.43 倍。从经济效益来看，太子参的种植相比于烤烟种植来说，投入产出率较低，净收益较高，有利于当地农户的经济增长。

（五）贵州省与湖南省中药材产业对标分析

湖南省与贵州省毗邻，是中药材资源大省，主产铁皮石斛、杜仲、茯苓等药材。据湖南省农业农村局发布的数据显示，到 2022 年，湖南省中药材面积将达到 520 万亩以上，总产量 260 万 t 以上，加工转化率达到 95%。贵州省中药材产业目前发展态势良好，但仍然处在发展的初期阶段，并没有形成一条完整的产业链体系，成品也依旧属于初加工的半成品，由此可以看出贵州省中药材种植技术和产业发展目前还赶不上湖南省。

在药企数量方面来说，由图 5-2 可知，湖南省的药企数量是贵州省的将近 3 倍，并且还存在着逐年上升的趋势，而贵州省则出现了下降的趋势。

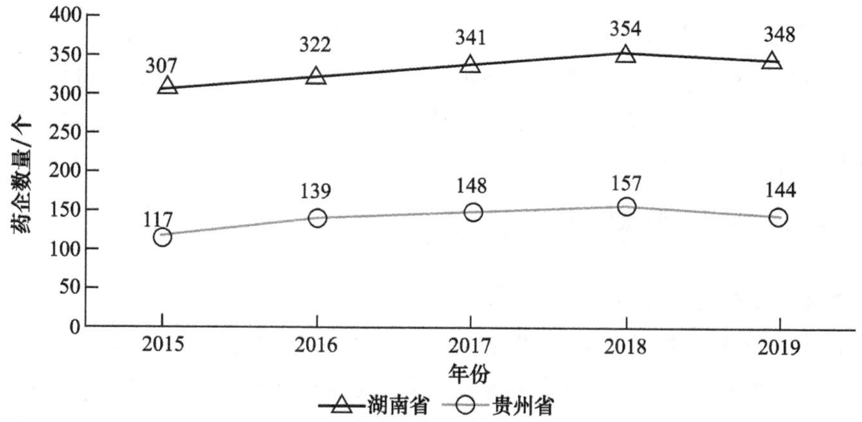

图 5-2 2015—2019 年湖南省与贵州省药企数量

根据图 5-2 中数据分析得出，湖南省不光是中药材资源种植大省，也是中药材加工大省。湖南省一向注重对中药材的精加工与深加工，来延长中药材的产业链，以此来保证中药材产业的可持续发展，有效增加药农的经济收入。贵州省虽然也是中药材种植大省，但由于药企数量较少，对于中药材缺乏深加工与精加工，中药材的产业链没有得到有效延伸，大大降低中药材种植的经济效益，减少药农的经济收入。

四、太子参产业发展中存在的问题

根据以上分析，施秉县的太子参产业具有一定的发展潜力，但还存在着需要解决的问题，主要有以下几个点：

1.耕地面积有限，本地规模扩大难度大

目前施秉县有耕地面积 2.47 万亩，林地面积 25.1 万亩，目前太子参种植规模已经达 6 万余亩。据调查显示，由于该地耕地面积不足，近年来多数农民选择去外地租赁土地种植太子参，导致种植成本的增加，且不同地方种植自然条件不同，导致了生产出的太子参品质不一样。

2.产业链深化程度低，产品附加值低

太子参作为一味常见的中药材品种，以此作为原料的产品较多，但研究表明，施秉县对太子参产品的开发还不够充分，产业链相对较短。此外，牛大场镇虽然享有“中国太子参之乡”“西南药城”的美誉，但对于太子参的加工仅仅停留在初级阶段。在加工处理过程中，仍然以传统粗加工为主，并没有实现精加工、延长产业链，导致其附加值没有得到开发。根据乡村振兴中“一村一品”的要求，牛大场镇的太子参产业具有非常大的发展潜力，亟须规划和完善。

3.缺乏品牌效应，市场竞争力不强

目前，虽然施秉县太子参种植规模较大，面积较广，参与的农户也相对较多，但在太子参的种植和加工上仍以农民各自为主，集约化程度较低。虽然当地有部分企业与加工厂入驻，但缺乏大品牌和大型企业支撑，因此，当地的资源优势难以转化成更大的经济效益。

4.专业人才不足,种植专业性低

调查显示,目前施秉县从事太子参产业的人员中,80%以上都不是中药材或农业相关专业人员,其中还有过半数的人员为初中以下学历水平,该地太子参产业发展人才不足,成为施秉县特色农业产业发展的制约性因素。

五、太子参产业发展对策建议

1.强化科技服务支撑,提高科技采纳利用率

虽然太子参疗效好且毒副作用小,但其质量仍需要进行稳定性的巩固,而种子是生产的源头和基础,因此,必须从源头出发,强化科技的支撑,提高科技的采纳利用率。就目前整个贵州省种植太子参的情况看,呈现出来的问题是种源混乱、种植混杂导致的产量与质量不稳[10]。要积极依托省内外高校和科研所的技术力量,共同协作攻克技术难题,探索太子参标准化种植技术规程,形成一套比较完整的栽培技术体系。

2.大力发展太子参衍生产业,深化产业链

市面上以太子参为原材料的产品相对较为多样,根据资料制作出表 5-3,展示市面上常见的以太子参为原料的产品。如表 5-3 所示,太子参的衍生品囊括从保健品、医疗再到日常食品等,包括但又不仅限于口服液、饮料、添加剂、医用膳食、太子参茶、太子参酒等。

表 5-3 市面上常见的太子参衍生品

产品名称	价格/元	功效
海瑞康太子参口服液	38 元/盒	促进消化
太子参饮片	48 元/盒	生津润肺
复方太子参颗粒	73 元/盒	用于消化不良,食欲不振
太子参乌梅饮	33 元/瓶	滋阴健胃
枸杞太子参酒	186 元/瓶	补气益血、缓解腰痛
玫瑰蒲公英太子参茶	29 元/罐	补肝护肝

目前,牛大场镇的太子参生产仅仅局限于初加工,并没能够做到衍生品多样化、产业路多样化。在丰富其产品的同时,周围配套旅游也可以同时进行开发,例如,太子参药浴体验、太子参生产产业路等,若在当地引进部分太子参加工企业,对太子参进行深加工,并且能够与乡村旅游相结合,共同打造多样化太子参产业带,当地就业岗位随之增加,农民收入将会更多,当地经济也会被拉动。

3.加大专项资金扶持,提高农户风险抵御能力

目前太子参种植的标准化程度不一样,质量和产量也存在着不稳定的趋势,因此农户承担的风险相对较大,但政府给予的专项资金较少,不足以抵御风险。政府部门要给农业等相关部门加大专项经费发放,增加科研、培训等方面的经费,从而减少由技术问题所带来的种植隐患,增强农户的风险抵御能力。

4.利用大数据发展电商,扩大内外地市场

当前,贵州大数据发展前景较好,很多国内大中型企业都来到贵州建立数据基地。随着互联网的快速发展,大多数农户都采取了与电商相结合的方式出售自家农产品。用电商的形式出售太子参等农产品不仅能开发国内外各地区市场,还能以新奇的方式激起农户的兴趣。因此,要利用电商对太子参及其衍生品加大宣传与销售力度,更有力地解决太子参滞销的问题。

六、结论

综合以上分析,太子参的种植比当地粮食作物以及烤烟的种植经济收入都要高,多数农户选择了种植太子参。

从经济效益来看,太子参种植的成本是烤烟种植的3.17倍,太子参产出的经济价值是烤烟的2.70倍,太子参的净收益是烤烟的2.43倍。太子参的种植相比于烤烟种植来说,投入产出率较低,但其净收益较高,有利于当地农户的经济增长。

从社会效益来看,烤烟与粮食作物的种植都较为分散,难以形成规模效益,且经济收入较低,越来越多农民选择放弃烤烟种植。而在太子参种植方面,国药集团在此开展合作,将国药集团种植标准移植到施秉,打造“场地示范”样板。这一举措使得当地种植标准提高、产品质量提高,从而能够更多地获取经济利益,提升该地收入。

从生态效益来看,烤烟种植相对于太子参来说会产生较为严重的环境污染。低碳是中药材生态农业的显著特征,因此,种植太子参能够合理利用自然资源,减少废弃物的输出,降低碳排放,生态效益较为显著。

由此可见,太子参产业具有一定的发展潜力,能给当地农民带来较高的经济收益,要深入发现目前太子参产业发展中存在的问题并有效解决,从而促进中药材产业更好地发展。

七、参考文献

[1] Luo Y, Huang J, Xu L, et al. Efficacy of Chinese herbal medicine for lumbardisc herniation: a systematic review of randomized controlled trials[J]. Journal of traditional Chinese medicine=Chung I tsa chih ying wen pan, 2013,33(6).

[2] Chen S.Exploration of value creation path of traditional Chinese medicine industry chain in the “Internet” era[C]. Cologne, Germany, 2020.

[3] Tommaso D, Marco R, Huang M. Knowledge transfer between universities, hospitals and industry: a case study of the traditional Chinese medicine industry[J]. International Journal of Healthcare Technology and Management,2010,11(4):283-295.

[4] 刘娟.贵州省特色农业产业现代化发展研究[D].贵阳:贵州财经大学,2014.

[5] 盖霞普.因地制宜推动贵州特色农业产业发展[N].贵州日报,2020-06-17(009).

[6] 王留鑫,洪名勇.贵州特色农业产业化发展研究:模式、问题及对策[J].贵阳市委党校学报,2012(4):5-9.

[7] 江维克,周涛.太子参产业发展现状及其建议[J].中国中药杂志,2016,41(13):2377-2380.

[8] 李鹏英,尚兴朴,曾燕,等.中药材产业扶贫现状经验探讨及可持续发展建议[J].中国现代中药,2021,23(3):409-416.

[9] 刘帮艳,李金玲,曹国璠,等.高海拔环境对太子参生长、产量及品质的影响[J].中药材,2017,40(12):2753-2758.

[10] 李梦楠,胥杨,雷良超,等.论太子参产业现状及发展方向[J].赤子(上中旬),2015(12):222.

(注:本章为2018级农村区域发展班刘倩文本科学位论文部分内容,指导老师梁龙。)

第六章 盘州市刺梨产业发展现状、问题及对策研究——以大山镇为例

一、引言

刺梨，又名木梨子，是中国土生土长的一种蔷薇科植物果实，含多种矿物质，有“维生素C之王”美誉，能提高免疫力，延缓衰老，有滋补、抗肿瘤等多种作用。刺梨原产于云贵川等地，以贵州最多。刺梨一般都生长在海拔1 700 m左右的沟谷、路旁、灌木丛中。目前，中国的刺梨90%以上分布在贵州，主要分布在六盘水、盘州、都匀、安顺、贵阳、毕节等地。全贵州省刺梨种植面积在200万亩左右，六盘水市占全省种植面积的60%，盘州市占全省的30.5%。近年来，随着国家有关政策的推行，贵州省加快农业产业结构调整，决定以刺梨、水果、中药材、茶叶、辣椒产业、石斛、食用菌产业等12个农业特色产业作为优势引领产业，带动农民增收致富。刺梨产业作为贵州省12个农业特色优势产业之一，不仅带动地方经济的快速发展，还成为贵州巩固拓展脱贫成果的基础产业。

近年来，各级政府鼓励各地根据自身发展需要扩大地区优势特色产业，加强产业扶贫力度。盘州市基于自身资源优势，因地制宜发展刺梨产业带动地区经济发展，刺梨产业已成为当地重要的扶贫产业，同时也是实现农业产业结构升级与乡村振兴的一个重要路径。盘州市位于贵州西部，六盘水西南部，云贵高原中部，海拔为1 500～1 900 m，海拔落差大，是低纬度高海拔地区，也是刺梨生长适宜区，辖区内野生刺梨数量多、分布广，有“中国野生刺梨之乡”的美誉。刺梨这“一颗果”，是贵州继茅台酒“一瓶酒”、黄果树“一棵树”、遵义会议“一栋楼”之后的第四张名片。

自2014年以来，盘州市结合刺梨资源的分布优势，把刺梨产业作为盘州市扶贫、富民的主导产业，制定了刺梨产业发展的“十三五”规划，推动盘州刺梨产业规模化、集约化发展。“十四五”规划继续加大力度推动刺梨全产业链发展。大山镇基于产业结构调整和产业发展规划的需要，从2015年开始发展刺梨、核桃种植产业发展之路。截至2022年，大山镇共种植刺梨4.7万亩，覆盖辖区内24个行政村，相继建立了刺梨“荒山石漠化”治理示范点以及多个刺梨基地。这对于当地提供就业岗位促进农户增收具有重要意义。虽然大山镇刺梨种植已初具规模，但由于发展时间较短、种植经验不足等，生产、管理和销售各方面仍然存在许多问题。如何清晰全面地认识当前大山镇刺梨生产过程中存在的问题，利用“三变改革”整合土地、资金、劳动力等各种生产要素，利用好省委、省政府对12项优势特色农业的政策支持，科学高效发展刺梨产业，带动农户增收致富，夯实产业发展基础，提高产业发展水平，是目前大山镇刺梨产业发展值得研究的问题。

大山镇是盘州市所辖27个乡镇之一，也是刺梨种植重点乡镇。因此，本章从大山镇刺梨种植情况出发，通过调研当地农户和合作社，分析大山镇刺梨种植发展现状，寻找影响当地刺梨产业发展的限制性因素，从而提出相应对策，为促进盘州市刺梨产业的持续健康发展提供理论指导和技术支持，为特色产业的高质量发展提供实证支撑，同时也为其他地区、镇域层面产业

规模化发展提供参考。

二、发展背景及研究方法

(一)发展背景

从21世纪开始,中共中央、国务院连续19年发布关于"三农"的中央一号文件,扎实推进农业产业化发展、特色农业发展,支持农业龙头企业发展。贵州省努力发展现代山地特色高效农业,发展12项特色农业产业,盘州市则努力把刺梨产业打造成富民产业、绿色产业、优势产业。

目前国外有关刺梨的研究甚少。国外对于刺梨的研究主要集中于刺梨的化学成分、生物活性、功能作用方面及刺梨产品加工开发等方面。对于产业链的分析,"产前、产中、产后"涉及很少,但国外关于农业产业发展的研究成果对本研究也不乏借鉴意义。

Arthur指出要用农业产业来带动贫困地区脱贫,同时强调引导企业参与,鼓励企业发挥自己的人才和技术优势带动周边地区发展,帮助周边农民脱贫致富[1]。Lai指出影响一个地方优势特色农业发展的主要因素有资源特色和数量、该地区的基础设施建设以及该地区的人口文化素质等。这些因素越好将越有利于当地特色农业发展[2]。发展特色农业产业需要政府层面和个人层面相互协调,要注重政府能力、领导能力、民众素质等重要因素,从实际出发,分析当地优缺点,政府统筹协调多部门,集中民智,加大宣传,提供保障[3]。Davis指出要促进一个地方产业的发展,需要社会投入资金,借助资本来促进工业化、城镇化、农业整体化;同时也提到应该更多地关注到如何提升该地的人力资本,一味地注重资金投入而忽视劳动力素质无法促进当地产业发展[4]。Han在研究特色农业现代化的演变中指出,特色农业的发展已变得越来越专业化,农业也逐渐呈现科学化、多元化、核心完善、发展战略成熟等四个特征,并指出农业现代化为工业现代化和经济快速发展奠定了基础[5]。

在特色农业发展的出路上,郁大海在研究中国特色现代农业的困境与出路时指出,首先要建立农产品有效供给机制,提高农业综合生产力;其次要提高农业劳动生产力,增加农户收入,健全农业产业体系;最后要创新土地流转方式,提高产业化和组织化,要发展农业合作组织和农业龙头公司[6]。徐建龙提出政府部门要做到加快农业发展的规划编制,发挥政府"有形的手"在市场资源配置方面的宏观作用,提高政府决策的科学性,加大农业调控和指导[7]。吕文广强调工业发展在特色农业发展方面的基础性作用和决定性作用,特色农业的发展建立在一定经济发展水平的基础上。需要加大资金扶持,推动发展特色农业产业和主导产业,为特色农业的发展提供支撑[8]。刘兰艳、王恒建在研究农村经济发展过程中提出,要以特色产业带动农业现代化发展,认为特色农业可以帮助农民增产增收,促进地方经济发展,刺激消费需求与市场投资,转变农户消费观念,有利于带动公共基础设施建设,带动社会经济发展。同时,也指出发展特色农业必须要推进农业产业化经营过程中的竞争力,要突出优化农业产业结构,突出调整优化产品结构,以此发挥特色农业在推动农业和农村经济发展方面的巨大作用[9]。

在刺梨产业发展方面,王煜提出需要加大刺梨鲜果保存等技术的科学研究,建设与完善刺梨产业发展标准体系[10]。查钦等对贵州刺梨产业进行梳理和思考指出刺梨作为一种药食同源植物,保健食品是其未来发展方向,食品形式的保健品是其必由之路,要把握好技术在产业发展中的核心要素作用[11]。谢勇勇针对刺梨产业链的完善，提出围绕“新”“量”“线”对刺梨产业标准化进行改进：“新”指的是加强刺梨产品上的研究，与高等院校进行合作产品上的创新；“量”指的是提高刺梨的商品化；“线”指的是在销售上通过多种方式进行销售[12]。杨昌勤指出当前刺梨产业种植者普遍文化水平较低、创新能力不强、缺乏专业农业知识、仅按照经验种植等问题[13]。刘易伟、杨舒清在对贵州省刺梨发展现状分析中得出，刺梨发展对全省各领域都产生了重大影响，政府应加强品牌建设，提升刺梨经济效益，开拓市场，让刺梨朝国际化发展[14]。韩良福提出要不断提升刺梨种植技术和管理技术，完美融合种植与管理两者，把丰产技术运用到刺梨种植中，实现经济效益最大化，使刺梨产业健康稳定发展[15]。陈仪坤等通过对贵州刺梨的研究，提出加强贵州刺梨产前、产中、产后的关联性，科学地种植和管理，加强产品研发，最大限度地提高刺梨的经济效益[16]。周世敏等在研究黔南州刺梨产业发展中指出，要采用“$1+N$”模式，打造刺梨核心区，建设加工区，充分发挥资源、信息等各方优势，开展地理标志保护产品认证。政府部门应协调并鼓励社会各界加强对刺梨产业的贷款、投资，同时邀请主流媒体进行渲染报道[17]。郭旭在研究贵州刺梨发展存在短板和探索高质量发展路径时指出，贵州刺梨在标准化、采收、存储、加工、产业链延长、规模效应和集群效应等方面存在短板，提出加强科技研发、创新开发产品和营销及发挥龙头企业带头作用等对策，走高质量发展之路[18]。

从上述学者的研究成果可以看出国内针对刺梨产业发展的相关研究较细致全面，在种植、管理、加工、运输、存储及销售等各个环节都有所涉及，运用了多种分析方法，对整个刺梨产业发展都进行了具体分析，于宏观层面和微观层面都有所研究。

在乡村振兴背景下，产业发展得到越来越多学者重视，促进产业发展的对策建议也在不断丰富。但基于刺梨扶贫产业可持续方面的研究相对薄弱，没有形成完整的产业发展路径，且多数学者的研究成果都具有普遍性，研究结果放到不同的地方可能会“水土不服”。因此，本章从大山镇刺梨产业发展做问卷调查，总结分析出可行性对策。

（二）研究方法

1.问卷调研法

通过问卷调研法对该乡镇刺梨产业种植户进行具体深入的了解，有助于通过大部分村的发展现状了解到该镇的产业发展现状。本章共调研了 32 户刺梨种植户，3 个合作社。对村民、种植大户和龙头企业在刺梨产业中生产、投入、收益等环节进行针对性的咨询，做好笔录、整理好数据并加以分析。

2.案例分析法

本章以大山镇为案例，将其刺梨种植情况作为研究主题，将农户和合作社作为具体研究对象，希望通过研究个别乡镇，详细了解大山镇刺梨种植状况，探寻其存在的具体问题，并通过具体问题的分析，找到合适的刺梨发展路径，从中归纳出刺梨种植经验，更好地为盘州市刺梨发展提供经验参考。

三、概念理论界定

1.农业产业化

产业化必须具备一定的规模化、商品化、标准化。农业产业化的发展涉及"产前、产中、产后"全产业链系统，是以市场为导向促进地区经济发展和可持续健康发展为目的的发展，农业产业化中各部分的组合、布局、管理、加工销售都是一体化的[19]。农业产业化的发展需要完善产业集群，只有完善了配套基础设施才能更好地促进产业化发展；农业产业化一定程度上反映经济发展水平，农业产业化也是推动我们农业现代化、城乡一体化和乡村振兴的重要举措[20]。

2.特色产业理论

特色产业重在"特色"二字，顾名思义就是具有独特特点的产业。目前，有的学者认为特色产业是建立在特色资源上以市场为导向有特色特点的产品[21]；有的学者认为特色产业是建立在特色资源的基础上靠独特技术发展的产业[22]；有的学者认为特色产业综合很多东西，包括特色资源，独特技术，生产要素等不同的比较优势[23]。本章中的特色产业是指具有一定的竞争性、地域性和可持续发展性，具有独特价值，与其他地域相比具有明显优势的产业[24]。

四、刺梨发展现状分析

(一)调查区域

本章调查区域为贵州省六盘水市盘州市大山镇(东经 104°33′～104°47′，北纬 25°20′～25°38′)，地处云南、贵州交界处，属亚热带季风气候，年平均气温 15 ℃，地处盘州市东南部，距离盘州市政府所在地 55 km，大山镇地形中间高、两边低，昼夜气温变化大，平均海拔 1 782 m。人口总数 69 347，农业人口 58 252 人，耕地面积 9 万亩，占总面积的 42.7%，刺梨种植面积 4.7 万亩，林地 4.96 万亩。主要种植玉米、小麦、烤烟、小黄姜、辣椒、刺梨、核桃及花生等作物。

(二)数据获取

本次研究主要采用入户问卷调查和半结构访谈的方式进行数据搜集。在调研过程中，随机对农户进行抽样调查，调查时长 7 d，共调查了 32 户农户、3 个合作社，有效数据 35 份，数据有效性 100%。了解种植农户基本信息，包括劳动力人口、年龄分布、受教育程度、获取数据来源等；了解刺梨种植情况，包括刺梨种植面积、栽植密度、施肥管理现状及病虫害防治情况等；了解刺梨销售状况，包括平均产量、销售渠道、经济效益、销售过程中存在的问题、经济上的投入与产出等。填写完毕后及时录入数据库并进行数据处理。

(三)刺梨种植户的基本现状

1.劳动力人口

如图 6-1 所示，在乡镇农村家庭结构分布中，家庭人口中 3 人及以上的占 71%，1～2 人的占 29%。由于一部分农村人娶不到媳妇，所以依然有一部分单身人士。在家庭人口结构中，劳动力人数 2～3 人的占 74%，根据访谈了解到这部分人主要是家里有孩子且父母文化水平不高的在家务农人员。劳动力在 4 人及以上的比例只占 6%，说明当地农户在刺梨种植中存在劳动力短缺的情况。

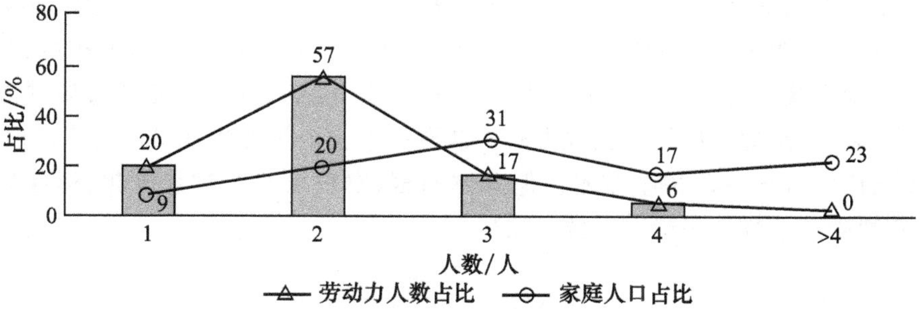

图 6-1　大山镇刺梨种植户劳动力和人口分布

2.年龄分布

由图 6-2 可知，从事刺梨种植者大多是中壮年且越来越偏向于老年人，年轻人从事农业的很少。其中 31～40 岁的占 31.4%，41～50 岁的占 37.1%，50 岁以上的占 25.6%。由此可以看出，刺梨种植年龄结构老化，意味着学习传播新技术的能力可能受影响；对于产业转型升级，劳动者的质量和水平很难保证，在刺梨种植管理中难以精细化、标准化，刺梨的产量及品质可能会受到影响。

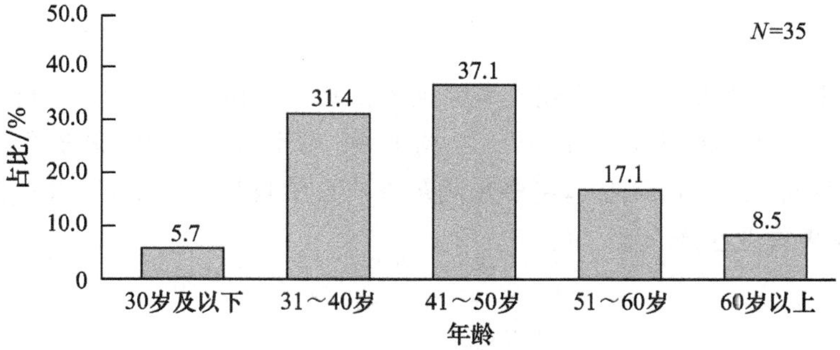

图 6-2　大山镇刺梨种植者年龄占比

3.受教育程度

根据相关学者受教育程度与农业产业发展之间的回归分析研究我们可以知道，人们的受教育程度与农业产业发展存在正向关系。由图 6-3 可知，刺梨种植农户的受教育程度，小学及以下的占 77.2%，初中及以上的占 22.8%。这表明，该镇从事刺梨种植农户多处于中低文化水平，在产业高质量发展方面可能成为限制性因素。

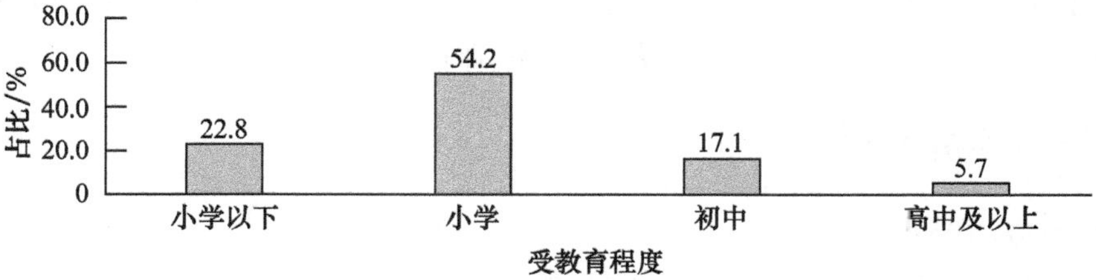

图 6-3　大山镇刺梨种植者受教育程度分布

4.获取技术来源

先进的技术可以提高生产力,在同等条件下技术投入量大,相应的产出就会提高。如图6-4所示,大山镇刺梨种植户大多是根据传统经验来种植,占比为45.7%,有的把种树、种玉米及种马铃薯等经验直接运用到刺梨的生产管理过程中;有31.4%的农户是通过亲朋好友传授经验来种植,有22.8%是通过网络和其他方式去获取技术。由于现代自媒体发达,农户平时也会通过自媒体渠道学习到一些种植技术。但总体而言,农户没有经过系统化、标准化的技术培训,因此在刺梨生产过程中仍然存在技术缺口。

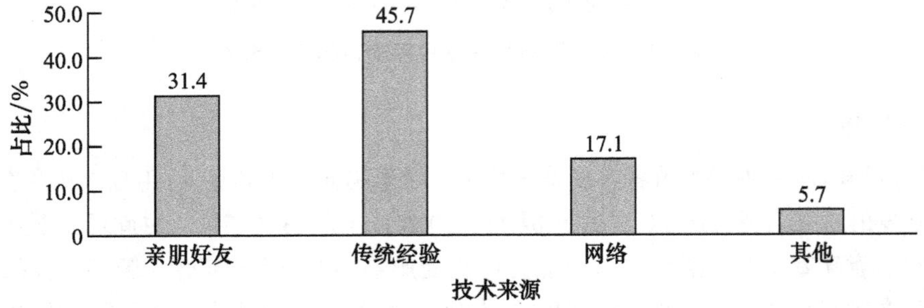

图 6-4　大山镇刺梨农户种植技术获取来源分布

5.收入来源

由图6-5可知,当地农户的主要收入来源是务工和务农两方面,务工占比49%,务农包括刺梨种植占比39%,其他收入来源少,收入结构单一。该镇矿产丰富,很多青壮劳动力在矿区上班,而农业收益低,受天气影响大,更多是满足农户自给自足的需要,所以只有一些年龄结构偏大的人员在从事农业生产。

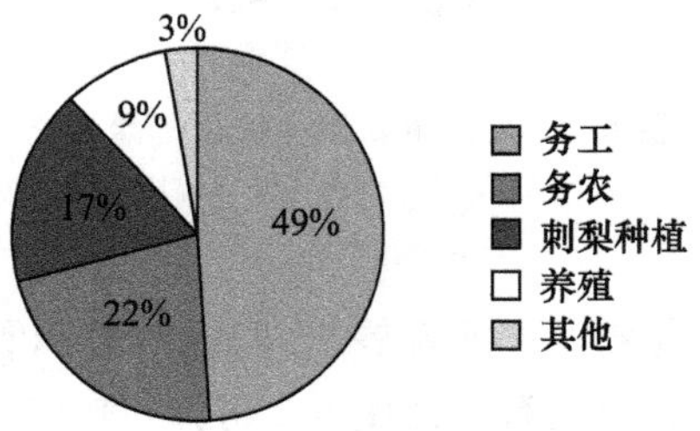

图 6-5　大山镇农户收入来源

从以上分析可知,大山镇刺梨种植户在种植过程中存在劳动力短缺、种植户年龄结构偏老龄化、刺梨种植户受教育程度较低、种植户生产技术落后等问题。这些问题对刺梨种植均会产生较大的影响。如何改善现状,是本章需要进一步研究解决的。

(四)刺梨种植情况

1.刺梨种植信息

大山镇刺梨种植品种为“贵农5号”刺梨,于2015年县委、县政府倡导之后陆续在该镇行政村种植。采用退耕还林形式,承诺种植刺梨给予400元/亩补贴;所用树苗全部由政府免费提供，政府还提供技术指导和培训；采用“合作社＋农户”的形式，但主要靠农户各自独立经营。刺梨成熟期在8—9月，2年就可以少量结果，3～4年可以进入盛产期，盛产期时间长达10多年，挂果期有30～40年，刺梨亩产600～1 000 kg，经济效益比传统毛收入500～600元的玉米、土豆好得多。因此，刺梨种植也作为当地一个重要的脱贫产业。大山镇刺梨的基本信息见表6-1。

表6-1 大山镇刺梨的基本信息

基本信息	特征
品种	贵农5号
品种选择依据	政府引导
成熟期	8—9月
盛产期	3～4年
挂果期	30～40年
亩产	750 kg左右

2.农户种植面积

由图6-6所示，大山镇刺梨种植面积大多属于中小规模，每户耕种面积主要在3.5～8.5亩之间，占样本总量的68.6%；耕种面积在3.5亩以下的占样本总量的22.8%；而耕种面积大于8.5亩的只占8.5%。从访谈中得知，大多数农户所占有的土地并不多，此外，农户大多喜欢把平地、离家近的土地用来种植葱、姜、洋芋等作物，把不好的贫瘠山地、坡地来种植刺梨，故刺梨种植面积处于中小规模。

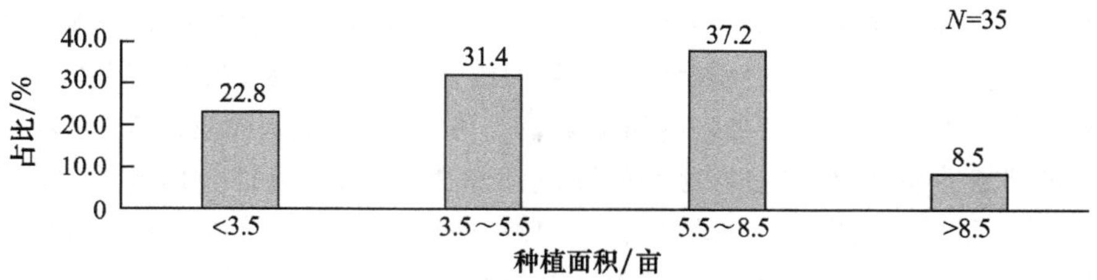

图6-6 大山镇刺梨种植面积占比

3.种植密度

由图6-7所示，大山镇刺梨种植密度比较混乱，没有统一的标准。大多集中在90～120株/亩，有少部分农户种植75株/亩，种植刺梨仅凭经验，没有按照0.4 m×0.6 m的标准去种植。主要原因是大部分土地零碎，坡地等地方并不适合种植；少部分农户不想种，想着随便种几棵就行了，种多了费时费力，暂时看不到经济效益。农户积极性不高，在一定程度上也反映了政府宣传教育指导不足。

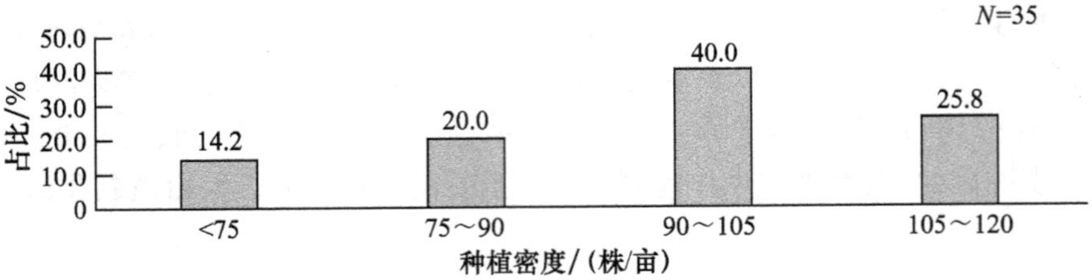

图 6-7 大山镇刺梨种植密度分布

4.肥料用量情况

由表 6-2 所示，农户在不同时期对刺梨所施肥种类不同，所施肥的数量也不同。经调查，农户施肥主要是在树冠滴水线处挖 25 cm 深的环形施肥沟进行施肥，随着刺梨种植年限的不同，施肥量会适当增加。农户刺梨种植主要在 3—4 月施氨肥 0.15 kg/株，占全年施肥量的 2.1%；在 6—7 月施硝硫基复合肥 0.35 kg/株，占全年施肥量的 4.8%；在 11—12 月施有机肥，占全年的 93.1%，由此可以看出，刺梨施肥主要是靠有机肥。此外，在刺梨生长过程中，要定期进行除草和松土，在刺梨定状之后，喷 0.2%磷酸二氢钾和少量叶面肥；定期进行修剪，保证刺梨生长通光性和透风性，定期把枯枝、病枝、烂枝剪出，保留健壮的枝条，这样才能提高下一年刺梨的品质。

表 6-2 大山镇刺梨种植不同时间施肥种类及占比

项目	施肥量/kg	施肥占比/%	施肥时间
氨肥	0.15	2.1	3—4 月
复合肥	0.35	4.8	6—7 月
有机肥	6.75	93.1	11—12 月

5.病虫害防治

如表 6-3 所示，大山镇在刺梨种植生产过程中，刺梨植株主要会遭受白粉病、褐斑病以及食心虫、蚜虫等病虫害。在遭受白粉病时主要用粉锈灵和抗霉菌素，在遭受蚜虫和食心虫的时候主要用杀虫剂等溶剂。刺梨病虫害的防治要综合防治，在病虫害高发的 5—8 月，要加强肥、药、水管理，定期修剪病枝，保持植株之间的通风性和透光性，使用符合标准的农药，保证食品安全，绿色防治。同时，在调研中也了解到，农户缺乏病虫害知识，看到植物有问题也判断不出来问题在哪，在面对病虫害时一般不知道怎么“对症下药”，只凭传统经验应对。

表 6-3 大山镇刺梨种植病虫害防治

项目	具体种类	发生情况	防治农药种类	其他防治措施
病害	白粉病	普遍发生	粉锈灵、抗霉菌素	加强管理，定期修剪
	褐斑病	普遍发生	代森锰锌溶液	加强肥水管理
	烟煤病	普遍发生	氧化乐果	防治蚜虫、白粉虱
虫害	食心虫	普遍发生	杀虫剂	修剪虫枝
	蚜虫	普遍发生	2.5%敌杀死溶液	粘板
	黑刺粉虱	普遍发生	水胺硫磷溶液	修剪虫枝

6.基础设施建设

大山镇位于县道十字交叉路口，东西南北分别连接老厂镇、兴义市、盘县老城区双凤镇以及盘州市，镇上 2 km 以外有高速公路，交通方便。但在调查中得知，如表 6-4 所示，刺梨种植村道路不便，基本是简单硬化的村村通道路，无硬化田间路，农户需要从地里走 1 km 左右的山路才能到公路上，道路质量差且车道窄，大型车辆不易进出。没有冷藏房和专门管理的管护房，灌溉用水基本靠自然降雨，机械化水平低，除个别地形平坦的耕地有农户使用外，其他耕地均未使用，农业合作社带动力不强，无专业人士指导。

表 6-4　大山镇刺梨种植村基础设施情况

种类	基础设施情况
道路	硬化村村通道路，田间路无硬化
冷藏库	无
管护房	无
灌溉水池	无
机械化水平	较少农户使用
农业服务单位	指导及服务缺乏的农业合作社

五、刺梨产业的经济收益分析

（一）刺梨的销售情况及收益

1.刺梨产量及收益

由图 6-8 所示，大山镇刺梨种植每亩产量在 500 kg 以下的占 8.6%，产量 750 kg 左右的占 25.7%，产量在 800 kg 左右的占 45.7%，产量在 950 kg 左右的仅占 20%，平均产量为 766 kg。按照相关研究数据了解到刺梨盛产期产量一般是 900 kg 左右，当地产量相对来说在正常水平偏低一点。大山镇于 2015 年开始陆续宣传引导种植刺梨，截至 2021 年下半年收获时间来看已经到达刺梨盛产期，排除部分地形复杂或贫瘠的土地之外，平均产量 700 kg 左右。

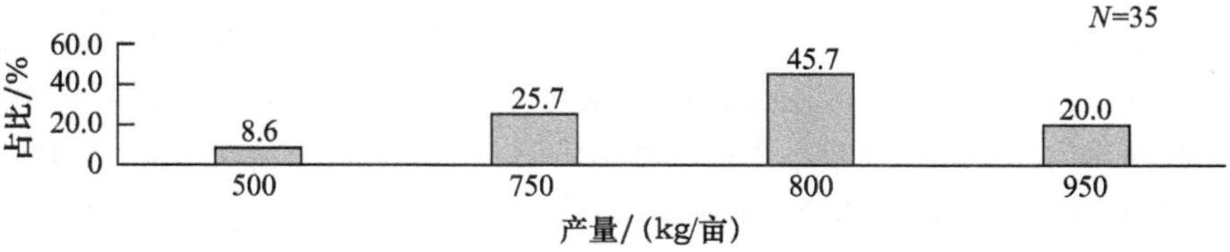

图 6-8　大山镇刺梨种植每亩产量情况

由图 6-9 所示，大山镇刺梨农户种植的刺梨有 77.1% 是政府组织宏财公司来进行收购，14.2% 是农户自己按情况处理的。按照宏财聚农投资公司土地入股合作协议规定，公司均按照 4 元/kg 对刺梨进行保底收购，同时，按规定农户每年可以获得 400～600 元/亩的保底分红。此外，农户可以自己保留一部分长相、品质比较好的刺梨鲜果或加工成刺梨果脯去街上销售，售价在 50 元/kg 左右；农户也可以用鲜刺梨泡刺梨酒售卖或者自己喝，零售价 50 元/kg 左右。综上所述，通过公司收购，大山镇刺梨每亩收益为 2 862.3 元。

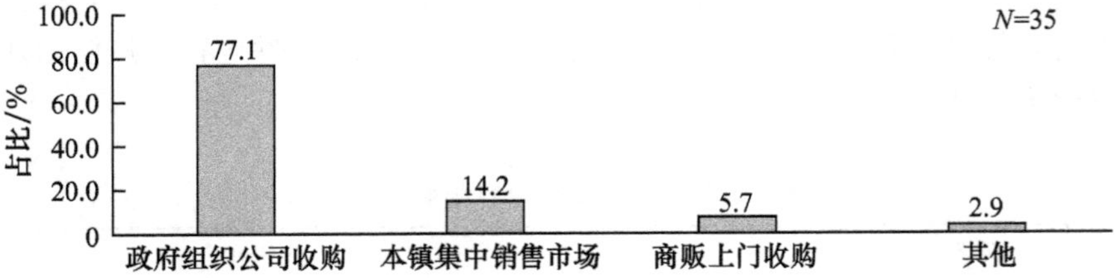

图 6-9　大山镇刺梨主要销售途径情况

2.销售过程中存在的问题

由图 6-10 所示，刺梨在销售过程中主要存在基础设施不全和市场对接不畅等问题。其中该镇行政村在刺梨销售过程中交通不便占 25.7%，刺梨存贮积压损坏占 28.6%，销售渠道狭窄占 20.0%，获取市场信息滞后占 22.8%。在调研中了解到交通这一块主要是乡村道路窄，硬化不够，存在“坑坑洼洼”的情况。另外，刺梨鲜果在采摘之后只可以存放 4～5 d，但由于没有冷藏设施，对接不好市场、政府部门，没有集中统一采收，以及平台公司的主要采购商不能及时到来都容易导致刺梨采摘后损坏。

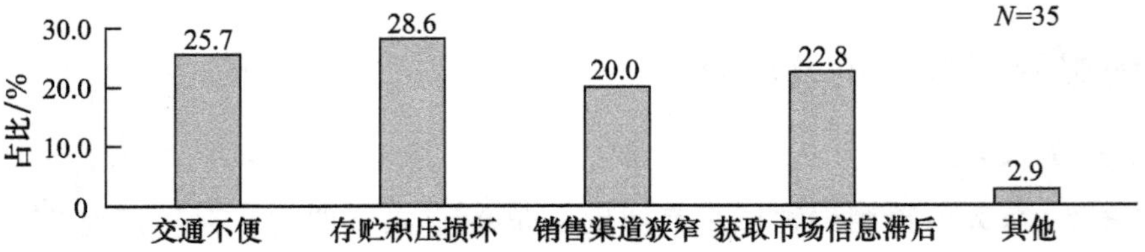

图 6-10　大山镇刺梨销售情况

3.刺梨的投入产出情况

刺梨种植生产过程中主要投入在树苗、种植、施肥、管理、采收、运输销售环节。根据访谈农户情况制作表 6-5，如表 6-5 所示，刺梨苗全部由政府免费提供，所以费用是 0 元，人工成本按照当地务工工资标准 120 元/d 计算，1 亩地需要 1 个人，根据当地农户种植户均 5 亩计算，人工成本投入 600.0 元；种植过程中需要复合肥（N：P：K＝15：15：15）160 kg 左右，按照市场 115.0 元/袋，共需要 2.5 袋，故肥料投入 287.5 元，还需要防治病虫害的粉锈灵、杀虫剂，水胺硫磷溶液等少量农药，需要 65.0 元；在采摘之后需要用小三轮车或摩托车送到家里共需要运费及燃油费 85.0 元。刺梨生产的成本在 1 037.5 元左右。根据当地刺梨保底收购价 4.0 元/kg，由前面调查到大山镇盛产期的刺梨平均亩产量在 766 kg 左右，忽略部分损坏和腐烂的刺梨，收入在 2 862.3 元/亩，故种植刺梨综合净收益为 1 824.8 元/亩。

表 6-5　每亩刺梨生产的投入与产出　元/亩

成本						收入	利润
刺梨苗	人工成本	肥料	农药	运费	燃油		
0	600.0	287.5	65.0	45.0	40.0	2 862.3	1 824.8

(二)各地种植经验借鉴

1.浙江庆元县甜橘产业

庆元县地处浙江省丽水市西南部,该地自然资源优越,是天然的宜"橘"之地。当地橘子种植历史悠久,以独特的品质闻名遐迩。近年来,在政府部门的领导下,确定了以甜橘柚为农业主导产业,随着技术的不断发展,该地种植规模和效益不断扩大,现已成为浙江最大的甜橘柚生产基地[25](表 6-6)。截至 2020 年,该县种植规模达 1.8 万亩左右,产值达 14 亿元左右,已培育 80 多家具有一定规模的经营主体,建立 30 多个示范基地、30 多个加工厂。

表 6-6　浙江庆元县甜橘柚发展经验

庆元甜橘柚	经验
在产业发展方面	制定规划,优化产业布局,严格规定技术标准,定期抽检,做到生产与监管两手抓
在政策支持方面	出台意见和规划,明确产业发展各方面的补助标准
在生产方面	制定产业发展标准,进行有机认证
在项目支持方面	加大资金投入,整合资金安排,与高校、科研院开展技术合作,依托省级农业项目发挥示范带动作用
在科技支撑方面	邀请高校和科研院所开展技术培训指导,形成产业发展的关键技术,加大产品研发力度
在品牌建设方面	依托政府平台,加大宣传力度,丰富宣传形式
在产品销售方面	线上线下结合,利用淘宝、微信等平台,探索"互联网+"成立产业协会,宣传产业品牌

与浙江庆元县甜橘产业相比,大山镇刺梨种植与管理就显得不太规范。农户的受教育程度、年龄状况、获取技术来源等不同,且农户大多靠传统经验种植,导致刺梨果实质量参差不齐。若能把一些标准化技术引进到大山镇刺梨种植与管理中,相信能给当地的农业产业发展解决不少问题。

2.都匀市茶产业

都匀市执行退耕还林政策,调整农业产业结构积极推动茶叶发展,种植面积从 2000 年的 0.8 万亩,增加到如今的 26.2 万亩。积极探索体制机制创新,分离土地使用权和土地经营权,促进茶叶产业化发展,都匀毛尖作为一个成功的品牌,其产业链、价值链都比较完整[26]。

都匀"三权分置"分离使用权和经营权,连接企业和农户,依靠企业整合技术、资金、物资支持,提高质量和产量,保证销售渠道。依靠农户种植、加工、经营,提高农户积极性和收入。

都匀市茶产业体制机制创新,在使用权和经营权分离的基础上,成立茶业协会,提高茶叶组织化水平；设置保底收入价格，统购统收，减少农户对企业机会主义行为违约担忧；打造利益共同体，茶叶税归地方所有，捆绑农户、企业各方利益。

都匀市茶产业的发展经验可以为大山镇刺梨产业提供参考，在分离经营权和使用权、成立协会、打造利益共同体等方面都能够极大提高农户、合作社及龙头企业各方的积极性，在上述方面，大山镇刺梨发展有所欠缺，应该多下功夫思考。

3.六盘水猕猴桃产业

六盘水猕猴桃产业发展始于2000年，至今已有22年种植历史，随着“三变改革”的推进，六盘水猕猴桃种植规模在逐渐扩大，现已种植20多万亩，形成完整的育苗、种植、管理、包装、销售等标准生产管理系统，带动14多万人增收，有效盘活土地资源，增加农户收入，在巩固脱贫方面发挥了巨大作用[27]（表6-7）。

表6-7　六盘水猕猴桃发展经验

红心猕猴桃	经验
生产上	扩大种植规模，打造农业示范园、生态产业园、有机生态园
管理上	培育新型经营主体，推动龙头公司、民营企业、合作社及农户协调集群发展
品牌化方面	打造“一颗红心走天下”公共品牌，进行产品认证，品牌登记保护
标准化方面	与科研机构开展合作，建设产学研基地、实验站与实验室，制定地方生产技术标准体系的行动方案
技术方面	利用互联网搭建技术平台
销售方面	加大产品研发，满足市场需求，增加产品附加值，加大与物流公司合作，利用抖音等创新营销方式，线上线下结合，依托电商平台，经销商等扩大市场

大山镇刺梨种植同样存在生产、管理、技术与销售方面的问题，由于大山镇大部分土地是山地丘陵，故种植规模破碎，产品品质不高，标准化程度不够，农户销售渠道单一，在全产业链发展阶段存在脱链。各地的农业产业发展经验对大山镇刺梨种植具有十分重要的参考意义。

六、存在问题

（一）种植人员老龄化，劳动能力低

随着我国城市化的不断发展，城市比农村有更多的机会，越来越多的农村人开始进入城市谋发展。大部分年轻的父母开始进入城市打拼，农村多是留守儿童和老人，因此农村老龄化问题严峻。由于当地年轻人外出务工，刺梨种植者大多是一些老人或者没有外出务工在家带孩子读书的务农人员，他们年纪普遍偏大，受教育程度较低，大都为小学文化水平。受时代背景的影响，大多数人没有意识到读书的重要性，且物质生活得不到保障，在刺梨种植过程中不利于技术的传播和更新。

（二）生产技术落后

大山镇刺梨种植户大多是凭传统经验来种植的，有的把种树、玉米及马铃薯的经验直接用

到刺梨的生产管理过程中。技术来源窄，多是亲朋好友的讲述，少部分来源于自媒体，农户没有经过系统化、专业化的技术培训，缺乏现代化的种植技术和管理经验，容易导致刺梨产量低、品质差等，也在很大程度上影响着刺梨的经济效益。

(三)基础设施不足

在调查中了解到大山镇刺梨种植村道路交通不便，村里基本是简单硬化的水泥路，田间路基本是土路，农户在采收季节从地里搬运果实需要走 1 km 左右的泥泞路才能到达公路，无灌溉设备及冷藏库，车道窄且质量差。在刺梨生产、运输、销售的繁忙时节，道路交通不利与基础设施建设不全增加了农户种植刺梨的成本，缩减了利润空间，也影响着农户生产积极性，对当地刺梨产业发展具有一定的阻碍作用。

(四)市场对接不畅，产品销售困难

大山镇刺梨销售过程中，主要存在山地碎块化且不成规模等问题，平台公司统购统收只去种植面积大、产量高的村。另外，大山镇在获取市场信息方面滞后，而刺梨鲜果只能存放 4～5 d，没有冷藏设施，又没有平台公司统一采收，刺梨在存贮过程中极容易损坏。销售困难导致农户不敢放手去干。

七、对策建议

(一)加强教育引导，培育刺梨产业新型经营主体

针对种植户结构老龄化，在地形相对平缓地区要提高机械化使用水平，用机械化取代劳动力。在山地丘陵地带要更多的调整农业种植结构，发展种植经济效益好、收入高的农业产业。提高刺梨种植户农业种植技术，加快农业土地流转，政府提供资金等来应对农业老龄化冲击。加大对农户的教育培训，提高农户的知识水平。同时，还要积极探索利于刺梨种植标准化、集约化经营的农民专业合作社、专业大户和家庭农场等农业新型经营主体，培养新型职业刺梨农户，激发各类主体的积极性；吸引优秀大学生到农村返乡创业，为农村农业发展注入新活力，发挥人才在乡村振兴中的关键作用。

政府部门要改善农业发展环境，制定帮扶政策，提升经营主体发展的质量水平，帮助经营主体“行稳致远”。同时，引导刺梨经营主体同其他主体的交流合作，引寻其在生产、加工、经营方面互联互通，提高经济效益。

(二)加强技术培训，提升刺梨产业的科技支撑能力

生产技术为农业发展提供安全和质量保障，提高农业防御自然灾害的能力。加强对农户的技术培训，提高农户的种植技术和管理水平。同时，政府也应该加大对刺梨的科技投入以及加大资金支持农业技术推广，完善农业技术推广的体制机制，加强对推广人员和农户的教育培训，提升农户的农业生产技术水平，为刺梨的市场定位、研发、转型升级提供技术支撑。加强科技平台搭建，加大人才引进和培养力度，鼓励大学生返乡投入乡村振兴，展开与科研机构、高等院校科技人员的交流合作，引导人才下乡到农村来进行技术培训指导。

(三)加强基础支撑条件的建设

针对大山镇的交通基础设施、灌溉设施、刺梨产业技术培训这三项薄弱环节,应进一步综合考虑政府、平台公司与农户的三方利益,加强各行政村的道路建设与改造,打通刺梨种植的“最后一公里”,使得各地分散的刺梨得以集中,形成规模,确保平台公司对农户鲜果的需求和收益保障;兴建水利设施,对于失修或缺乏水利设施的地区上马相关工程,改变原本“靠天吃饭”的局面,为刺梨生长保驾护航;定期开展技术培训和管理培训,加大基础设施资金投入,建设相应的监测体系,促进刺梨产业持续健康发展。

(四)搭建销售平台,打造刺梨品牌

搭建绿色有机刺梨销售平台,完善刺梨生产的规范性和专业性。从生产体系和产业体系看,加大刺梨产业对调整农业结构的作用,为刺梨产业的标准化和品牌化建设打造基础,加强对农户的教育培训,保证刺梨鲜果的产量和质量。从经营体系来看,农业合作社和专业大户等各类经营主体要积极以刺梨种植示范园区为平台,推进刺梨产业标准化生产示范园区建设。政府部门加强规划和引导,抓好“三品一标”认证工作,拓展刺梨消费市场,提高市场竞争力。针对不同消费群体的需要,借助各种主流媒体,对刺梨产品进行多元化、多层次、多角度推广营销,培育刺梨特色品牌产品。

八、结论与展望

(一)结论

经过以上对大山镇刺梨产业发展进行的研究,可以得出如下结论:

大山镇刺梨产业是基于自身资源优势的特色农业,具有一定的产业竞争力,能带动地方经济的发展,是确保脱贫人口不返贫的保障产业。

大山镇大力推进刺梨产业发展,有效地实现了地方经济的增长。在实现农业现代化的过程中,还存在刺梨质量有待提高、种植结构老龄化、生产技术落后、品牌建设不足、市场对接不畅、带动当地经济发展的能力有限等问题。值得警惕的是,贵州省大力发展的12项优势特色农业产业都存在类似问题,需要积极应对。

对于大山镇刺梨产业发展过程中存在的问题,提出改进的对策建议,具体包括:培育新型经营主体;提升科技支撑能力;加强基础支撑条件的建设;搭建销售平台,打造品牌。这些举措能够帮助大山镇刺梨产业更好地带动当地经济增长,提高农户收入。

(二)展望

一个地方想要发展得好,必须具备一定的产业作为支撑,这样才是可持续健康发展路径。大山镇刺梨产业的发展是一个长期而艰巨的过程,任重而道远。本章主要通过研究贵州省12项特色农业产业之一的刺梨产业在盘州市大山镇的发展情况,结合新时期巩固拓展脱贫攻坚成果与乡村振兴的有限衔接,对盘州市大山镇刺梨产业的发展现状、存在问题及对策进行具体分析。由于自身调查分析能力有限,所调查区域无法包含全部行政村,研究内容不够有深度,研究过程还存在很多不足之处。例如,未能了解到刺梨产业发展的各个环节,对刺梨产品竞争

力提升、农村产业转型升级、种养结合等实证研究做得少，多数内容通过文献并结合当地实际情况完善丰富。总之，刺梨产业链延伸以及如何打造品牌、开发刺梨产品等热点内容，依然是未来的研究对象。

九、参考文献

[1] Arthur L, Rosenbaum.China and Other Matters(review)[J].China Review International, 1998,5(2):537-541.

[2] Lai X L,Friedman A.Mathematical modeling of cancer treatment with radiation and PD-L1 inhibitor[J].Science China(Mathematics),2020(3):465-484.

[3] Figueiredo J L, Bernardo C A, et al. Carbon Fibers Filaments and composites[J].Spring Netherlands,1990.

[4] Davis J.11th Annual ITE collegiate traffic bowl grand championship recap[J].Institute of Transportation Engineers[J]. ITE Journal,2020,90(12):10-11.

[5] Han H Y, Lin H.Patterns of agricultural diversification in China and its policy implications for agricultural modernization[J].International Journal of Environmental Research and Public Health,2021,18(9):4978-4978.

[6] 郁大海.发展中国特色现代农业:困境与出路[J].农业经济,2009(9):33-36.

[7] 徐建龙.思想政治教育专业科学发展若干关系论析[J].淮北师范大学学报(哲学社会科学版),2015,36(6):28-31.

[8] 吕文广,陈增帅.西部生态脆弱区域经济与生态环境协调发展实证分析[J].开发研究,2016(6):164-170.

[9] 刘兰艳,王恒建.以特色产业为龙头　推动农业产业化发展[J].现代农业,2011(8):58-59.

[10] 王煜,梁华强.贵州省刺梨产业发展 SWOT 分析及对策[J].中南林业调查规划,2015,34(3):9-12.

[11] 查钦,张翔宇,阮陪均,等.贵州省刺梨产业现状梳理及思考[J].中国现代中药,2020(1):128-133.

[12] 谢勇勇.完善产业链 刺梨金灿灿[J].当代贵州,2020(44):16.

[13] 杨昌勤.乐业县有机刺梨发展对策研究[D].南宁:广西大学,2007.

[14] 刘易伟,杨舒清.贵州省刺梨发展现状分析[J].食品安全导刊,2020(6):148.

[15] 韩良福.刺梨的种植与管理技术探索[J].农业与技术,2020,40(364):98-100.

[16] 陈仪坤,张超,徐雷.贵州省刺梨资源开发利用及对策[J].现代营销(下旬刊),2020(10):164-165.

[17] 周世敏,欧国腾,牛涛,等.黔南刺梨产业发展现状分析及对策[J].热带农业科学,2021,41(8):115-119.

[18] 郭旭,胡灿,卢小兵,等.贵州省刺梨产业高质量发展问题及对策研究[J].北方园艺,2021,(21):143-151.

[19] 孙伟,文叶飞.石阡农业产业化迈入快车道[J].当代贵州,2022(12):72-73.

[20] 阮晓华.湾区视域下肇庆现代农业产业集群研究[J].中国集体经济,2022(7):31-33.
[21] 高鹏.农村地区特色产业经济发展现状与改善对策研究[J].现代经济探讨,2022(1):124-132.
[22] 杨志龙,陈卫强.特色农业产业成长的逻辑理路研究[J].农业经济与管理,2021(6):12-19.
[23] 旦增卓嘎.资源禀赋视角下西藏特色产业发展研究[J].老字号品牌营销,2022(1):19-21.
[24] 彭四平.特色产业发展理论研究[J].中国市场,2018(1):56-57.
[25] 王梦萍,练健俊,李泽鹏,等.庆元县甜橘柚产业发展现状与对策[J].农业科技通讯,2022(1):14-17.
[26] 杨华.贵州茶叶产业现状及发展对策[D].贵阳:贵州大学,2009.
[27] 韩世明,高成密,张佳乐,等.贵州省猕猴桃产业发展问题及对策[J].农业技术与装备,2022(1):61-64.

（注：本章为 2018 级农村区域发展班汪福成本科学位论文部分内容，指导老师梁龙。）

第七章　稻田养鱼的综合效益分析——以黄平县重安镇下翁细村为例

一、引言

我国是世界公认的进行稻田养鱼最早的国家。在新中国成立初期，稻田养鱼模式就有所发展，我国对发展稻田养鱼事业进行大力指导，四大家鱼的人工繁殖技术也一定程度上取得了突破，稻田实行综合养殖的种类不断扩增，由较为简单的草鱼增加到鲍、虾、蟹以及鳅等，其种养殖的面积也不断扩大。但是在20世纪60—70年代时，稻田养鱼的发展有所变化，其技术的创新发展停滞不前，水稻和鱼类产量及质量有所下降，主要是由于当时片面强调发展集体养鱼，注意力集中在大规模养鱼的事业上，这一举措抑制了农民进行稻田养鱼的积极性，稻田养鱼发展有所滞后。直到改革开放以后，随着国家对农业实施了鼓励性政策，落实和完善了农村家庭联产承包责任制，农民开始重视并从事稻田养鱼工作，在浙江、贵州等地有较大的稻田养鱼规模，其种养殖面积和产量不断提高。

目前，稻田养鱼模式主要集中在发展中国家，中国的稻田养鱼主要集中在浙江、江苏、贵州、广西、广东等地。2005年，浙江青田县龙现村的稻田养鱼模式被联合国粮农组织列为首批农业文化遗产保护试点项目，成为中国第一个世界农业文化遗产。近年来，随着生态环保的提倡和节能减排观念的盛行，具有减肥减药、增产增效功效的稻田养鱼模式越加被重视和推行。同时，稻田养鱼种养模式利于水稻和鱼的双丰收，鱼和稻之间相互作用互利共生，不仅有利于减少污水与化肥、农药等投入的污染，而且也利于水土资源的利用，可以防止水土流失，为生态环境做出贡献。至今，我国稻田养鱼的发展处于稳步上升阶段，养殖品种也在不断增加。但是，随着现代农业的发展，农业污染也随之而来。而随着村民外出务工增多，传统需要较多劳动力的稻鱼种养模式也急需改进。因此，无论是减少农业污染，还是改进传统模式，帮助当地农民增加收入，稻田养鱼都有较强的研究价值。

稻田养鱼在中国有着悠久的历史。在贵州省黄平县重安镇的每家每户中，稻田养鱼都是其农业生产的一部分。这种综合种养模式有着一系列的优势，不仅能解决农民的生活所需，还能够增加经济收入。在农村劳动力急剧减少的情况下，如何实现农业的可持续发展，研究贵州省黄平县重安镇下翁细村的稻田养鱼模式和水稻单作模式的发展状况及其展望有着重要意义。

二、研究背景及研究方法

（一）研究背景

稻田养鱼在我国发展最早，具有悠久的历史。刘小燕和潘伟彬等的研究都指出，在三国时期的《魏武四时食制》中记载了出自稻田的鲤鱼，在陕西勉县东汉墓葬中考古学家出土了草鱼以及完整的水田模型等，说明在1 700多年前古人就已经开始了稻田养鱼，并初步认识了其稻田生态。唐代更是推广稻田养鱼，往后中国一直在进行一系列有关稻田养鱼的探索，从一开始自给自足的自然经济状态的朦胧阶段到稻田放养鱼种多样、种养殖规模逐渐扩大、推广面积越来越广的始发阶段，再到耕作制度创新和引进新技术的技术发展阶段，我国稻田养鱼在这些探索中得到了迅速的发展[1-2]。

由于稻田养鱼在生态环境保护以及增产增收方面有着较好优势，稻田养鱼模式的发展受到世界各国的重视。稻田养鱼在亚洲国家特别盛行，特别是东南亚稻田养鱼尤其普遍，欧洲和美洲的个别国家都在不同程度上发展稻田养鱼。据文献资料记载，在东南亚和东亚的许多国家（如泰国、越南、日本、印度尼西亚、文莱等[3]），稻田综合养殖模式已经有 800 多年的历史，并有了一定规模的发展。Grant 指出，在越南，稻田里鱼种培育比直接在稻田中养殖成鱼获利更高，一些学者对在稻田中进行鱼苗的培育和直接在稻田中养殖成鱼（尼罗罗非鱼）两种方式进行了经济可行性评估，结果表明，稻田培育鱼苗的模式具有较高的经济效益[4]。

许多种植水稻的国家都非常重视稻田养鱼技术的研究。目前，世界上一些主要产稻国都已形成一定规模的生产体系。我国近年来稻田养鱼发展很快，并取得了良好的经济效益与生态效益，但稻田养鱼的推广却进展缓慢。据不完全统计，目前世界上已有 100 多个国家进行过稻鱼综合种养的实践活动。1884 年日本就有稻田养鱼的记录，马达加斯加自 1980 年以来就有稻田养鱼的记录，其他国家仍处于试验阶段。由此可见，国外稻田养鱼的历史和技术水平不如中国。

周江伟等指出“稻-鱼”共生系统在本质上就是一种人工构建的稻田生态系统，利用生态位原理、食物链原理等，使稻田生态系统从空间、结构和能量流动上都得到合理改造，最大化发挥稻田的生产潜力[5]。李娜娜指出稻田综合种养是利用生物间的共同合作来增加效应，将水产养殖与水稻生产相结合，发挥着稻鱼双丰收的作用，具有较高的生态、经济和社会效应[6]。刘某承等运用生态经济学的综合效益评估方法，对比分析稻鱼共生系统和常规稻田耕作模式的综合效益，结果表明：与常规稻作模式相比，从直接经济价值方面来看，稻鱼共生系统的净收入较高，但其经济投入较多；从生态价值方面来看，稻鱼共生系统能够起到固碳减排、防治病虫害和调节水量的作用，同时也能够保持稻田的营养物质，有效地减少 CH_4 排放，有利于化肥农药用量的控制和促进当地旅游产业的发展；从综合价值方面来看，稻鱼共生系统的投入产出率比常规稻作系统高，其价值更高[7]。马微微等通过分析“稻＋稀有鱼”新型综合种养模式的经济效益、生态效益和社会效益，表明稻鱼综合种养模式可辐射带动种植业、养殖业、饮食服务业、休闲旅游业等产业之间的相互融合，达到产业结构的优化，促进农业的可持续发展[8]。

稻米是全球粮食安全的一个关键组成部分，是人类日常饮食的主要成分，特别是在亚洲。Frei 指出水稻的种植依赖于稀缺的自然资源，要实现水稻生产过程中土地资源和水资源的利用，可以通过水稻和鱼类结合种养，利用水稻和鱼类各自的产量潜力和相互作用，减少水稻病虫害以及温室气体排放，实现保护生态环境作用的同时也能提高社会经济价值[9]。陈璐等从农田生态效益方面分析了稻田种养对水体环境、稻田土层、稻田甲烷排放、杂草以及病虫害的影响，结果表明稻田种养对农田生态效益具有促进作用[10]。崔文超等得出稻鱼共生系统在温室气体排放上低于单作系统、环境影响更小、生态和经济效益更高的结论，在生产过程中主要是以甲烷、化肥以及投入的饲料为碳足迹主要来源。同时，也对不同经营规模的稻鱼共生系统进行分析，得出稻鱼共生系统规模经营在温室气体排放、环境影响、生态和经济效益等各方面都优于小农户经营的结论，故而通过对两者之间的比较，提出推动土地经营适当规模化，有利于传统农业系统实现生态、经济、社会等多方面的共赢[11-12]。

在稻田养鱼模式的综合效益分析中，可以用到很多方法。例如，在进行经济效益分析时，可以运用产出投入法；在进行生态效益分析时，可以运用碳足迹法。崔文超等基于生命周期评价法，从农业资源的投入和农业生产过程产生的温室气体两部分入手，运用公式计算两部分的温室气体排放量，核算出稻鱼共生系统的碳足迹和单位产值碳足迹，将稻鱼共生系统和水稻单作系统两种种养模式的碳足迹进行比较，表明稻鱼共生系统具有更高生态效益[11-12]。

稻田养鱼是一种“种植＋养殖”的农业生态模式，稻鱼互利共生，不仅增加水稻的产量，优化水稻品质，同时还能促进生态环境的改善。现在，稻田养鱼模式越来越受国家重视，国家出台一系列的政策支持，对稻田养鱼的研究也非常多。很多研究对稻田养鱼与常规水稻模式做了综合效益的分析，也有研究是通过碳足迹的方法分析了稻田养鱼对生态环境的影响，并给出了许多改进以及技术措施方面的建议。基于此，本章通过对黄平县重安镇稻田养鱼模式以及传统的水稻单作模式，从经济方面、能量转化方面以及生态环境方面进行分析，探讨黄平县重安镇下翁细村稻田养鱼的发展前景，分析在小农户经营下如何发展稻田养鱼才能增加收入，为其创建生态优、风景美、稻鱼双丰收的产业发展提供支撑。

(二)研究方法

1.访谈法

根据研究内容设计访谈问卷，对稻田养鱼肥料、农药等的用量以及所含氮、磷、钾的比例做详细了解，做好准备工作后，把当地农户按照村小组作为抽样单位，从 6 个村小组中分别随机抽取 8 户人家进行访谈，使用事先设计好的问卷与农户进行面对面的交流，针对问卷内容进行访问，了解所需情况。

2.比较分析法

在收集大量稻田养鱼相关数据的基础上，对下翁细村的稻田养鱼模式和水稻单作模式的经济效益、能量效益和生态效益三方面进行对比分析，确定哪种模式更利于下翁细村的发展，再将浙江省青田县和盘锦市大洼县(今大洼区)的稻田养鱼及水稻单作两种模式与下翁细村进行对标分析。

三、概念界定及理论基础

(一)概念界定

1.稻田养鱼

稻田养鱼是将水稻和鱼类集中在同一个稻田里进行种养，共享资源的一种模式，也就是把水产养殖业和种植业相互融合的一种农业生产方式。在稻田养鱼系统中，连接了生态学、生物学和水产养殖学三者的关系，在增加水稻产量的同时提升鱼类收入。该模式不仅能够使鱼类在稻田中尽可能充分利用稻田里的能源和资源，以提高稻鱼的产量和质量；而且鱼在稻田里进行游动、觅食及排泄的一系列活动，为水稻提供了通风、防虫、除草、松土和育肥的作用，可以促进水稻产量及质量的提高。

2.水稻单作

水稻单作是稻田上只有一种水稻的种植方式,不放养其他动植物与其进行综合种养,但稻田中存在浮游生物及病虫害之类的动植物会与水稻争抢资源,形成竞争关系。水稻单作的优点是方便进行单一水稻的种植和管理,有利于稻田的机械化操作。

(二)理论基础

1.循环经济原理

循环经济是一种以资源的高效利用和循环利用为核心,以"减量化、再利用、资源化"为原则,以低消耗、低排放、高效率为基本特征,符合可持续发展理念的经济增长模式,是对"大量生产、大量消费、大量废弃"的传统增长模式的根本变革。以上是国家发改委对循环经济的定义。

循环经济在农业中的应用一般被认为是循环经济型农业,包括各种典型的生态农业模式,如"稻-虾""稻-鱼""稻-蟹""稻-鸭-鱼"模式等。循环经济在我国农业中的运用领域也越来越广泛。循环经济型农业要综合、系统地考虑水、土壤、肥料、药品以及种子等生产要素,不断提高各种农业资源的综合生产能力,强调农业的可持续发展,对有限农业自然资源进行可持续利用,降低资源消耗和环境污染[13]。

2.能量转换原理

在稻田养鱼模式中,水稻和鱼类相互依存、相互促进,通过两者有机结合,才能够实现互利双赢的局面。从生物学的角度来看,稻田养鱼模式是通过鱼类在稻田中捕获原来水稻单作模式浪费的物质和能源,并参与稻田能量流动和物质循环,稻田中的能量和物质充分转化到鱼和稻谷身上,以提高水稻和鱼类的产量。水稻在二氧化碳和光合作用下补充营养,最后收获稻谷和稻草。稻田里的杂草、浮萍等同样也会进行能量转化,与水稻抢夺阳光、水、肥料等。而鱼类会进食杂草和浮游生物,杂草和害虫数量就会减少,水稻就会获得更多的营养。同时,鱼类的排泄物中含有丰富的磷和氮,可以为水稻补充营养[14]。

3.生态学原理

稻田是一个人工生态系统,水稻是主要的农作物,与稻田中其他动植物既有共生关系,又有竞争关系。种植水稻过程中,经过人工施肥和注水,稻田里的水稻及其他动植物吸收营养物质。在水稻单作模式下,稻田中其他动植物大多数都会造成水资源和肥料的浪费。当鱼(虾、蟹)被引入稻田生态体系时,整个系统的能量转化都会发生变化,稻鱼主要食用杂草、浮游动物、水生昆虫等,能够有效地减少有害物质对生态环境的破坏,同时提高土壤肥力,增加粮食产量,使农业经济持续稳定发展。稻田养鱼模式不仅可以为鱼类提供良好的栖息生长环境和丰富的饵料资源,同时鱼类的游动也可以改善土壤结构,加快肥料和有机质的分解,起到松土、除草、施肥、治虫的作用,有利于水稻的生长[13]。

四、下翁细村基本现状分析

(一)研究对象

本章的研究区域为贵州省黄平县重安镇下翁细村,该村位于贵州省东南部,全村辖两个自然寨、6 个村民小组、258 户 1 271 人，均为苗族。全村耕地面积 686.46 亩(其中田 583 亩、土 103.46 亩)。当地的交通条件差，经济文化基础较为薄弱，经济来源主要以种养殖和外出务工收入为主。种植的主要农作物有水稻、玉米、小麦、油菜等，养殖以猪、鸡为主。该村农户在种植水稻时大多数选择稻鱼共生的模式。

本次数据收集采用半结构式访谈法的随机抽样，总共调查 48 户农户，从 6 个村民小组中分别随机抽取 8 户人家进行访谈，涉及土地共 89 亩，有效数据共 40 份，有效率为 83.33%。48 户农户中，除 8 户人家未种植水稻，数据不具有参考价值外，其余数据基本合格，所得数据在 Excel 中以平均数进行处理。调查得出，在该村种植水稻以及养殖稻鱼的过程中农户没有使用灌溉、电和地膜，所以在本章中不再对上述因素进行讨论。

(二)农户基本现状

在对稻田养鱼模式的日常管理中，农户家庭的人口分布情况、年龄分布、受教育程度以及农户对新技术的采纳意愿四方面对稻鱼的生产有较大的影响，因此本节将从这四方面进行分析。

1.家庭人口分布情况

本次调研涉及 40 户农户家庭，总共包含 211 人，其中在家务农人数为 69 人，外出务工人数为 84 人，经营商店有 2 人，从事事业单位工作有 3 人，在读学生有 53 人，外出务工人数占总人数的 39.81%，在家务农占 32.70%，而经营商店的占 0.95%，说明了该村的市场发展落后，多数人选择外出务工赚钱贴补家用，农业人员相对缺乏，如图 7-1 所示。

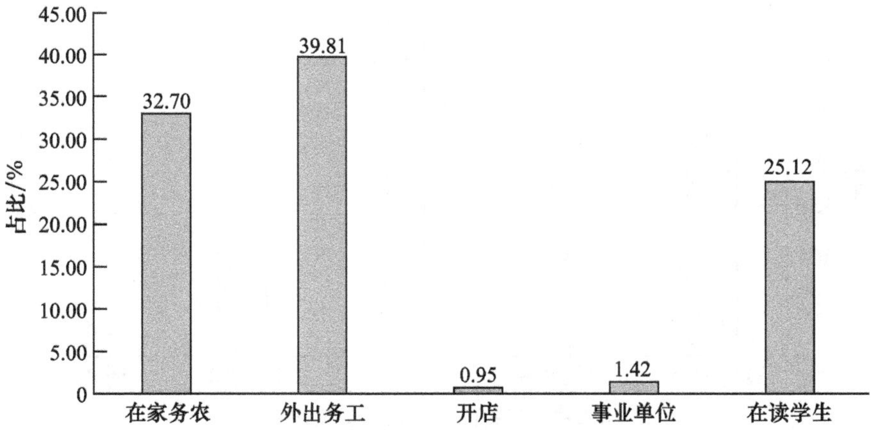

图 7-1　下翁细村家庭从事各行业人口情况

如图 7-2 所示，下翁细村的农户家庭人口大于等于 5 人的有 72.5%，很多人家选择和爷爷奶奶同住不分家，家中孩子平均 2～3 个，家庭经济负担普遍较大，而农业收入较低，所以大多数农户选择外出务工以增加收入。

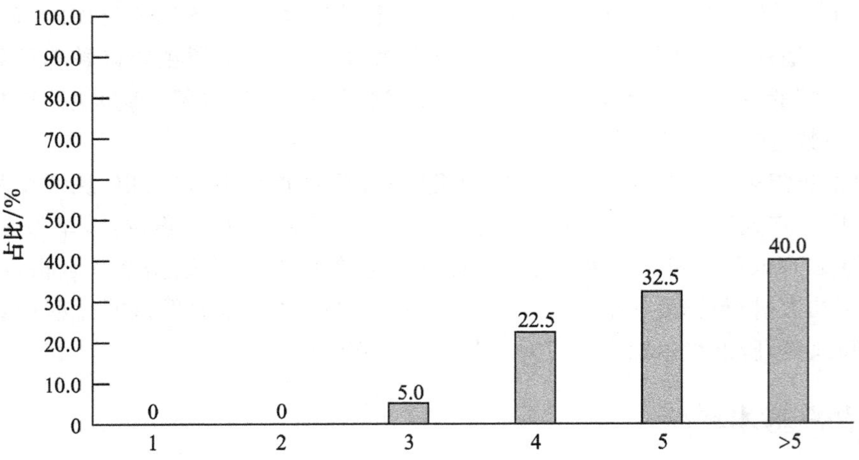

图 7-2 下翁细村家庭人口情况标目

2.年龄分布

如图 7-3 所示，下翁细村人口年龄集中在 41～60 岁，占比为 33.2%；18～40 岁占 27.0%，18 岁以下占 21.8%，60 岁以上的占 18.0%。但是下翁细村外出务工占比约为 39.8%，且多数为青壮年；进行水稻种植主要以老年人为主，中壮年较少，几乎没有年轻人愿意返乡从事水稻的种植。这表明，下翁细村在水稻种植方面老龄化现象严重，意味着劳动能力、创新能力以及管理能力都将会受到影响，稻鱼产量也受到影响。

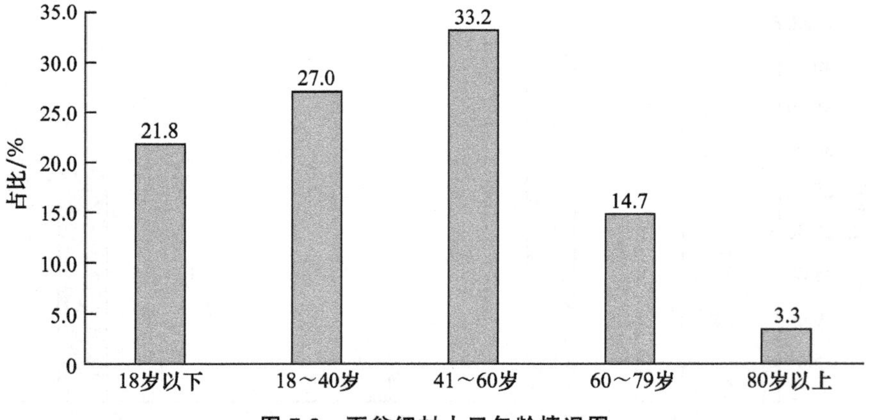

图 7-3 下翁细村人口年龄情况图

3.受教育程度

如图 7-4 所示，下翁细村整体的受教育水平较低，主要集中在小学教育阶段，处于小学教育阶段的占 37.0%，初中学历的占 23.7%，高中或中专学历的占 16.6%，大专以上学历的占 13.2%，没有接受过义务教育的占 9.5%。而下翁细村选择种植水稻的农户的受教育程度主要集中在小学；高中以上的人多数选择外出务工，选择从事农业工作的少之又少；还有部分选择种植水稻的农户没有接受过教育。这表明，下翁细村从事水稻种植的农户大多数处于低等文化水平。

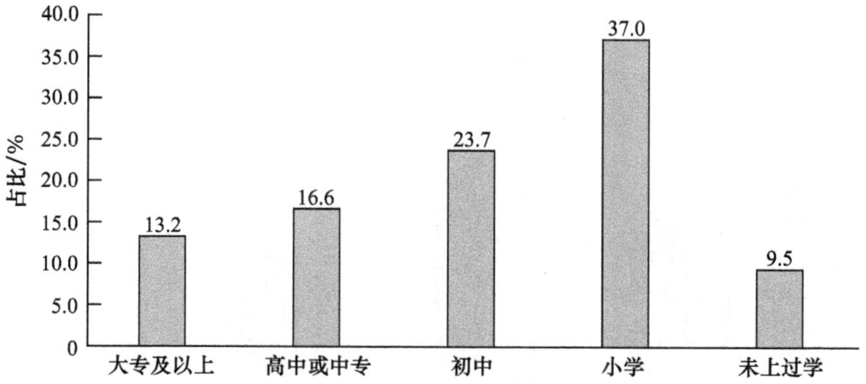

图 7-4 下翁细村人口受教育水平情况图

4.新技术采纳与否

根据上述分析得知，下翁细村种植水稻的农民受教育程度普遍偏低，故而他们接受新技术的意愿往往较低，其中 62.5%的农民不愿意采纳新技术，只有 37.5%的农民愿意尝试新技术。大多数农民认为自己不能够掌握新技术，且认为花费时间和金钱学习新技术不值得，稻鱼的收成也不会太高；也有的农民认为自己年纪大了，文化水平也不高，家中稻田也种不了几年，不愿意劳心费力地去学习新技术(图 7-5)。

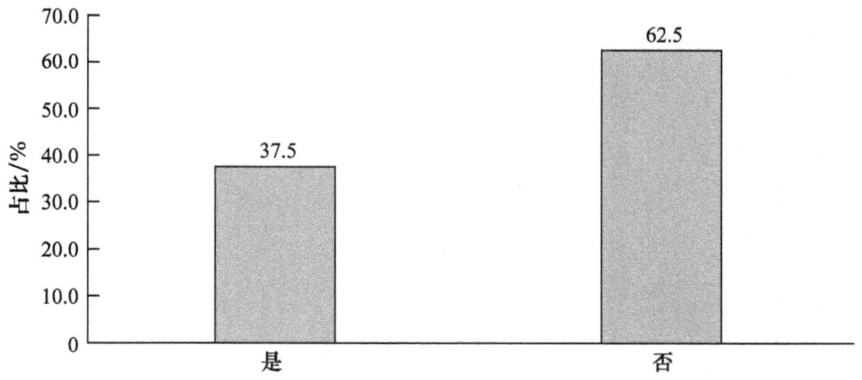

图 7-5 下翁细村从事农业人员采纳新技术意愿情况

(三)稻鱼种养殖基本现状

1.种养殖规模

如图 7-6 所示，下翁细村水稻种养殖规模主要集中在 2～3 亩的面积，其比例占样本总量的 47.5%，种植 1～2 亩的占 27.5%；而种植面积大于 4 亩的只占 5.0%。鱼养殖规模同样主要集中在 2～3 亩，其占比为 40.0%；养殖面积为 1～2 亩的占 25.0%，3～4 亩的占 20.0%；有 15.0%的农户没有放养鱼类。而在调查样本中没有农户养殖面积超过 4 亩的。这表明下翁细村种养殖大都处于小规模。

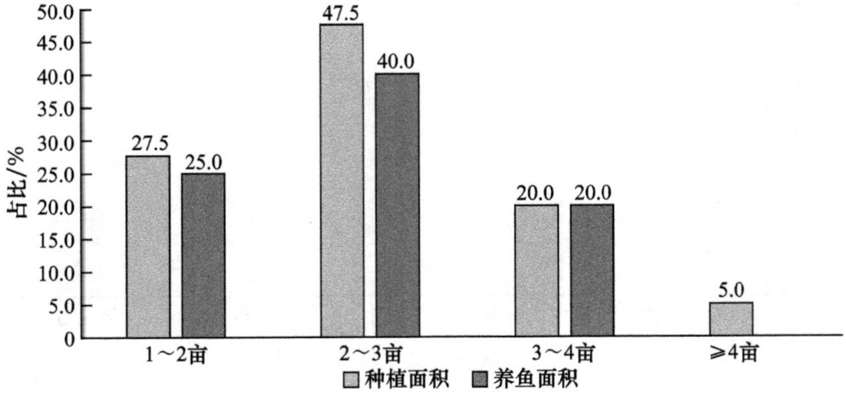

图 7-6 下翁细村水稻和稻鱼种养殖面积情况图

2.施肥选择

如图 7-7 所示，下翁细村的农户在肥料选择上主要跟随周围人选择，较少农户能够根据专业知识做出决定。其中，跟随大家选择肥料品种的占 85.0%，只有 15.0%的农户是根据肥料的营养选择肥料品种。

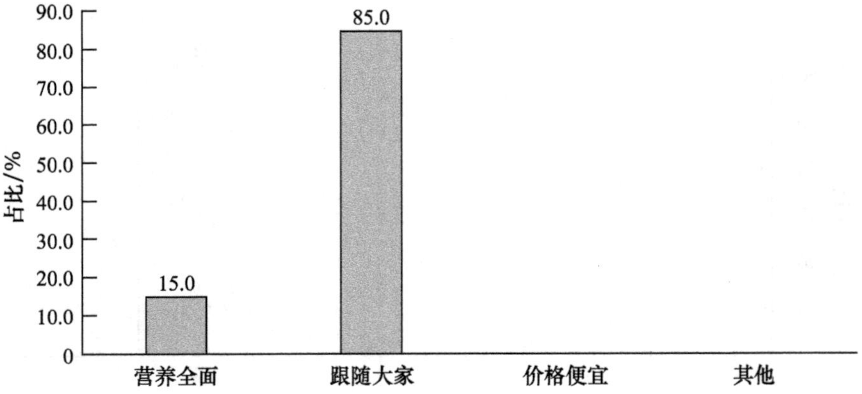

图 7-7 下翁细村从事农业人员肥料选择因素情况图

3.技术来源

如图 7-8 所示，下翁细村农户在稻鱼种养方面的技术来源主要集中在自己摸索，一部分人也会选择请教亲朋好友。其中，自己摸索种养殖技术的农户占 85.0%，向亲朋好友请教技术方法的占 57.5%，而从电视网络里学习技术的农户只占 22.5%。这表明，下翁细村没有专业的农业技术人员进行指导，其稻田养鱼技术较为落后。

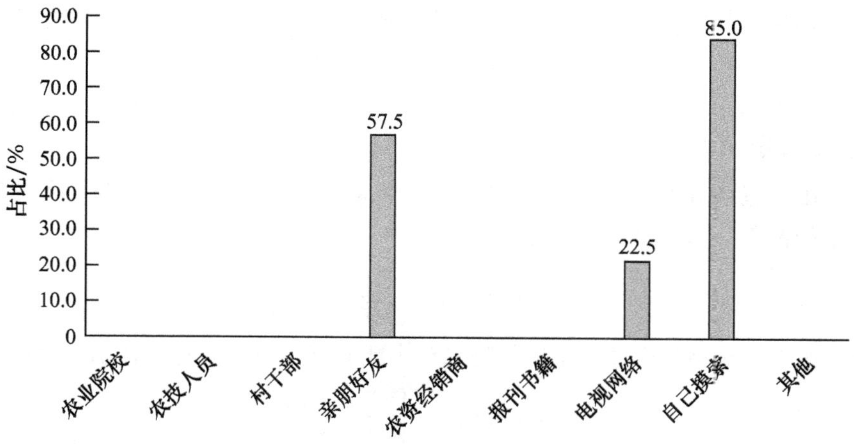

图 7-8　下翁细村从事农业的技术来源情况图

4.养鱼方式

如图 7-9 所示，下翁细村农户在稻田养鱼过程中，对鱼的养殖十分随意，主要以自然放养为主，少部分农户会选择撒一些自家的谷糠给鱼儿进食。其中，对鱼儿进行自然放养的占 87.5％，撒自家谷糠的占 12.5％。这表明，下翁细村稻鱼的养殖方法较为低效。

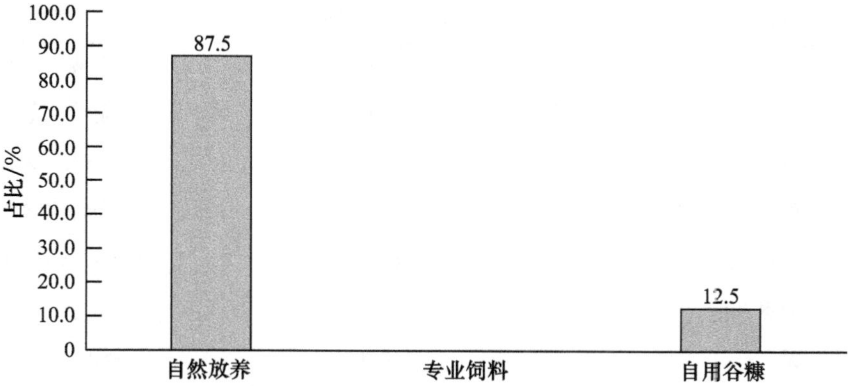

图 7-9　下翁细村进行稻田养鱼生产时养鱼方式情况图

综上所述，下翁细村稻田养鱼发展落后，存在青年劳动力外流、市场发展不完善、高效农业生产技术缺乏、农户素质教育不足、政府支持力度不够等问题。

五、综合效益分析

（一）计算方法

1.经济效益分析方法

净收益，也叫净利润，是指农作物生产过程中所产出的总金额与所投入的总金额的差值。公式表达如下：

$$\text{净收益}=\text{总产出金额}-\text{总投入金额} \tag{7-1}$$

经济产投比指农作物生产过程中所产出总金额与投入总金额的比值。公式表达如下：

$$经济产投比=\frac{总产出金额}{总投入金额} \tag{7-2}$$

2.能量效益分析方法

净能值产出率指农作物总产出能量与需购买能量的比值。表示在经济投入一定的情况下系统生产效率的高低。公式表达如下：

$$净能值产出率=\frac{总产出能量}{需购买能量} \tag{7-3}$$

能量产投比指农作物生产过程中农作物总产出能量与总投入能量的比值。公式表达如下：

$$能量产投比=\frac{总产出能量}{总投入能量} \tag{7-4}$$

单位能量生产率是衡量生产过程中每单位能量投入对产出的影响，即每单位能量投入对产量的影响。公式表达如下：

$$单位能量生产率=\frac{总产量}{总投入能量} \tag{7-5}$$

计算中所要用到的水稻生产期间投入产出各物质要素的能量当量见表 7-1。

表 7-1　农业生产投入产出的能量当量

类别	项目	能量当量/MJ	来源
投入	劳动力/d	12.60	陈阜(2009)
	种子/kg	22.00	陈阜(2009)
	机械/h	62.70	Errdal(2007)
	柴油/kg	44.50	陈阜(2009)
	农药/kg	240.00	Liang et al.(2019)
	肥料/kg		
	氮	92.02	Liang et al.(2019)
	磷	20.96	Liang et al.(2019)
	钾	13.13	Liang et al.(2019)
	农家肥	13.50	刘巽浩(1984)
	柴油/kg	44.50	陈阜(2009)
产出	水稻/kg	15.10	陈阜(2009)
	稻鱼/kg	5.40	刘巽浩(1984)

3.生态效益分析方法

碳足迹指在农作物生产过程中，所投入的肥料、农药以及其他农资引起的碳排放量之和。公式表达如下：

$$碳足迹=\sum 各物质投入量\times 该物质的二氧化碳当量 \tag{7-6}$$

单位产量碳足迹指农作物生产过程中的总碳排放与总产量的比值。公式表达如下：

$$单位产量碳足迹=\frac{总碳排放}{总产量} \tag{7-7}$$

单位面积碳足迹指农作物生产过程中的总碳排放与种植面积的比值。公式表达如下：

$$单位面积碳足迹=\frac{总碳排放}{种植面积} \tag{7-8}$$

碳效率指农作物生产过程中产生每千克碳排放所生产的产品产量。公式表达如下：

$$碳效率=\frac{总产量}{总碳排放} \tag{7-9}$$

单位产值碳足迹指农作物生产过程中单位面积碳足迹与单位产值的比值。公式表达如下：

$$单位产值碳足迹=\frac{单位面积碳足迹}{单位产值} \tag{7-10}$$

计算中所要用到的水稻生产期间投入产出各物质要素的二氧化碳当量见表 7-2。

表 7-2 农业生产投入产出的二氧化碳当量

项目	二氧化碳当量(CO_2 eq)	来源
劳动力/d	0.86	刘巽浩等(2013)
种子/kg	1.16	刘巽浩等(2013)
机械/h	3.22	Feng et al.(2020)
柴油/kg	3.22	刘巽浩等(2013)
农药/kg	18.00	Liang et al.(2019)
肥料/kg		
氮	9.30	Gao et al.2015
磷	1.50	Gao et al.2015
钾	0.98	Gao et al.2015
农家肥	18.00	刘巽浩等(2013)

4.多指标的综合评价

基于 Liang 等的研究，本章将经济、能量和生态效益三方面和三个影响因素(即净能量产出率、净收益和碳足迹)作为综合指标进行计算，其中净能量产出率、净收益与碳足迹的权重系数为 33/83，33/83，17/83，碳足迹越大对环境的负担便越大，因此碳足迹属于负效益，为负值；能源利用效率和净收益均为正值[15]。综合绩效评估公式如下：

$$I_c=\sum W(\frac{AP_i}{R_i}) \tag{7-11}$$

式中：I_c 为综合指标值，W 为三个影响因素的权重系数，AP_i 为农业生产中三个影响因素实际的指标数值，R_i 为参考值。

(二)水稻单作模式与稻田养鱼模式的效益对比

1.经济效益分析

通过调查得出,水稻从种植到收割入仓的劳动力投入主要有土地平整、引水入田、育水稻秧苗、秧苗播种、施肥、除草、收割和晾晒入仓,其中不包括由自然灾害导致的干旱而引起的劳动力投入。

在稻田养鱼模式和水稻单作模式下,水稻从种植到收割入仓的劳动力投入,除了有3户人家使用土地微耕机,在土地平整方面减少了人力消耗的时间,但平均一亩田需要消耗人力2.78 d,其余时间与水稻单作模式一致(表7-3)。

表7-3 水稻劳动力投入种类及效率(每人) d/亩

项目	土地平整	引水入田	育秧苗	秧苗播种	施肥	除草	收割	晾晒入仓	共计
水稻单作模式	3.00	0.30	2.00	4.00	0.50	0.20	4.00	3.00	17.00
稻田养鱼模式	2.78	0.30	2.00	4.00	0.50	0.20	4.00	3.00	16.78

根据调查数据统计,在水稻单作模式下,收割时有87.00%的农户使用的是脚踏式收割机,少数人使用稻桶收割稻谷,机械工作时间为一亩地16.00 h;复合肥中氮磷钾含量皆为16.00%,尿素的含氮量为46.20%,农家肥主要是土杂肥;在稻田养鱼模式下,机械工作主要在耕地和收割时用到,在耕地时有8.80%的农户使用土地微耕机,一亩地需机械工作0.50 d;在收割时有87.00%的农户在收割时用脚踏式收割机,收割机一亩地需要工作2.00 d,其中一亩地平均需要消耗6.44 kg柴油。其他要素在生产期间每亩的投入产出量见表7-4。

表7-4 水稻单作亩生产各要素的投入产出量

投入-产出要素		投入量	产出量
投入	劳动力/d	17.00	16.78
	种子/kg	1.00	0.97
	鱼苗/kg	0	3.34
	机械/h	13.92	14.27
	柴油/kg		6.44
	农药/kg	0.24	0.13
	肥料		
	氮/kg	13.57	7.43
	磷/kg	3.95	2.10
	钾/kg	3.95	2.10
	农家肥/kg	424.00	500.15
产出	水稻/kg	550.00	533.00
	稻鱼/kg		17.12

在水稻生产期间每天需工作 8.00 h,工时费为 10.00 元/h。水稻种子 65.00 元 1 包,1 包 1.00 kg,平均柴油价格为 7.00 元/kg;在当地,杀虫剂主要使用两种品种:一种是吡虫・杀虫单,3.00 元/包,净含量为0.03 kg;另一种是敌敌畏,18.00 元/瓶,净重量为 0.28 kg。除草剂也主要使用两款:一款是草甘膦异丙胺盐,8.00 元/瓶,净重量为 0.20 kg;另外一款是敌草快,3.00 元/包,净含量 0.06 kg。总肥复合肥平均 2.80 元/kg,尿素平均2.75元/kg。当地稻米市场价平均为 3.00 元/kg。当地农户会购买两种鱼苗。一种大约有两根小拇指一般大的鱼,10 条大概 0.20 kg,1.00 元/条;另外一种是一条大约 0.10 kg,平均 17.00 元/kg,平均价格为 33.50 元/kg。一般食用的稻鱼为 0.35 kg/条,市场价格为 60.00 元/kg,根据价格得出表 7-5。

表 7-5 水稻单作亩生产各要素的投入产出量

元

类别	项目要素	金额	
		水稻单作模式	稻田养鱼模式
投入	劳动力	1 360.00	1 342.40
	种子	65.00	63.05
	鱼苗		111.89
	柴油		61.31
	农药	12.08	8.65
	杀虫剂	7.75	
	肥料	126.39	68.45
	尿素	57.31	31.74
	复合肥	69.08	36.72
	农家肥		
	小计	1 563.47	1 655.76
产出	水稻	1 650.00	1 599.00
	稻鱼	0	1 027.20
	净收益	86.53	970.44

从表 7-6 可以看出,稻田养鱼的成本是水稻单作的 1.05 倍;从收益看,稻田养鱼的总收益是水稻单作的 1.59 倍,净收益是水稻单作的 11.22 倍。稻田养鱼模式的经济收益更高,能够保障农户生活,满足自家粮食供给,有利于增加农户的收入。

表 7-6 水稻单作与稻田养鱼经济效益对比表

要素	水稻单作模式	稻田养鱼模式
成本/元	1 563.47	1 655.76
总收益/元	1 650.00	2 626.20
净收益/元	86.53	970.44
经济产投比	1.05	1.59

2.能量效益分析

在投入的要素中,机械、种子、农药和肥料 4 个要素属于需要购买的能值,根据表 7-1 和表

7-4 得出 2 种模式各物质要素能量并经过公式(7-5)算出表 7-7。

表 7-7 水稻单作与稻田养鱼能量效益对比表

能量指标	水稻单作模式	稻田养鱼模式
投入能量/MJ	8 273.94	8 974.61
产出能量/MJ	8 305.00	8 140.75
需购买能量/MJ	2 335.74	2 011.15
总产量/kg	550.00	533.00
净能量产出率	3.56	4.05
能量产投比	1.00	0.91
单位能量生产率/(kg/MJ)	0.07	0.06

从表 7-7 中可以看出,水稻单作模式的产出能量大于投入能量,而稻田养鱼模式恰恰相反,说明水稻单作模式的能量转化率较高。从能量产投比来看,水稻单作模式是稻田养鱼模式的 1.10 倍,说明水稻单作模式投入能量转化为水稻能量效益较高;水稻单作模式单位能量生产率是稻田养鱼模式的 1.17 倍,说明同一产出能量下水稻单作模式的产量较高;而稻田养鱼模式的净能量产出率是水稻单作模式的 1.14 倍,表示在经济投入一定的情况下稻田养鱼模式系统生产效率更高。

3.生态效益分析

根据表 7-2 和表 7-4 得出 2 种模式生产过程中各物质要素的碳排放量,可知生产期间各农资投入中农家肥造成的碳排放量最高,水稻单作模式中占总碳排放量的 97.44%,稻田养鱼模式中占 98.27%。

根据公式(7-10)计算得出水稻单作每亩生产的碳足迹指标见表 7-8。

表 7-8 水稻单作与稻田养鱼生态效益对比表

碳足迹指标	水稻单作模式	稻田养鱼模式
总碳排放量/kgCO_2eq	7 832.77	9 167.90
单位产量碳足迹/(kgCO_2eq/kg)	14.24	17.20
单位面积碳足迹/(kgCO_2eq/亩)	7 832.77	9 167.90
单位产值碳足迹/(kgCO_2eq/元)	4.75	3.49
碳效率/(kg/kgCO_2eq)	0.07	0.06

从表 7-8 可以看出,稻田养鱼模式每亩的总碳排放量是水稻单作模式的 1.17 倍,单位面积碳足迹是水稻单作模式的 1.17 倍,单位产量碳足迹是水稻单作模式的 1.21 倍,但是从单位产值碳足迹来看,水稻单作模式是稻田养鱼模式的 1.36 倍,说明在同一经济情况下,稻田养鱼模式产生的碳排放要少很多。结合各碳足迹指标综合考量,得出在下翁细村选择稻田养鱼模式对环境较友好。

4.多指标的综合评价

综上所述,本章把经济、能量和生态三方面进行归一化,运用综合指数进行对比分析,通过公式(7-11)计算得出，稻田养鱼模式的综合评价指标为0.83，水稻单作模式的综合评价指标为0.38，如表7-9所示，说明下翁细村更适合进行稻田养鱼，稻田养鱼模式能够给下翁细村带来更好的效益。

表7-9　下翁细村稻田养鱼模式与水稻单作模式综合指标表

项目	净能量产出率/%	净收益/元	碳足迹/kg CO_2eq	综合评价指标值
稻田养鱼模式实际影响数值	4.05	970.44	9 167.90	
水稻单作模式实际影响数值	3.56	86.53	7 832.77	
参考值	2.64	831.47	7 864.00	
稻田养鱼模式指标值	0.61	0.46	−0.24	0.83
水稻单作模式指标值	0.54	0.04	−0.20	0.38

六、与其他地区稻鱼模式综合效益对标分析

(一)经济效益对标分析

本节是将下翁细村与浙江省青田县进行对标。青田县方山乡龙现村稻鱼共生生态系统在2005年被评为首批“全球重要农业文化遗产”示范点之一，对本章具有重要的借鉴意义。数据来自刘某承等的研究结果[7]，他们研究了青田县方山乡龙现村和邵山村共437户农户、127.67 hm^2稻田生产的投入产出数据，其中稻田养鱼面积66.23 hm^2，常规稻作面积61.44 hm^2；而本章研究了黄平县重安镇下翁细村共40户农户，89亩稻田生产的投入产出数据，其中稻田养鱼面积79.50亩，水稻单作面积9.50亩。

从表7-10可知，稻田养鱼模式下，下翁细村的投入成本和净收益都远大于浙江省青田县，而水稻单作模式投入成本大，净收益却少，两个模式的经济产投比则小于浙江省青田县。下翁细村农户种养殖的稻谷和稻鱼大多数都属于自给自食，很少拿去市场上售卖，实际收益都用于保障自家的粮食补给，并无多少现金收入；而浙江省青田县有较为先进的市场销售渠道，不仅能够满足自家粮食补给，还能增加现金收入。综上所述，浙江省青田县的稻田养鱼发展比下翁细村更快更好。

表7-10　下翁细村与浙江省青田县经济效益对标表　　元

要素		稻田养鱼模式		水稻单作模式	
		浙江省青田县	下翁细村	浙江省青田县	下翁细村
投入	劳动力		1 342.40		1 360.00
	种子	13.13	63.05	14.00	65.00
	鱼苗	130.00	111.89		
	化肥农药	38.00	77.11	107.53	138.47
	柴油		61.31		
	饲料	37.27			
	小计	218.40	1 655.76	121.53	1 563.47

续表7-10

要素		稻田养鱼模式		水稻单作模式	
		浙江省青田县	下翁细村	浙江省青田县	下翁细村
产出	水稻	679.87	1 599.00	850.67	1 650.00
	鱼	413.27	1 027.20		
	小计	1 093.14	2 626.20	850.67	1 650.00
	净收益	874.74	970.44	729.14	86.53
	经济产投比	5.01	1.60	7.00	1.05

(二)能量效益对标分析

对标下翁细村与盘锦市大洼县(今大洼区)(表7-11):选其常规稻蟹和水稻单作两种模式与下翁细村的稻田养鱼和水稻单作两种模式进行对标分析。盘锦市大洼县常规稻蟹模式产出水稻620.00 kg/亩,蟹16.00 kg/亩,产值为1 128.00元/亩;水稻单作模式产出水稻675.00 kg/亩,产值为1 035.00元/亩。下翁细村稻田养鱼模式产出水稻533.00 kg/亩,鱼17.12 kg/亩,产值为2 626.20元/亩;水稻单作模式产出水稻550.00 kg/亩,产值为1 650.00元/亩。数据来自安辉的研究结果[16]。

表7-11　下翁细村与盘锦市大洼县能量效益对标表　　MJ

要素		常规稻蟹/稻田养鱼模式		水稻单作模式	
		盘锦市大洼县	下翁细村	盘锦市大洼县	下翁细村
投入	劳动力	21.29	211.43	17.28	214.20
	种子	37.13	43.34	37.13	22.00
	饲料				
	大豆	103.35			
	玉米	82.65			
	机械	71.09	894.73	82.98	872.78
	柴油	321.27	286.58	365.64	
	农药	15.18	31.20	129.31	57.60
	肥料	1 178.53	755.30	2 357.05	1 383.36
	农膜	77.90		25.97	
	灌溉水	630.00		630.00	
	农家肥	14 640.00	6 752.03		5 724.00
	小计	17 178.39	8 974.61	3 645.36	8 273.94
产出	水稻	5 572.80	8 048.30	8 901.00	8 305.00
	稻鱼/河蟹	74.88	92.45		
	小计	5 647.68	8 140.75	8 901.00	8 305.00
	能量产投比	0.33	0.91	2.44	1.00
	净能值产出率	4.76	4.05	13.89	3.56
	单位能量生产率	0.04	0.06	0.19	0.07

从表 7-11 得知，在稻蟹/鱼共生模式下，盘锦市大洼县的投入能量大于下翁细村，而产出能量却小于下翁细村，说明下翁细村的能量转化效率更高。从能量产投比来看，下翁细村是盘锦市大洼县的 2.76 倍，说明下翁细村的能量转换效率更高；从净能值产出率来看，盘锦市大洼县是下翁细村的 1.18 倍，说明在经济投入一定的情况下，盘锦市大洼县生产效率更高；从单位能量生产率来看，下翁细村是盘锦市大洼县的 1.50 倍，说明下翁细村每投入 1 MJ 的能量产出的能量较多。

在水稻单作模式下，下翁细村的投入能量大于盘锦市大洼县，而产出能量小于盘锦市大洼县，说明盘锦市大洼县的能量转化效率更高。从能量产投比来看，盘锦市大洼县是下翁细村的 2.44 倍，说明盘锦市大洼县的能量转化效率更高；从净能值产出率来看，盘锦市大洼县是下翁细村的 3.90 倍，说明在经济投入一定的情况下，盘锦市大洼县生产效率更高；从单位能量生产率来看，盘锦市大洼县是下翁细村 2.71 倍，说明盘锦市大洼县每投入 1 MJ 的能量产出的能量更多。

(三)生态效益对标分析

数据来自安辉的研究结果[16]。

从表 7-12 得知，在稻蟹/鱼共生模式下，盘锦市大洼县每亩碳排放量是下翁细村的 1.98 倍。从单位产量碳足迹来看，盘锦市大洼县是下翁细村的 1.70 倍，说明盘锦市大洼县每产 1 kg 的稻蟹/鱼产生碳排放量大于下翁细村；从单位产值碳足迹来看，盘锦市大洼县是下翁细村的 4.62 倍，说明盘锦市大洼县每产 1 元产生的碳排放量大于下翁细村；从碳效率来看，下翁细村是盘锦市大洼县的 2.00 倍，说明下翁细村每产生 1 kg CO_2 产出的稻蟹/鱼大于盘锦市大洼县。

表 7-12 下翁细村与盘锦市大洼县生态效益对标表 kg CO_2eq

要素	常规稻蟹/稻田养鱼模式		水稻单作模式	
	盘锦市大洼县	下翁细村	盘锦市大洼县	下翁细村
劳动力	9.34	14.43	7.59	14.47
种子	2.61	1.13	2.75	1.16
饲料				
大豆	1.70			
玉米	1.05			
机械	10.92	45.95	12.72	44.82
柴油	15.62	20.74	17.77	
农药	2.70	2.34	13.50	4.32
肥料				
氮	107.60	69.10	215.11	126.20
磷	12.75	3.15	25.50	5.93
钾		2.06		3.87
农膜	3.74		1.25	
灌溉水				

续表7-12

要素	常规稻蟹/稻田养鱼模式		水稻单作模式	
	盘锦市大洼县	下翁细村	盘锦市大洼县	下翁细村
农家肥	18 000.00	9 009.00		7 632.00
小计	18 168.03	9 167.90	295.53	7 834.77
单位产量碳足迹	29.30	17.20	0.44	14.24
单位产值碳足迹	16.11	3.49	0.29	4.75
碳效率	0.03	0.06	2.28	0.07

在水稻单作模式下，下翁细村每亩碳排放量是盘锦市大洼县的26.51倍。从单位产量和产值碳足迹来看，下翁细村都远远大于盘锦市大洼县，说明下翁细村在单位产量和产值下产生的碳排放量都远远大于盘锦市大洼县；从碳效率来看，盘锦市大洼县是下翁细村的32.57倍，说明盘锦市大洼县每产生1 kg CO_2 生产的水稻产量远大于下翁细村。

综上所述，下翁细村稻田养鱼模式的经济收益较好，但是在带动经济增长方面不如浙江省青田县；下翁细村稻田养鱼模式的投入能量转化率较高，但生产效率不如盘锦市大洼县；下翁细村稻田养鱼模式的生态效率较好，但是在肥料施用量的规范性上不如盘锦市大洼县。

七、结论和建议

（一）结论

综合分析表明，下翁细村农户家庭人口数大于等于5人的占72.50%，家庭经济负担重，因此大多数青年人选择外出务工，从事农业的青壮年人数较少，大多数都是无法外出务工的老年人，农业人口逐渐趋于老龄化。该村人口受教育水平主要集中在小学阶段，从事农业的劳动人口受教育水平较低；其种养殖水稻及稻鱼的规模较小，主要集中在2～4亩的稻田；多数人不愿意采纳新技术，种养殖技术多数来自亲朋好友或自己摸索；在肥料选择以及用量上缺乏规范性；养鱼方式也较为随意。当地的稻田养鱼发展存在青年劳动力短缺、缺乏高新农业专业技术、劳动力普遍素质较低和政府支持力度不够等问题，在这些问题得不到解决的情况下，该村的稻田养鱼无法发展壮大，规模驻足不前，稻米和稻鱼的产量得不到提高。

在综合效益方面，稻田养鱼模式的综合评价指标为0.83，大于水稻单作模式(0.38)，说明稻田养鱼模式在贵州省黄平县重安镇下翁细村比水稻单作模式更具有发展前景。经济效益方面，稻田养鱼模式的净收益是水稻单作模式的11.22倍，说明稻田养鱼模式收益更高，对改善当地农户的生活更具有价值，对当地农业发展更有带动力和吸引力；能量效益方面，稻田养鱼模式投入能量多而产出能量较少，其净能量产出率小于水稻单作模式，表明稻田养鱼模式在经济投入一定的情况下系统生产效率较低；生态效益方面，稻田养鱼模式的单位面积碳排放量大于水稻单作模式，水稻单作模式的生态效益较好。

另外，在与其他地区对标分析之后发现，下翁细村稻田养鱼模式的经济收益较好，但是在带动经济增长方面不如浙江省青田县；下翁细村稻田养鱼模式的投入能量转化率较高，但生产效率不如盘锦市大洼县；下翁细村稻田养鱼模式的生态效率较好，但是在肥料施用量的规范性上不如盘锦市大洼县。

（二）建议

基于以上分析，可以得知稻田养鱼模式在下翁细村有着积极的发展前景，但是下翁细村的产业发展并没有得到进步，经济水平没有得到提升，没有发挥出稻田养鱼的经济带动能力，主要是由下翁细村青年劳动力外流、农户的知识水平不足、缺乏高新技术和政府支持力度不够而导致其发展停滞不前。因此提出以下几条建议：

1.依托村专业合作社吸引青年劳动力

该村目前有三个种养殖农民专业合作社，但是由于资金不足以及疫情的影响，合作社的发展停滞不前。可以通过三个合作社共同合作，积极吸收该村的青年劳动力入社，把当地荒掉的田地充分利用起来，大力发展稻田养鱼的产业。同时，由专业合作社带头引入合作的销售方，增加稻鱼产量的同时带动市场的发展，以增加稻鱼的销售量，带动农户经济增长。下翁细村农户均为苗族，具有独特的苗族风俗，在稻田养鱼产业发展的同时，结合当地的少数民族风情和自然风景，开展具有苗族特色的稻田养鱼休闲旅游业，吸引游客并带动稻米和稻鱼的销量。

2.依托大学生村官与驻村干部引进高效农业专业技术

积极利用当地驻村干部的人际关系，引进农业专业人员对当地农户进行指导，为农户解决在稻田养鱼生产过程中遇到的相关问题，并提出相应建议，让农户学习高效的农业专业技术。同时，积极响应党中央的重大战略决策，依托大学生下乡当村官，带动农户提升农业技能知识，大学生村官要发挥自己的专业知识，为农户解决一些理论上的技术问题，提高农户的农业理论知识。

3.利用大学生志愿者活动和村展示板等方式提升农户知识水平

黄平县共青团在每个假期都会招募大学生志愿者，进行各种志愿活动。下翁细村可以积极与县共青团委对接，充分利用大学生志愿者下乡的机会，让大学生志愿者与农户相互交流，提升农户的知识水平。在村里做好展示板，经常宣传相关的教育知识和农业专业知识，让农户了解到更多的农业知识，做到施肥用量规范、学会正确挑选肥料以及科学投喂鱼饲料。

4.利用多种方式促进政府加大对传统农业模式发展的支持力度

政府在做好易地扶贫搬迁工作的同时，鼓励其他农户发展种养殖产业，给予资金支持，引进相关专业技术人员下乡指导，并对发展较好的农户提供帮助，使其在村里发展壮大，带动其他农户一起发展农业产业。

八、参考文献

[1] 刘小燕.稻鸭鱼生态种养对稻田甲烷减排及水稻栽培环境改善的功能研究[D].长沙：湖南农业大学，2004.

[2] 潘伟彬，庄东萍.中国稻田养鱼的发展历史和主要模式[J].闽西职业大学学报，1999(3)：69-70，75.

[3] Masahara MANDA. Crossbred duck rice farming in Asia. Farming Japan. 1996(30)：1-4.

[4] Grant J. The relationship of bioenergetics and the environment to the 32 field growth of cultured bivalves [J]. J Exp Mar Eco，1996，200：239-256.

[5] 周江伟，刘贵斌，黄璜.传统农业文化遗产稻田养鱼进步与创新体系研究[J].湖南农业科

学,2017(9):105-109.
[6] 李娜娜.中国主要稻田种养模式生态分析[D].杭州:浙江大学,2013.
[7] 刘某承,张丹,李文华.稻田养鱼与常规稻田耕作模式的综合效益比较研究:以浙江省青田县为例[J].中国生态农业学报,2010,18(1):164-169.
[8] 马微微,陈灿,黄璜,等."稻+稀有鱼"综合种养模式的发展现状及前景分析[J].作物研究,2019,33(5):468-472.
[9] Frei M, Becker K. Integrated rice-fish culture: Coupled production saves resources[J]. Natural Resources Forum, 2005, 29(2).
[10] 陈璐,陈灿,黄璜,等.稻田生态种养对农田生态效应的影响[J].作物研究,2019,33(5):346-351.
[11] 崔文超,焦雯珺,闵庆文,等.基于碳足迹的传统农业系统环境影响评价:以青田稻鱼共生系统为例[J].生态学报,2020,40(13):4362-4370.
[12] 崔文超,焦雯珺,闵庆文,等.土地流转背景下不同经营规模青田稻鱼共生系统的环境影响差异:基于碳足迹的实证研究[J].应用生态学报,2020,31(12):4125-4133.
[13] 张小丽.成都平原稻田综合种养模式与效益评价研究[D].成都:四川农业大学,2019.
[14] 游峥嵘.云南省稻田养鱼产业现状及发展对策研究[D].武汉:华中师范大学,2015.
[15] Liang L, Ridoutt B G, Wu W, et al. A multi-indicator assessment of peri-urban agricultural production in Beijing, China[J]. Ecological Indicators, 2019, 97:350-362.
[16] 安辉.不同稻蟹生产模式土壤有机碳特征及综合效益的研究[D].沈阳:沈阳农业大学,2012.

(注:本章为2018级农村区域发展班吴雪梅本科学位论文部分内容,指导老师梁龙。)

第八章　盘州市核桃产业发展现状及对策研究

一、引言

核桃，别名胡桃、羌桃等，属于胡桃科植物，和扁桃、腰果、榛子并称为“四大干果”，几乎遍布全世界[1]。核桃是我国种植的主要经济油料树种，近年来，我国的种植面积和产量在世界上都排名第一，且每年的产量几乎都在增加，2010 年产量 128.44 万 t、2013 年 232.50 万 t，2017 年 417.14 万 t，到 2020 年已达 479.59 万 t。目前，中国有四个主要种植区域：云贵川地区的西南种植区、靠近新疆的西北种植区、接近海岸的东部沿海种植区与中部种植区。

近年来，地处西南地区的贵州，依托其特殊地理位置、气候，大力发展刺梨、特色林业等 12 项特色农业产业，带动地区经济发展，并希望与脱贫攻坚成果达成有效衔接，以此来巩固脱贫成果，为乡村振兴、农村农业现代化发展注入强大的生命力。

盘州市种植核桃的历史比较长，早在 20 世纪 90 年代盘县还未升至县级市时，为提高农业产业化程度就提出了许多项目，其中就有发展核桃产业。经过几年的发展，盘州市已是贵州省发展核桃产业的主要地区，核桃产业已发展成盘州市的核心产业之一。2012 年我国对“盘县核桃”实施农产品地理标志登记保护。2018 年盘州市按照“十六字”总体思路，精心安排扎实推进核桃产业稳步发展，促进贫困户脱贫增收。2021 年盘州市在“十四五”纲要中提到要发展农业特色产业，挖掘出具有竞争力的刺梨、软籽石榴、核桃等产业，核桃的面积保持在 18 666.67 hm^2 以上，加快了盘州市核桃产业的多个项目发展。

21 世纪初，盘州市核桃栽种面积迅速扩大，2009 年种植 2 100.00 hm^2，2010 年种植 4 120.00 hm^2，2017 年面积 17 333.33 hm^2，在 2020 年到达 22 246.67 hm^2。目前，盘州市的核桃产业虽有了一些进展，但还存在一些问题，包括低产林改造项目实施进度缓慢，项目建设质量不高，产业发展资金短缺，技术服务储备不足，示范带动能力不强，政府、龙头企业与种植户的有效衔接不足等。在乡村振兴的大背景下，解决这些问题具有紧迫性和重要性。下一步应提高认识，围绕“稳面积、提质量、增效益”目标，着力保护好基地、抓好示范、强化创新、做好服务，不断提高核桃产业的效益。

因此，本章在查阅资料和调查的基础上，运用 SWOT 分析等研究方法为盘州市制定具有山地特色的核桃产业发展规划，提升核桃产业同其他干果产业的竞争力，推进核桃产业发展为促进农业农村现代化做出贡献，以期为盘州市核桃产业健康发展提供理论依据，推动产业的基础设施、销售渠道等的完善，为其他农产品产业的发展提供一定的借鉴作用。

二、研究背景及研究方法

(一)研究背景

随着人们对健康和高营养食品的认识日益提高，核桃也因其营养健脑等功效受到人们的青睐，核桃产业也越来越受到重视，对核桃产业的研究也越来越多。2010 年 Adem 提出核桃产业有助于增加农作物的多样性，还可以缓解干旱[2]。2015 年，雅典农业大学的 Christopoulos 和 Tsantili 研究了核桃在不同的储藏条件下营养价值的变化，发现在 1 ℃的氮气或二氧化碳条件下储存核桃效果最好[3]。

在核桃生产管理方面，吕成利对县级核桃产业进行了研究，认为应整合有限的资源对产业发展提供支持，在核桃的每一个阶段都进行不一样的补贴，使产业能够健康发展[4]。刘杜玲对核桃的结果率进行了研究，发现对核桃喷洒生长调节剂能使结果率提升 17.89%[5]。张光胜认为，要认真开发核桃容器育苗，延长核桃树种植时间，同时发现基层的核桃产业缺乏科技创新，主张在县级建立协会以促进产业的发展。许多园区的管理方式比较落后，不注重科学化、系统化，基本都是个体为单位来进行种植；园区规划不合理，导致很多园区的交通、灌溉等设施不完善，阻碍了产业的发展[6]。

在核桃加工方面，从总体来说，李淑芳等认为我国的加工企业对核桃产品的加工比较弱，只是进行初加工，精加工的非常少，应该朝深加工的方向去创新性发展，而这也需要国家进行一些规划和管理，给予核桃企业一些便利和政策，使核桃产业形成一体化发展[7]。

在核桃产业布局方面，李娅等对中国的核桃产区进行了研究，发现核桃产区主要在云南、新疆等地，这些产区的核桃产量高、品质好，已经形成了一定的产业基础，这也得益于这些地区的自然条件[8]。虽然我国的核桃产业发展趋势比较好，产量和种植规模都很不错，但就产业布局来说还是不集中，每一个省的进度都不一样，一些省份甚至都没有形成一个完整的体系，而且在核桃的管理、产业布局等方面较弱，产业的发展速度缓慢。

因此，本章将通过对盘州市展开实地调查研究，分析核桃的生产现状，寻找核桃在生产过程中存在的具体问题，并提出相应的对策，从而推动盘州市核桃产业的健康发展。

(二)研究方法

1.问卷调查法

走访盘州市核桃种植户，根据研究方向设计好调查问卷在盘州市进行问卷调查。了解盘州市核桃发展现状，发现存在的问题，并提出相应的解决措施，最终实现盘州市核桃产业的可持续发展。

2.SWOT 分析法

SWOT 分析法又称态势分析法，是由美国旧金山大学的管理学教授史提勒 20 世纪 80 年代初提出来的，它是一种能够较客观而准确地分析和研究对象现实情况的方法[9]。本章将与盘州市核桃产业密切关联的内部优势因素(strengths)、劣势因素(weakness)和外部机会因素(opportunities)、威胁因素(threats)，通过调查分析罗列出来，然后合理分析找出对盘州市核桃产业有利的因素和不利的因素，将劣势变为优势，发现存在的问题，提出解决的办法，明确今后的发展方向[10]。

三、盘州市核桃产业的发展现状

(一)盘州市概况

盘州市地处六盘水市西南部，经济实力强，已经入选了全国二十届、二十一届百强县，全市设立 14 镇 6 街道 7 乡，居住着汉族、彝族、白族等 29 个民族，常住人口 107 万人（第七次全国人口普查数据）。盘州市总面积 4 056 km^2，天气凉爽。几乎很多植物都能在盘州市生长，盘州市森林覆盖率高达 60%。独特的自然条件也孕育出了许多著名的自然风光，例如妥乐古银杏、大洞竹海等著名的自然景区，特别是妥乐还被称为“世界古银杏之乡”[11]，这些有利的生态条件也为盘州市发展旅游产业提供了条件。盘州市历史古迹众多，不仅有大洞遗址、碧云洞、丹霞山等古代遗址，而且还有九间楼等革命先烈战斗过的遗址，这些文化底蕴使盘州市具有发展文化产业的基础。

（二）核桃种植户基本现状

通过采取问卷和访谈的调查方式，发现盘州市种植核桃的农户存在许多问题：劳动力短缺，文化程度偏低，年龄偏大等。而合作社基本只是一个虚名，没有真正落到实处。目前，盘州市主要以传统种植经验为主，若是政府下发相关政策文件以规范核桃种植，对农户进行培训、宣传，盘州市核桃产业就会有较大的提升空间，也能进一步提高盘州市产业组织程度。

1.劳动力数量

如图 8-1 所示，在农户家庭的人口结构分布中，由于调查的地点在农村，受传统观念的影响，家庭总人口数都比较多，3 人及以上的占比高达 89%，说明大部分家庭的负担还是比较重。农户家庭中的劳动力人数主要以 2～3 人为主，占比达到 86%，劳动力人数为 4 人及以上的比例仅为 5%。以上情况说明在核桃种植过程中盘州市有劳动力短缺现象。

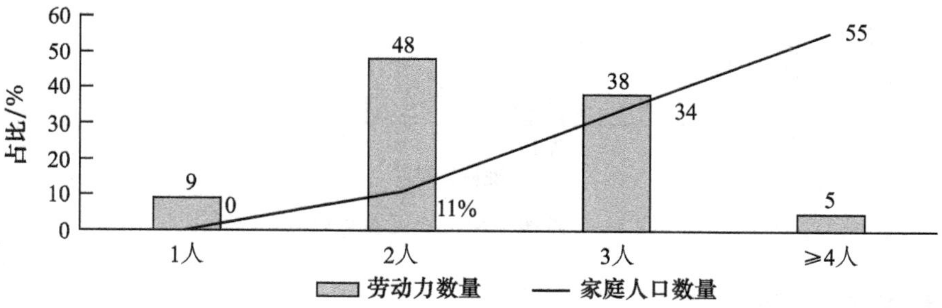

图 8-1　盘州市核桃种植农户人口结构

2.年龄结构

如图 8-2 所示，核桃种植户的年龄主要集中在 40～50 岁，从事核桃种植的年轻人较少，30 岁以下的仅有 7%。其中，40～50 岁的人数占 45%，50 岁以上的农民占 20%，40 岁及以下的农民仅占 35%。结果显示，核桃种植者趋于老龄化，而老年人的劳动能力和接受新技术的能力较差，对核桃栽培的标准化和精细化管理能力将会降低，这会对核桃的产量和品质产生影响。

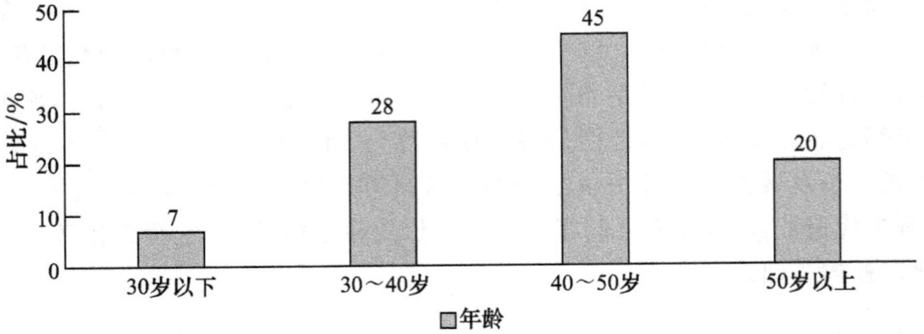

图 8-2　盘州市核桃种植户年龄结构

3.受教育程度

如图 8-3 所示，从事核桃种植农户的受教育程度主要集中在小学教育水平以下，占比高达 52%；初中文化水平的核桃种植户占 29%，而高中以上文化水平仅占 19%。但是很多学历高的劳动力仅只在闲暇时劳动，真正的种植户还是家里的老人为主。这表明，盘州市从事核桃种植的农户大多数处于中低等文化水平。而受教育程度对核桃种植技术接受程度、管理水平等都具有很大影响。

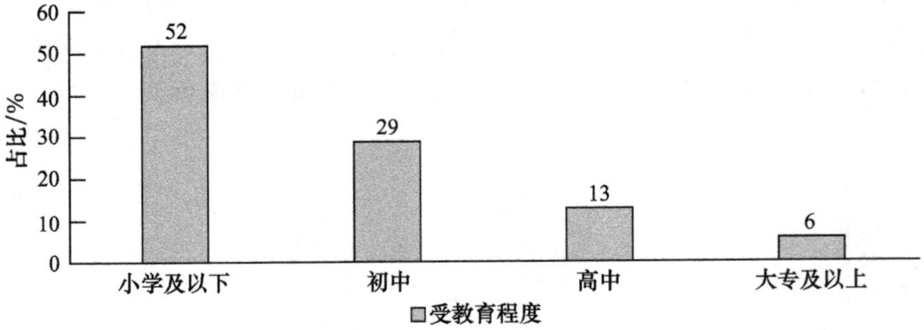

图 8-3　盘州市种植户受教育程度

(三)核桃种植现状

盘州市核桃种植面积广，种植的主要乡镇有鸡场坪镇、旧营乡、保田镇等，核桃产业已经成为盘州市的核心产业之一。盘州市自 2010 年 9 月成为核桃重点发展的地区以来，核桃的种植面积在逐年增加。但当地的种植基本处于分散、小规模的种植状态。在施肥管理的过程中，当地农户对核桃基本不进行施肥，也不进行修剪、灌溉等。基本都是种植结束就不再管理，甚至在套种其他农作物时也不管核桃的生长情况，基本任由其自然生长。2020 年核桃种植面积达到 33.37 万亩，2021 年的“十四五”规划纲要中提到核桃基地保存面积应稳定在 28 万亩，仍比 2020 年下降不少[11]。核桃的产量 2018 年达到 4 751 t，但是 2019 年却只有 1 496 t，在 2020 年又达到 4 682 t。

1.核桃种植信息

如表 8-1 所示，盘州市的核桃品种为黔盘核 3 号、云新系列等，品种较为多样。在政府的统一安排下开始规模化种植，包括树苗、栽种等，由合作社牵头，政府统一出资完成。当地核桃的树龄为8年以上，果实成熟期在7—9月，部分早熟核桃成熟时间较早。

表8-1　盘州市核桃种植信息

信息	特征
种类	黔盘核3号、云新系列
品种选择	政府统一栽种
挂果	八年挂果
果实成熟期	7—9月

2.种植技术

如图8-4所示，有67%的核桃种植户表示从未进行过培训，种植和管理基本全靠自己种地的经验和传统的知识，根本不知该如何种植；有33%的种植户虽然接受过技术指导，但培训的次数还是很少，获得的效果微乎其微，不利于提高核桃的产量。

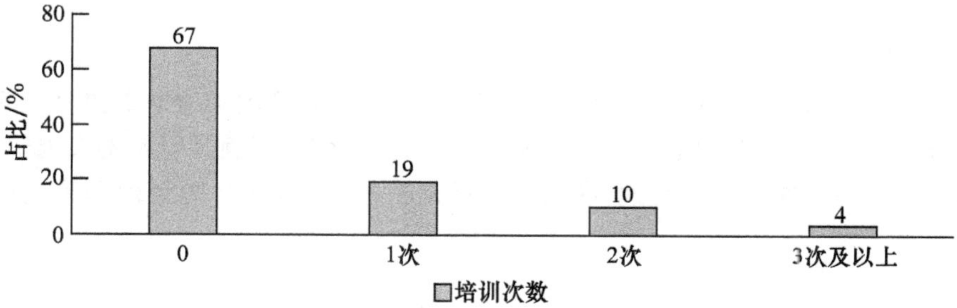

图8-4　盘州市核桃种植户培训次数

3.栽种密度

如图8-5所示，盘州市地处山地丘陵地带，核桃的种植大都处于中小规模。每亩的规模主要集中在30棵以下，其比例占样本总量的87%；此外，栽种密度在30～40棵的农户占总样本的9%，在40棵以上的农户占总样本的4%。

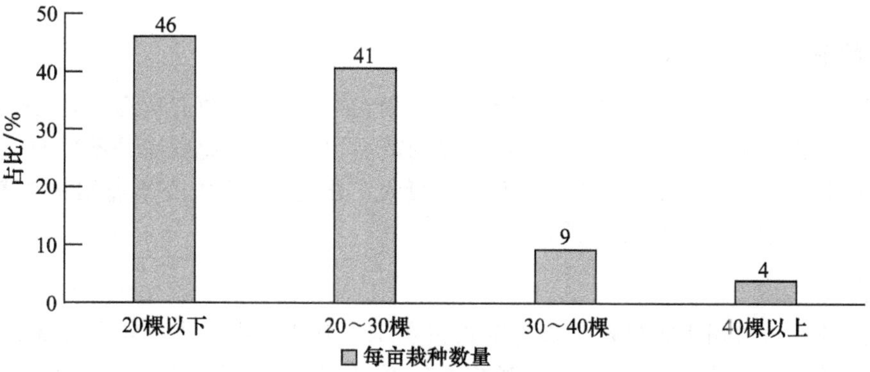

图8-5　盘州市核桃种植密度

4.施肥管理

在核桃种植过程中，盘州市农户对核桃的管理较为粗放。如图8-6所示，有超过70%以上的种植户对核桃进行施肥、灌溉、修剪工作次数只有1次，工作次数达到2次以上的在18%以下，仅有少部分的种植户对核桃进行管理。相较其他来说，每年进行除草的比例已经算比较高的，每年进行3～5次除草的种植户比例占56%。

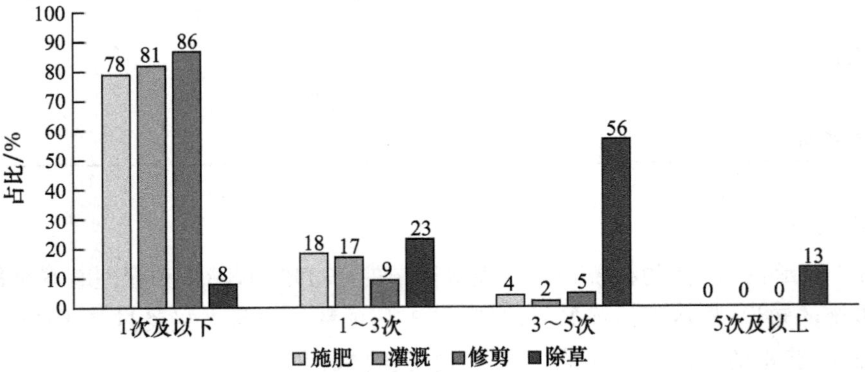

图8-6　盘州市核桃种植管理

5.基础设施

通过调查发现，盘州市种植村的基础设施都比较差，具体情况见表8-2，这在一定程度上制约了当地核桃的发展。村上的道路交通主要是村村通硬化路，能满足日常的交通需求；但是机械化程度比较低，许多农户用牛耕地，灌溉设施更是根本没有，平常的管理和果实的采摘也全靠人力。

表8-2　盘州市种植村基础设施状况

种类	基本情况
交通	村村通
机械化程度	非常低
灌溉设施	无

(四)核桃销售现状

在核桃销售方面，由于当地农户缺乏销售渠道和必要的市场销售信息，基本全是农户自行销售；而且盘州市的龙头企业建设比较弱，开发的产品比较少，产业发展并不理想。此外，通过对比分析盘州市农业产业结构调整前后农作物投入产出比，发现农业产业结构调整可有效增加农民的收入，实现帮助农民增收的基本目标。

1.产量

如图8-7所示，盘州市核桃亩产量主要集中在50～70 kg，占比达到样本总量的79%；还有9%的农户核桃亩产量在50 kg以下，产量相对较低；仅有12%的农户核桃亩产量在70 kg以上，属于相对高产。

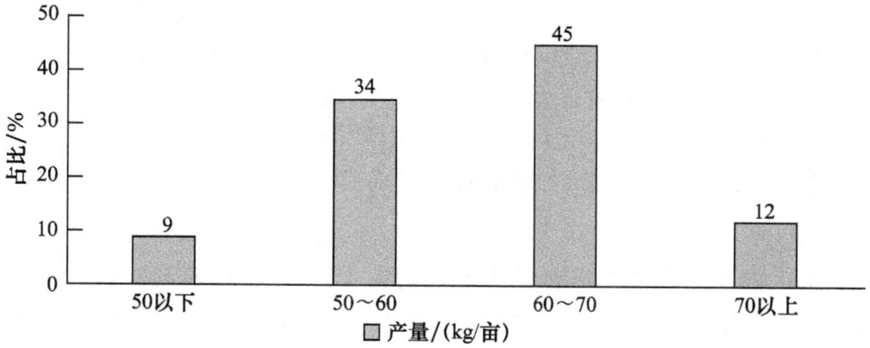

图 8-7　盘州市核桃亩产量

2.龙头企业建设

盘州市自发展核桃产业以来，一直致力于建设一批龙头企业来带动整个核桃产业的发展。1996 年，盘州人耳熟能详的信友核桃乳厂建立，仅仅经过两年时间的发展，信友就获得了巨大的成功，被贵州省确定为龙头企业，信友核桃乳更是被评为名牌产品。2012 年 5 月 2 日，经过政府的努力，盘州市闻名遐迩的“盘县核桃”被实施农产品地理标志登记保护；2017 年，“盘县核桃”正式获得批准，成为盘州市发展核桃产业的有利条件，增加了知名度。现如今盘州市境内有贵州信友实业有限公司、贵州天香宜集团、贵仁农业科技开发有限公司等多个著名核桃深加工企业。经过调查发现盘州市这些加工企业的主要产品都很单一，和类也比较少。主要是市面上都存在的核桃乳、核桃油等产品，如表 8-3 所示。

表 8-3　盘州市部分核桃类产品

序号	企业名称	产品
1	贵州信友实业有限公司	信友核桃乳
2	贵州天香宜集团	天香宜初榨核桃油
3	盘州市云新核桃产业有限公司	盘县核桃
4	贵仁农业科技开发有限公司	胜境庄园核桃乳、荞麦核桃乳

3.盘州市核桃产业销售渠道建设

在线下实体店销售方面，盘州市建立了一批核桃农产品批发市场，主要集中在镇上。目前这些批发市场的运营管理不是很完善，成交额低，组织形式也很落后。而近些年来销售农产品的电商和邮政等新方式，可以有效帮助农民群体减少农产品囤积，提高农民收入。自 2016 年起，各地的邮政分公司就积极与各商家达成合作意向，累计帮助当地销售农特产 500 万元。目前，盘州市的特产均能在各大购物平台上买到，为确保外地客户能买到正宗的盘州原产地农特产，邮政公司将所有农特产上线邮乐网、黔邮乡情，又在村级设置物流点，在乡镇建设物流中转中心，再通过县级仓储中心统一发往全国，不仅可提高物流时效，还可提升客户体验。

在线上销售方面，盘县核桃积极布局各大电商，目前入驻的主要电商有：天猫、淘宝、京东及抖音等平台。以“盘县核桃”为关键词在各大电商平台进行搜索，可以得到各个平台的搜索结果[12]。

4.经济效益情况

核桃作为经济作物，有很高的经济价值。根据贵州省农产品质量安全检测中心分析，盘县核桃营养丰富,粗脂肪含量60.2%左右,蛋白质含量8.5%左右,碳水化合物含量8.0%以上,富含多种氨基酸及维生素。但由于盘州市的核桃管理较为粗放,核桃平均亩产仅有65 kg,每亩核桃销售收入1 500元。若是政府下发通知加强核桃管理,核桃达到亩产100～150 kg是可能的,按照如今的市场行情,以每千克28元的价格出售,每亩收入可达3 000元以上。因此,发展核桃产业能创造较好的经济效益,加快农业农村现代化,更好地实现乡村振兴。

5.投入与产出

如表8-4所示,核桃种植成本以劳动力和农药为主,由于由政府统一进行发放和种植,故种苗不计成本。因为种植户地处较为封闭的自然环境,机械化程度非常低,一般使用牛耕,故机械使用的成本也较低。自核桃种植后种植户基本不进行施肥,肥料成本也可忽略不计。农药一般使用百草枯一年进行2～3次除草。在果实成熟时,一些合作社以每天60元的价格雇佣种植户进行采摘,可算作劳动力成本。

表8-4　投入产出表

元/亩

成本					收入	利润
种子	机械使用	肥料	农药	劳动力		
0	70	0	30	60	1 820	1 660

四、盘州市核桃产业的SWOT分析

(一)发展优势

1.气候条件优势

盘州市气候属于亚热带气候,热量充足,雨量充沛,光照能满足许多植物的生长。核桃树是喜阳植物,特别是在结果时期,若光照不充足,将会对果实品质造成很大影响。一般来说,核桃生长的温度为9～16 ℃,而年日照时数必须为2 000 h[13]。盘州市的年均日照时数在1 200 h以上,但盘州市的大部分核桃种植区域是适宜核桃生长的,盘州市的极端最高气温为35 ℃,极端最低气温为−6 ℃,年均降水量1 390.8 mm,平均相对湿度76%,无霜期271 d,海拔1 750 m,酸碱度5～7,年均温度14～16 ℃,日照率36%,大部分区域基本都满足核桃生长的环境需求(表8-5)。

表8-5　核桃生长环境因子对照一览表

环境因素	极端最高温度/℃	年平均降雨量/mm	无霜期/d	海拔/m	pH	平均温度/℃	极端最低温度/℃	平均日照时数/h
核桃适宜的生长环境	38	400～1 100	180以上	500～1 500	6～8	9～16	20	2 000以上
盘州市核桃生长环境	35	1 390.8	271	1 750	5～7	14～16	−6	1 200以上

2.区位条件优势

盘州市位于贵州到云南的交通要道,交通快捷便利。高速公路、高速铁路等交通运输网四通八达,东西方向有320国道和国家高速公路,南北方向有212省道和毕水兴高速公路。现在不仅连接了省内交通,还贯穿了省外,形成了完善的交通体系。经过调查,省内交通仅仅只需2 h就能到达大部分地区,十分便利;甚至达到珠江三角洲地区也只需4 h,这极大地方便了核桃产品的运输,给核桃产品的外销提供了极其有利的交通条件。便利的交通也是盘州市成为百强县的重要因素之一。

3.市场优势

核桃营养价值丰富,食用核桃有助于身体健康,是最健康的农产品之一。它是滋养大脑、美化面部及延缓衰老的有力法宝,有益于心脏和肺,可以帮助睡眠,是大众消费比例最大的坚果。随着社会的进步,人们对核桃的认识也会逐渐加深,消费量也随之上升[14]。盘县核桃口感浓厚,色泽白黄如玉,富含钙、锌等六种微量元素,营养价值极高,品质十分优良,可以说是具有市场优势的核桃农产品。

4.产业结构调整前后的投入产出比

核桃已经成为农民重要的收入来源之一,因此,对盘州市核桃种植的投入与产出关系进行对比分析具有重要意义。种植核桃的投入部分可分为机械使用、农药和劳动力,共计160元/亩,产出部分为核桃的售价部分,共计1 820元/亩;因此种植核桃的最终利润为1 660元/亩。

产业结构调整前后利润的变化也是各方主体关注的问题。盘州市产业结构调整前后,套种的蔬菜、豆类等基本保持不变。结构调整前,种植的主要农作物是玉米和水稻,种植玉米时主要的成本有种子、肥料、农药等,共计320元/亩,产出部分共计1 050元/亩,最终可计算出全年的利润730元/亩;种植水稻时的主要成本基本和玉米一样,共计310元/亩,产出部分共计1 320元/亩,可得利润1 010元/亩,如表8-6所示。综上所述,在产业结构调整前,当地每年生产农作物的经济价值平均值为870元/亩;产业结构调整后,种植核桃产生的经济价值为1 660元/亩,所产生的经济价值是产业结构调整前的1.9倍。说明发展核桃产业可以增加农户的收入。

表8-6 产业结构调整前的投入产出 元/亩

作物种类	成本					收入	利润
	种子	机械使用	肥料	农药	其他		
玉米	60	70	100	30	60	1 050	730
水稻	90	70	60	30	60	1 320	1 010

(二)发展劣势

1.种植农户

根据调查发现,盘州市核桃种植户年龄都比较大,文化程度都比较低,主要靠核桃获得收入,其他收入较少甚至基本没有。由于家乡的发展机会少、收入低,许多中青年人都选择外出打工,只剩下年纪较大的老人和妇女因为年龄、性别和传统观念的影响选择在家种植农作物。

如今是网络时代,在日常生活中都离不开互联网,许多技术和信息都可以通过互联网学习,但由于老人和妇女自身能力受限,无法上网学习技术和知识,在进行农业活动时基本按照传统的生产经验[15]。

2.合作社执行力度差

自发展核桃产业以来,农户将土地流转给合作社,合作社入股公司,每年每户可得土地流转费500元/亩,但是据调查,自2018年起,农户未收到过来自合作社的土地流转费。由于种植农户自身的局限,对信息、知识等了解不到位,对土地流转费的问题不能及时做出反馈,遇到这种情况也就不了了之。

3.龙头企业带动力小

目前,盘州市有龙头企业4家,主要是贵州信友实业有限公司、贵州天香宜集团、盘州市云新核桃产业有限公司和贵仁农业科技开发有限公司。这些深加工企业主要以加工核桃油和核桃乳为主,产品比较单一,生产规模小,对全市核桃产业带动力不强。根据调查,在一部分乡镇中,企业除在第一年收获季节来进行采购外,其余收获季节根本没来过,核桃的销售全由农户自产自销,企业的带动能力基本没有。

4.缺乏影响力大的区域品牌

盘州市的核桃品牌主要有"信友""胜境庄园""天香宜"等,目前仅有贵州天香宜集团的核桃油知名度较高,在北京举行的第十一届IGPE粮油精品展中获"健康厨房粮油产品金奖"。2017年7月"地理标志产品盘县核桃"获立项批准,但盘州市的核桃产品在其他地区的知名度并不高,在一些知名商场中见不到其核桃产品,其原因是宣传力度小,缺乏有影响的区域品牌。

(三)发展机遇

1.核桃产业创新联盟的成立

2021年8月23日,贵州省核桃产业工作电视电话会议在贵州省林业局召开,宣布成立贵州省核桃产业创新联盟并为其授牌。核桃产业创新联盟是以维护各方共同利益为基础,以促进核桃产业发展壮大为目的,融产、学、研为一体的产业创新合作组织。联盟今后将加强企业和科研院校的合作交流,不断完善核桃产业技术标准,寻求产业增长点,延长产业链,提升核桃产业的综合竞争力。同时,建立综合评价指标体系,推动产业标准化、科学化发展。针对贵州省核桃产业存在挂果率低,管理粗放,加工不强,投入不足,以及企业以生产坚果为主,核桃乳、核桃油、核桃仁等精深加工产品少,市场份额低等问题提出对策。在贵州省林业局的大力支持下,贵州省林业产业联合会和相关产业公司等单位组建了贵州省核桃产业创新联盟,旨在通过强化加盟企业和科研院校的合作交流,整合人员、技术、信息等资源,推动标准共建、资源共享、技术共用、市场共抓,实现互利共赢,推动贵州省核桃产业发展。

2.政府政策扶持

近年来,山地特色农业的发展非常快速,盘州市为发展特色产业,专门在2021年盘州市"十四五"规划纲要中提到要大力发展农业特色产业,积极发展刺梨、核桃等优势特色产业,提高产品的标准化、规模化、品牌化水平。

(四)挑战

1.国外核桃产业的威胁

核桃几乎遍布全球。由于气候、品种等不同,全球各地核桃结出的果实不同,所出售的价格也不尽相同。美国的核桃种植历史久,核桃产量高、品质好,是世界上最大的核桃出口国,占世界核桃出口的55%。东欧和南美虽然核桃产量比较低,但是其品质高、外观漂亮、口感好,因而在市面上的销售价格很高。当这些国家的核桃产品在我国进行销售时,会与本国核桃产业形成竞争,也会对盘州市核桃的产业发展构成威胁[16]。

2.其他干果产业的竞争

在日常生活中,干果的种类非常多,常见的干果有核桃、瓜子、腰果、板栗、夏威夷果等,由于所处的环境、地域不同,各地常见的干果种类也不尽相同,但随着科学技术的发展与交通的便利,许多平时不多见的干果都能得到品尝。盘州市处于贵州省交通要道,若对盘州市核桃产品的宣传力度不够,不能使产品为人熟知,销售市场则易被其他的产品所代替,将会对盘州市的核桃产业造成巨大打击[17]。

3.其他农产品价格的影响

由于进行了农业结构调整,盘州市把玉米、高粱、水稻等改种为核桃,这一举措严重影响了玉米、水稻的价格。当地农民有杀年猪的习俗,几乎家家都喂养生猪,而近年来,玉米价格一直在上升,进一步导致作为猪饲料的玉米价格飙升,从原来的2元/kg涨到近4元/kg。如图8-8所示,一些农户开始砍伐已经种植的核桃树来种植玉米,但核桃的收益对于农民来说比较可观,一些农户不愿把核桃树全部砍伐,于是就砍一部分核桃树,保留一些长势较好的核桃树。

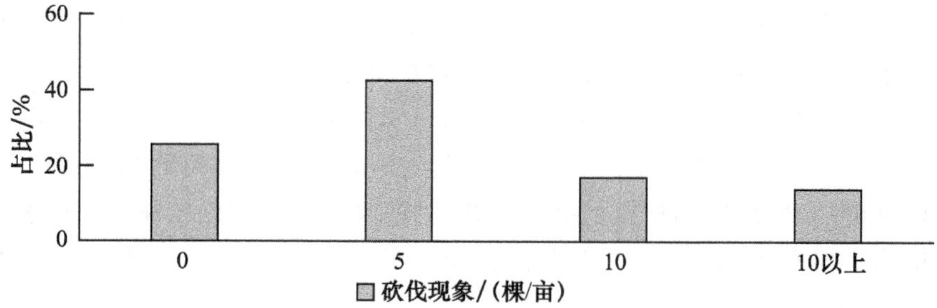

图8-8 盘州市核桃种植农户砍伐现象

五、盘州市核桃产业发展存在的问题

(一)产业组织程度不高

盘州市的核桃产业组织主要由农户、合作社构成。通过调查,农户的年龄都比较大,受教育程度普遍较低,种植的积极性不高。进行种植时,许多农户并不清楚核桃品种,一些农户以为是"三年挂果"的品种,但实际上种植了很多年都未结果,没有产生一点经济效益。由于政府前期仅投入了幼苗费用，没有额外的管理费用，许多农户选择“躺平”，希望政府能够出资管理。近年来，农户毁林现象比较多，绝大多数的核桃未挂果，或者果实品质不佳，经济效益不高，种植户的意见比较大。

通过调查部分核桃专业合作社发现，盘州市核桃合作社大部分规模较小，有些甚至只有虚名。几乎全部的种植户都把土地流转给了合作社，也都参加了合作社，但是合作社并没有履行好自己的职责，许多农户根本没有接受到来自合作社的专业培训，核桃种植全靠自己摸索。而在收获果实时，合作社没有对农户种植的核桃进行收购、销售，农户基本自行销售。

（二）管理粗放

盘州市的核桃生产者大部分是小规模的个体种植户，他们对核桃的管理意识一般较弱。许多核桃种植者仍然用传统的方法管理核桃园。在施肥、修剪以及其他影响核桃产量和品质的技术等方面缺乏科学方法管理，而导致许多早期结实品种生长缓慢，无法达到高产。一般来说，修剪需要在发芽前一次、夏天一次、秋天一次，而盘州市许多种植户基本上不修剪树枝，也不进行灌溉和施肥。大多数生产者不注重管理。

（三）专业技术人员缺乏

实施部门的科技力量薄弱。盘州市核桃产业缺乏专业技术人员，核桃出现问题根本得不到有效解决，导致核桃生长差、产量低。几乎没有一户是经过培训后种植核桃的，几乎全是用种植其他农作物的技术种核桃、管理核桃。在初期，核桃苗由政府统一采购、统一安排，组织有关部门送村、组后，由农民自己种植，但农民基本没种植过核桃，全靠传统经验，相关部门未及时进行技术指导，这也使得种植不规范，后期管理得不到保障。

（四）林下间作不合理

核桃开发前期需要大量投资，但收效很慢。在有限的土地上，要充分利用资源种植核桃，增加收益。由于盘州市耕地少，农民对土地的依赖性又非常高，核桃树下有空间就种庄稼，根本不考虑树的营养和光照，严重影响核桃树的生长。近年来，由于玉米价格上涨，核桃林被频繁砍伐后，基于习惯，大多数的种植户会种植玉米，这样遮挡了核桃树的光线，吸收的光线不足严重阻碍了核桃树的发育，影响核桃的品质。在一些地区，还会在幼核桃苗中间种土豆等草本植物。草本植物须根发达，对水、肥的吸收远强于核桃，使得核桃对水分和营养的吸收非常有限，核桃树发育不良。

（五）市场开发滞后

盘州市核桃种植面积大，速度快，但龙头企业发展慢，市场销路单一。核桃收获后，基本是农户自行出售。核桃加工企业发挥作用较小，缺乏有影响力的大公司，生产的产品市场份额小，竞争力弱，效益低。

六、盘州市核桃产业发展对策

(一)提升产业组织程度

为提高盘州市核桃产业的组织化程度,促进核桃产业的发展,有关部门需要加强对各乡镇的宣传,引导更多的年轻人回乡了解如何科学种植核桃,激发年轻人的创业精神,壮大核桃产业发展规模。年轻人比中老年人接受新事物的能力更强,政府应该提供鼓励性政策,让更多的年轻人留在家里,调动其积极性。加强核桃合作社的管理,合作社不仅需要为种植户提供一部分技术指导,帮助种植户解决难题,还需要为种植户提供销售渠道,帮助种植户联系公司收购核桃,增强合作社的功能,良性运营合作社,实现生产者利润最大化。

(二)加大管理力度

盘州市有着栽培核桃树的悠久历史。许多核桃果园品种错杂,不注重管理,导致核桃果园产量低,产品质量差。盘州市应当聚焦提高质量和效率,对劣质核桃树进行嫁接以优化核桃质量,嫁接的优点非常明显,主要表现为快速生长、结果实早和高产量[17]。许多农户根本没有管理核桃的经验,完全是靠天吃饭,基本种植后就不再管理。政府可以定期安排一部分专业人员到合作社中进行统一指导,大力推广修剪、除草、施肥等技术,或采用开车巡游、以喇叭等形式告知种植户,使其重视对核桃的管理。

(三)加强技术培训

有关部门应将核桃专家和市内人才完全整合,编制核桃栽培管理、害虫防治、加工、保管等通俗易懂的技术资料,分发给农户进行实践运用,并加强指导培训。同时加强与科研机构的合作,引入市内外的核桃专家,参加栽植管理和研究等。市内的技术人员应该深入基地深处指导栽种,传递管理知识。应该在每个镇选择有良好基础的地点,给予必要的帮助和指导,建设成高水平、高质量的核桃示范基地,在示范中发挥主导作用,帮助和指导农民改变传统观念,学会科学的种植技术,学到实用的管理方式。

(四)合理林下间作

要充分利用有限的土地资源,种植其他农作物,增加农民收入,实现经济最大化[18]。间作物种需要根据作物特性进行选择,例如成龄园和幼龄园间作的作物种类和间作条件均有所不同,要采取不同的间作方式,详见表 8-7。

盘州市的核桃由政府统一进行栽种,树龄都比较大。近年来,砍伐现象多,核桃树的行距都比较大,由此可以采取核桃-中草药、核桃-林下养鸡等多种间种方式。例如,盘州市双凤镇西冲福坤种植基地在核桃林下间种魔芋,据基地负责人介绍,种植核桃每年都需要一定的管理费,现在退耕还林实行林下间作,核桃每年每亩地收入 5 000 元左右,比单纯种植核桃的收入更高。合理的套种能把有限的资源利用起来,增加种植户的收入,提升核桃产业的经济价值。

表 8-7　同核桃园合理间作条件和种类

核桃园类型	郁闭度	间作种类	间作条件
幼龄园		绿肥、中草药、豆类等低秆作物	在株间留 2 m 的树盘,不要栽种任何作物,保证树下无杂草,为幼龄树留下足够生长空间
成龄园	0.5 以下	耐阴中草药、绿肥、小杂粮等	树冠下不得间作任何作物,并保证树冠下全年无杂草
	超过 0.5	林下养殖	无

注:郁闭度指单位面积上树冠覆盖林地面积与林地总面积之比

(五)做好规划

一是做好市场开发工作。所有核桃全部达到成熟阶段后,为防止数量增加而价格下降,需要事先计划好销售市场,引导当地强大企业用新技术生产核桃系列产品。二是做好深加工研发工作。吸引投资,开发核桃花粉、核桃皮、核桃壳、内壳综合利用项目。三是做好休闲旅游开发工作。近年来,贵州旅游产业快速增长,把核桃休闲观光和农业旅游产业结合起来进行综合开发,结合农村特点,利用盘州特色文化开发核桃旅游商品,把具有核桃元素的家具、装饰品、手工艺品等产品进行深度挖掘。四是做好生态保护工作。坚持绿色开发,主导生态搞活,整合核桃产业和生态产业,利用核桃生态功能开展农村休闲观光、旅游等其他活动,增加核桃乡村生态产品和服务供给,把核桃乡村的"绿水青山"变成"金山银山"[19]。五是做好企业扶持工作。对现有企业实行技术变革,例如,对于贵州老牌企业,相关部门应该采取有效措施帮助其复苏、壮大、做强。

七、参考文献

[1] 郗荣庭,张毅萍.中国果树(志核桃卷)[M].北京:中国林业出版社,1996:28-29.

[2] Adem H H.A perspective on the Australian walanut industry by the industry development manager[J].Acta Horticulturae,2010:49-56.

[3] Christopoulos M V,Tsantili E.Oil composition in stored walnut cultivars-quality and nutritional value[J].European Journal of Lipid Science and Technology,2015,117(3):338-348.

[4] 吕成利.发展核桃产业促进农民增收[J].陕西林业,2009(5):8.

[5] 刘杜玲.生长调节剂对核桃坐果率及叶绿素含量的影响[J].西北林学院学报,2006(2):87-89,99.

[6] 张光胜,蒲朝霞.盐亭县核桃产业化发展探讨[J].四川林勘设计, 2007(4):51-53.

[7] 李淑芳,习学良,杨建华,等.我国核桃产业标准化现状与进展[J].北方园艺,2016(22):185-188.

[8] 李娅,等.云南省核桃产业发展现状及对策分析[J].经济林研究,2012,30(04):162-167.

[9] 许敏雄.基于 SWOT 模型的福建省体育产业现状分析与对策[J].闽南师范大学学报(自然版),2009,22(4):128-132.

[10] 林琼，林彦铨.基于态势分析法探讨福建省杂交稻种业的发展对策[J].福建农林大学学报（哲学社会科学版），2006，9(6):48-52.

[11] 盘州市统计局.盘州统计年鉴[M].北京：中国统计出版社，2021.

[12] 段凯，穆鑫静.商洛市核桃产业可持续发展现状[J].农业工程，2020，10(8):122-124.

[13] 李智慧.石家庄核桃产业发展的比较优势分析[D].呼和浩特：内蒙古农业大学，2015.

[14] 肖文锋，叶凯，赵晓梅，等.基于 SWOT 分析的新疆核桃产业现状分析与对策研究[J].农业科技管理，2011，30(2):66-69.

[15] 周洪伟.和田县核桃产业链增值与延伸问题研究[D].乌鲁木齐：新疆农业大学，2012.

[16] 王聪聪，余开朝，罗雪梅.基于 SWOT 分析的云南核桃产业研究[J].商场现代化，2010(25):114-115.

[17] 董丽霞.蒲县核桃产业发展研究[D].太谷：山西农业大学，2016.

[18] 李科.洞庭湖区杨树林下间作及套养模式研究[D].长沙：中南林业科技大学，2012.

[19] 王佳英，李娅.基于乡村振兴视角的云南省核桃产业发展路径分析[J].北方园艺，2021(9):143-149.

（注：本章为 2018 级农村区域发展班何兆雄本科学位论文部分内容，指导老师梁龙。）

第九章　基于能值改进模型的红米与烤烟作物系统可持续性评价——以盘州市为例

一、引言

农业作为一个具有自然和社会双重特性的复杂生态系统，其主要功能是提供食物。但随着世界人口对食物需求的不断增长，大量能源和农用化学品投入在促进作物增产的同时导致农业所依赖的自然资源和生态环境状况不容乐观，农业可持续发展必须重新审视产量和生态之间的关系。因此，在实际情况中需使农业可持续性、可定量化，并使农业生产系统适应经济、生态和社会系统的可持续发展[1]。

能值分析(emergy analysis，EMA)作为连接生态学和经济学之间的桥梁，旨在探索和评价系统的可持续状况，当前被广泛运用于农业领域[2,3]。焦士兴等运用能值理论，分析河南省农业生态系统的结构功能与资源环境效益，发现系统过度依赖工业辅助能值投入，且能值内部投入结构存在差异，农业正在远离生态可持续发展。宋丹等基于区域农业产业协同发展目标，利用能值分析法，对北京、天津和河北保定市农业生态系统进行对比分析，结果表明津保二市农业系统对环境的压力要远大于北京，今后应着重调整津保二市的农业发展方式，以实现京津冀农业协同发展[5]。马世昌等运用能值分析法，对安徽省农业生态系统的能值投入、产出及效率进行分析评价，发现安徽省农业系统属消费型生态经济系统，农业生产不可持续，未来需进一步提高能值产出和降低环境负载[6]。

诚然，能值分析是评价农业可持续性的一种成功方法。但也有评论学者认为 EMA 方法忽略了污染排放对环境的不利影响[7-9]。因此，通过改进 EMA 方法并与其他生态环境评价指标和工具组合使用，有可能弥补 EMA 方法的局限[10-11]。王一超等基于能值与生命周期评价耦合模型，评估了北京市郊区三种(玉米、蔬菜、桃)典型农作系统的生态效率[9]。Su 等将农业非点源污染纳入能值核算，对中国三种农业生产类型(水稻单作、稻田种养、非粮生产系统)进行了环境可持续性评价[12]。Jian 等建议将能值和能量分析结合运用，作为一种可靠的农业生产衡量指标，以便获得系统更多的能源利用效率和可持续生产信息[13]。方一平等将环境污染物(废水、固废、CO_2)视为非期望产出纳入能值分析模型，构建区域绿水青山向金山银山转化的价值度量体系，以检测西南地区“两山”价值转化效率和水平[14]。尽管基于能值改进方法和多指标结合运用的分析文献不少，但鲜有研究关注农业生态系统的碳源与碳汇。因此，关注并结合“双重碳”指标，对改进能值分析和进一步探究农作系统可持续性具有重要的理论和现实意义。

本章以贵州省盘州市新民镇为例，在能值分析框架下，将农业生态系统碳源和碳汇纳入相关能值核算指标，并运用于评价红米和烤烟两种典型农作系统的可持续发展水平。同时，沿用 Wang 等[15-16]、王一超等[9]的做法对不同作物系统进行基于弹性系数的灵敏性分析，确定影响系统可持续性表现的环境产出能值流。然后，根据评估结果按照绿色低碳，可持续农业发展原则，提出能兼顾作物生产效率与生态效益的生产优化建议。

二、研究方法

（一）材料与方法

1.研究对象

新民镇地处贵州省盘州市东南部，位于东经 104°48′3～104°58′，北纬 25°17′～25°37′，下辖 16 个行政村，1 个社区，总面积 134.5 km^2，其中耕地面积 5 770 hm^2，平均海拔 1 100～1 700 m，是贵州高原向云南高原的过渡地带，喀斯特山地特征明显。区域内太阳辐射丰富，太阳辐射量基本维持在 4 500～4 737 MJ/m^2，气候温和，年平均气温 15 ℃，降雨量充沛，年平均降雨量 1 135.7 mm，属亚热带季风气候，有助于作物生长和季节性种植。

新民镇作为地区典型农业大镇，目前主要种植有玉米、水稻和小麦等粮食作物以及烤烟、生姜、油菜、软籽石榴和中药材等经济作物。过去一直以低效玉米（青储玉米及籽粒玉米）种植为主，但近年来在玉米价格下行的环境下，地方政府通过不断调整和优化农业产业结构，逐步发展出以高原水稻（红米）为主导，以烤烟、中药材、精品水果等为特色的多样化种植模式。为此，本研究根据新民镇产业发展现状及规划布局，选取旧屯村、上乍勒村红米种植模式代表粮食生产系统，白鱼村、五嘎村烤烟种植模式代表大田经济作物系统（表 9-1），分别分析可持续性，并探究其提升空间。

表 9-1　新民镇两种典型作物种植面积及分布情况

项目	粮食作物系统	经济作物系统
作物类型	红米	烤烟
全生育周期	5—9 月	5—9 月
种植面积	866.7 hm^2	354.5 hm^2

2.数据来源

气象资料来自中国气象数据网（http://data.cma.cn/）、贵州省气象局（http://gz.cma.gov.cn/）、2018—2020 年《贵州统计年鉴》。作物种植面积、农产品产量，来自《新民镇"十四五"农业产业发展规划报告》。土壤侵蚀速率、土壤有机质含量，主要参考相关文献资料[17,18]。物质投入-产出数据，来自 2021 年 9 月课题组通过对农业经营主体（公司、合作社、小农户）进行的面对面访谈和结构式问卷调查。所获得的农业生产数据包括劳动力、种子、肥料、农药、农用柴油、农产品产量等，并求取平均值。

3.农业生态系统边界

研究选取新民镇红米和烤烟两种典型农作物为研究对象，以 1 hm^2 单位农田面积的各资源投入和系统产出平均水平为基本计算内容，充分考虑到从"摇篮到农田大门"农资生产、农作栽培以及农产品收获结束过程中的能量流动、温室气体排放以及二氧化碳固存等细节。其中，根据投入资源的"来源"判断，支持系统生产的资源投入可分为自然环境投入和人为辅助投入。自然环境投入包括可更新（R）的太阳光能、雨水化学能、风能（为避免重复计算本章仅考虑数值最大的雨水化学能)以及不可更新(N)的表土损失能;人为辅助投入包括不可更新(F)的化肥、柴油、农药、地膜、电力以及可更新(R)的有机粪肥、劳动力、种子。

(二)研究方法

1.能值分析方法

能值分析方法(emergy analysis method)是一种以太阳能为通用单位,以太阳能焦耳(solar emjoules,缩写 sej)为度量标准的生态经济系统定量评价方法,它通过考虑免费的自然资源投入来评估系统的稳定性和可持续性[19-21]。就其分析对象而言,有大到国家或地区的生态经济系统,也有小到具体产业的生产系统[22]。然而,不同文献使用的不同能值基准可能导致能值转换效率的差异[2],因此,本研究计算使用的能值基准为 2016 年国际能值学会确定的最新能值基准(1.20×1 025 sej/a),若涉及所需的能值转化率则通过参考文献的能值基准与最新能值基准(1.20×1 025 sej/a)的比值来换算。EMA 分析方法一般用以下能量方程式进行计算:

$$\text{Emergy}_i = \sum_{i=1}^{i=n} \text{UEV}_i \times e_i \quad i=1,2,\cdots,n$$

式中:Emergy_i 为太阳能值;e_i 为系统内第 i 种物质或劳动能量输入流;UEV_i 为第 i 个投入资源的单位能值转化率,其中自然环境资源投入的太阳能值转化率采用 Odum 团队研究得出的相关参数[20],人为辅助资源投入和系统产出的能量折算、能值转化率则选择具体所投入资源的特定参数[6,20,22-24],见表 9-2。

2.净碳足迹法

净碳足迹法(net carbon footprint method)是衡量大气增暖趋势和减排潜力的重要方法,它综合考虑了农业生产各环节的温室气体排放与农田二氧化碳固定[25]。具体计算公式如下:

(1)温室气体排放计算

$$\text{EE}=\text{GHGE}_{\text{input}}+\text{GHGE}_{\text{field}}$$

$$\text{GHGE}_{\text{input}}=\sum G_i \times \beta_i$$

$$\text{GHGE}_{\text{field}}=(\text{N}_2\text{O}_{\text{direct}}+\text{N}_2\text{O}_{\text{indirect}})\times 1.57\times 265+\text{CH}_{4\text{paddy}}\times 1.33\times 28$$

$$\text{CH}_{4\text{paddy}}=t\times\alpha\times M\times 0.14$$

式中:EE 为农业系统总温室气体排放量;$\text{GHGE}_{\text{input}}$为农业生产要素投入引起的温室气体排放量;$G_i$ 为各要素投入的数量;β_i 为相关温室气体排放系数(表 9-2);$\text{GHGE}_{\text{field}}$表示施用氮肥引起的农田温室气体排放量;$\text{N}_2\text{O}_{\text{direct}}$为施氮直接释放的 N_2O[26];$\text{N}_2\text{O}_{\text{indirect}}$为施氮间接产生的 NH_3 挥发和 NO_3^- 淋失[3];$\text{CH}_{4\text{paddy}}$为稻田的 CH_4 排放量(旱地产生的 CH_4 量微,可忽略不计);1.57、1.33 分别是 N_2 对 N_2O 和 C 对 CH_4 的分子转化系数;265、28 分别是 100 年尺度上 N_2O 和 CH_4 等量于 CO_2 的全球潜在增温趋势[27],t 是水稻栽培占全年的时间;α 为中国稻田甲烷年基准排放系数[28];M 为有机肥投入量;0.14 是有机肥施用的相应 CH_4 排放参数[29]。

(2)农田作物二氧化碳固定计算

$$\text{ES}=\frac{1.63\times Y\times(1-\theta)}{H}$$

式中:ES 为农田生态系统植物固定的 CO_2 量,即植物体每积累 1 g 干物质,分别需向大气吸收

1.63 g 的 CO_2，释放 1.19 g 的 O_2[30]；Y 为产品产量；θ、H 分别为生物体含水率和作物经济系数[31]。

表 9-2 各投入要素的温室气体排放系数

项目	碳排放因子
人力劳动/d	0.86
柴油/L	3.75
氮肥/kg	7.76
磷肥/kg	2.33
钾肥/kg	0.66
有机肥/kg	0.23
农膜/kg	0.1
农药/kg	18

3.基于环境产出的能值改进指标(E-EMA indexes)

参照 Watanabe[24] 和 Wang[37] 等的思想，以能值分析为基础，构建包含碳效益的农业生态系统评价模型。具体测算指标如下：

(1)能值产出率(emergy yield ratio，EYR) 传统意义上，能值产出率是指系统产出能值与人为辅助投入能值的比值，EYR 值越高，代表系统的生产效率越好。但是农业生态系统的产出能值不仅包括农产品，还包括生态保育服务(二氧化碳的固定)。因此，理应将农业碳汇视为生态效益产出纳入 EYR 指标进行测算。公式如下：

$$\mathrm{EYR}=\frac{Y+\mathrm{ES}}{(F+r)}$$

(2)环境负载率(environmental load ratio，ELR) 环境负载率是指系统不可更新资源与可更新资源能值投入的比值，用来衡量一定生产条件下某一区域或系统生态环境所承受的压力大小，ELR 数值越高，代表生态环境承受的压力越大。一般而言，当 ELR<3 时，表明压力小；当 3≤ELR≤10 时，表明压力处于中等水平；当 ELR>10 时，表明压力很大。与传统的 ELR 不同，研究在 ELR 指数中将农业系统碳排放加以考虑，并理解为生态环境压力的增加。具体表达方式如下：

$$\mathrm{ELR}=\frac{(F+N)+\mathrm{EE}}{(R+r)}$$

(3)生态能值可持续发展指数(ecological emergy sustainability index，EESI) 与传统能值可持续发展指数(ESI)相似，生态能值可持续发展指数是指生态能值产出率与环境负载率的比值，若生态能值产出率较高而环境负载率较低，则表征该系统是可持续的，反之则是不可持续的。当 EESI<1 时，表明系统的可持续能力弱，环境负载率高；当 1≤EESI≤10，表明系统可持续；当 EESI>10 时，表明系统资源利用效率较低，整体处于落后阶段，可进一步开发[37]。

$$\mathrm{EESI}=\frac{\mathrm{EEYR}}{\mathrm{ELR}}$$

4.系统灵敏性分析

农业生态系统的灵敏性分析是指通过模拟改变模型内某些能值分量来检查各项能值评价指标结果的变化，以此探究影响农业可持续性的主要因子[38]。本研究假定系统各资源投入和产品产出不变，设计系统碳排放与碳固定同时减半（减少 50%）或加倍（增加 200%）的情景，采用基于弹性系数的灵敏性分析方法[15-16]，计算各能值指标的变化幅度及波动情况。具体分析公式如下：

$$SC=\left|\frac{(E_1-E_0)/E_0}{\Delta C}\right|$$

式中：E_0、E_1 分别是环境产出能值流变化前和变化后的相应指标结果；ΔC 是环境产出增（减）的变动量；SC 是灵敏系数，SC>1 说明能值评价指标的变化大于能流参数的变化，SC=1 表明评价指标与参数同比例变化，SC<1 表明评价指标的变化小于参数的变化。

三、结果与分析

（一）两种典型农作系统的能值投入和产出结果分析

如表 9-3 所示，红米和烤烟系统的总能值投入分别是 $1.25E+17$ sej/hm^2 和 $1.16E+17$ sej/hm^2，产品能值产出分别是 $2.61E+16$ sej/hm^2 和 $6.55E+15$ sej/hm^2，红米系统的产品产出效率较好。环境能值产出表现为红米系统碳排放（$5.97E+16$ sej/hm^2）远大于其吸收的碳固定（$1.30E+15$ sej/hm^2），是净温室气体排放系统；烤烟系统碳排放（$1.95E+14$ sej/hm^2）小于碳固定（$3.42E+14$ sej/hm^2），是生态盈余系统，温室气体平衡潜力较大。

表 9-3 两种典型农作系统的原始数据及能值结果

项目		单位	能值转化率	原始数据		能值/sej	
				红米	烤烟	红米	烤烟
能值投入	可更新自然资源	—	—	—	—	1.12E+17	1.12E+17
	太阳能	J	1.00E+00	1.54E+13	1.54E+13	1.54E+13	1.54E+13
	风能	J	1.86E+03	1.55E+08	1.55E+08	2.89E+11	2.89E+11
	雨水化学能	J	2.35E+04	4.76E+12	4.76E+12	1.12E+17	1.12E+17
	不可更新自然资源	—	—	—	—	2.20E+15	2.20E+15
	表土损失能	J	7.94E+04	2.77E+10	2.77E+10	2.20E+15	2.20E+15
	不可更新工业辅助能量	—	—	—	—	2.08E+14	1.80E+15
	氮肥	g	4.83E+09	—	1.27E+05	—	6.14E+14
	磷肥	g	4.96E+09	—	1.27E+05	—	6.31E+14
	钾肥	g	1.40E+09	—	1.27E+05	—	1.78E+14
	柴油	J	8.41E+04	2.48E+09	4.09E+09	2.08E+14	3.44E+14
	农药	g	2.06E+09	1.20E+02	5.70E+02	2.47E+11	1.17E+12
	农膜	g	4.83E+08	—	7.50E+04	—	3.62E+13
	可更新生物有机能	—	—	—	—	1.12E+16	8.33E+15
	人力劳动	J	5.73E+06	9.83E+08	1.42E+09	5.63E+15	8.12E+15
	种子	J	2.60E+04	2.15E+11	7.34E+09	5.59E+15	1.91E+14

续表9-3

项目		单位	能值转化率	原始数据		能值/sej	
				红米	烤烟	红米	烤烟
	有机肥	g	3.44E+06	5.25E+05	4.13E+06	1.81E+12	1.42E+13
	总投入	—	—	—	—	1.26E+17	1.24E+17
能值产出	农产品	J	—	1.08E+11	3.27E+10	2.61E+16	6.55E+15
	碳排放	g	5.09E+07	1.17E+09	3.83E+06	5.97E+16	1.95E+14
	碳固定	g	5.09E+07	2.56E+07	6.72E+06	1.30E+15	3.42E+14

(二)两种典型农作系统的能值投入结构分析

1.自然环境资源能值投入

如图 9-1 所示,红米和烤烟作物系统更依赖于自然可更新资源的投入,分别占系统总能值投入的 90.90%和 91.85%,表明当地自然环境资源在一定程度上能够支撑系统自身发展。

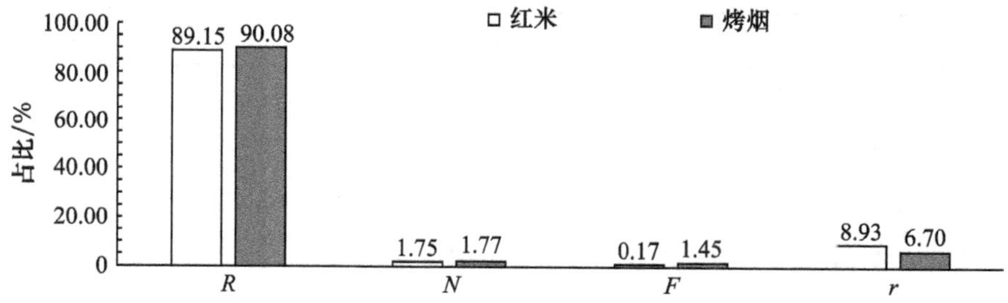

图 9-1　两种典型农作系统的能值投入结构(图中横纵坐标标题)

2.人为辅助能值投入

相比自然环境资源投入,人为辅助能值是人类对系统开展间接调控和生产实践时的各类能量投入。红米和烤烟作为当地长期保持下来的传统农作模式,两种系统的人为辅助能值投入差异不大,生产对人为辅助能投入的需要量较少分别占总能值投入的 9.10%和 8.15%,但前者的可更新生物有机能投入较多(占 8.93%),后者的工业辅助能需求更大(占 1.45%),主要表现为烤烟作为经济作物,其经济价值相对较高的特点决定了农业生产经营主体更偏向于投入较多的工业辅助能值。

3.人为辅助能值投入构成

红米生产所需要的人为辅助能包括劳动力、种子、农药、机械动力燃油、有机肥。其中可更新部分,劳动力和种子投入最多分别是 5.63E＋15 sej/hm^2 和 5.59E＋15 sej/hm^2,有机肥料为 1.81E+12 sej/hm^2;不可更新部分,机械动力燃油和农药的投入分别是 2.08E＋14 sej/hm^2、2.47E＋11 sej/hm^2。可见,该地区红米种植仍较为传统和原生态。而烤烟生产则额外增加了化肥和农膜的投入,使得工业辅助能值投入(1.80E＋15 sej/hm^2)高于红米。

从两种典型农作系统人为辅助能值投入的内部构成可知:一方面虽然红米和烤烟同为大田生产,但烤烟属于经济作物,以至于各农业生产经营者更加重视对烤烟的栽培、管理和收获;另一方面尽管农用机械已开始在全国范围内广泛应用,但在土地相对零散,以丘陵、坡地为主的新民镇，其农业机械化程度普遍偏低，生产尤其依赖劳动力的密集投入。

(三)能值指标评价百分比

传统和改进的能值评价指标核算结果(表 9-4)表明：①红米和烤烟系统的传统能值产出率指标分别是 2.28 和 0.65，但考虑生态效益产出后，烤烟系统的能值产出率提升了 100%，为 0.66。因此，理论上传统的只关注社会和经济效益的 EYR 核算不足以全面反映农业系统生产的真实贡献。②与传统的环境负载率指标(0.02、0.03)相比，关注了温室气体排放产出的 ELR 改进指标值分别是 0.49 和 0.03。其中红米系统作为农业温室气体排放“源”，其 ELR 值从0.02 增加为 0.49，指标变化显著，系统环境压力明显增大。③在红米系统中传统的 ESI 结果是 116.84，大于 10，表明该种农作模式整体处于落后待开发阶段。而考虑环境产出后，其 EESI 结果出现明显下降，为 4.63。但在烤烟系统中 ESI 和 EESI 结果的差距不大，分别是 19.43 和 19.87。可见，对比传统和改进的能值指标，对运用能值方法评价农业生态系统可持续性具有重要意义。

表 9-4　两种典型农作系统的能值评价指标

项目	红米	烤烟
传统能值评价指标(EMA)	—	—
EYR	2.28	0.65
ELR	0.02	0.03
ESI	116.84	19.43
能值改进评价指标(E-EMA)	—	—
EYR	2.28	0.66
ELR	0.49	0.03
EESI	4.63	19.87

(四)灵敏性分析结果

如表 9-5 和图 9-2 所示，红米系统的 EYS、ELR、EESI 指标变化和相应的 SC 值结果表明，温室气体排放变化对环境负载(ELR)和可持续发展(EESI)指数的影响较大。当系统温室气体排放增加一倍后，环境负载率将升高 98.18%，生态能值可持续发展指数则会降低 49.54%，且 ELR 和 EESI 的 SC 值分别是 0.49 和 0.25；而当系统温室气体排放减少一半后，环境负载率、生态能值可持续发展指数分别降低 49.09%和升高 96.42%，同时 ELR 的 SC 值是 1.96 大于 1，EESI 的 SC 值是 0.99 接近 1，说明可持续发展水平的提升幅度与温室气体排放减少量接近于同比例变化，但环境负载率对温室气体排放的减半变化更为敏感，环境负载率的降低程度远超过系统温室气体排放的减少幅度，温室气体排放的减少能够减轻系统更多的生态环境压力。

表 9-5 两种典型农作系统环境产出变化及能值指标波动

项目	红米			烤烟		
	EYS	ELR	EESI	EYS	ELR	EESI
200%↑						
碳排放	—	98.18%↑	49.54%↓	2.20%↓	1.20%↑	3.35%↓
碳固定	—	2.14%↓	2.18%↑	5.11%↑	—	5.11%↑
50%↓						
碳排放	—	49.09%↓	96.42%↑	1.46%↑	—	1.46%↑
碳固定	—	1.07%↑	1.06%↓	2.20%↓	0.60%↑	2.78%↓

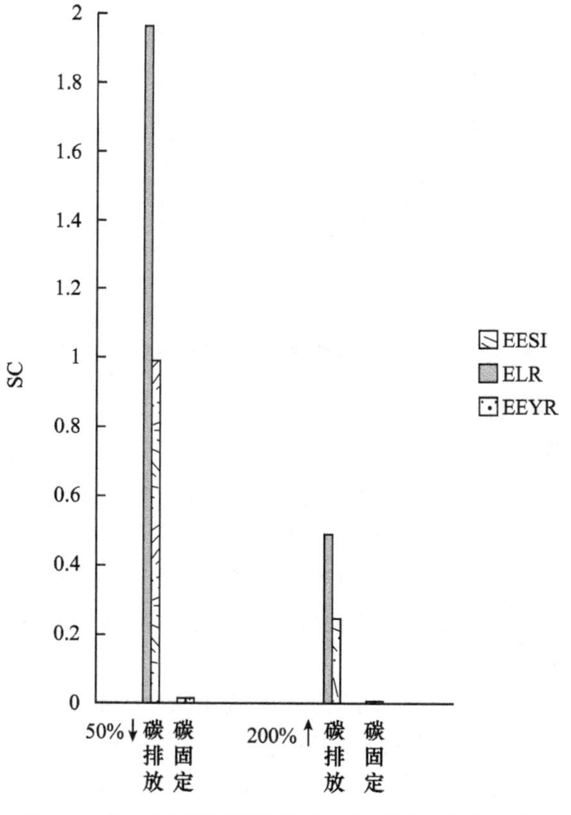

图 9-2 红米系统环境产出增(减)后的灵敏性系数

相比红米生产系统，烤烟系统具有较强的稳定性(图 9-3)，碳排放变化对 EYS、ELR 和 EESI 指标的影响较小。但当二氧化碳固定量增加一倍后，能值产出率增加 5.11%，可持续指数提升 5.11%，相应的 SC 值都接近 0.03。而当系统二氧化碳固定量减少一半后，环境负载率提高 0.60%，能值产出率和可持续水平分别降低 2.20%和 2.78%，相应的 SC 值大约分别为 0.04、0.01 和 0.06。

因此，红米生产模式的可持续发展水平与系统温室气体排放有关，而稳定或增强烤烟生产模式的碳平衡能力可以促进系统生态服务产出，降低环境压力，提升可持续发展水平。

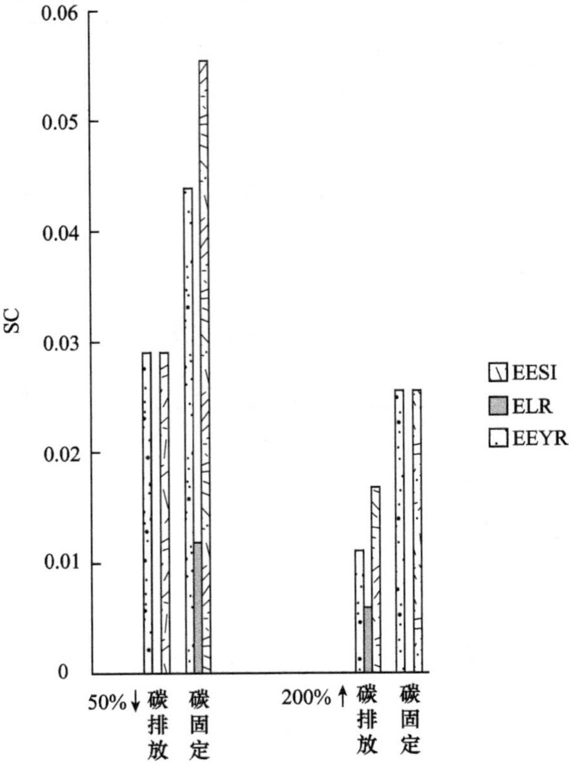

图 9-3　烤烟系统环境产出增(减)后的灵敏性系数

(五)确定关键投入能值流

从以上的灵敏性测试结果可知,温室气体排放是制约红米系统可持续发展的重要因子,需进一步减少系统温室气体排放。其中稻田 CH_4 减排是重点领域,在扩大红米种植规模的过程中应特别关注淹水厌氧条件下稻田土壤中产甲烷菌作用于产甲烷基质产生的 CH_4 排放,可采用覆膜栽培、秸秆合理还田等农艺措施避免温室气体过度排放导致环境压力升高,超出系统承受阈值,降低生产可持续性。

虽然环境产出变化对烤烟种植可持续性的影响不大,但针对现阶段烤烟较多依赖不可更新工业辅助能投入(尤其是化肥)、产量却并不高的事实。未来烤烟发展可通过促进良种选育、鼓励生产经营者选择对环境影响较小的生物有机肥料替代化肥等生产技术达到烤烟高产和优质,实现不可更新工业辅助能值投入的调控,进而在真正提高作物系统生产效率的同时保证其固碳能力不被破坏,维持系统发展的稳定性。

四、讨论与结论

(一)讨论

目前,能值分析方法已经被用于评价多种农业生产模式的可持续性,但是很少有研究在能值的基础上考虑农业系统的生态效益和环境排放,使得评价结果缺乏系统性与全面性。因此,考虑了农业碳源与碳汇的能值改进指标体系被用来评估贵州省镇一级红米和烤烟两种典型农作系统的可持续性，以此兼顾农业生产和生态的双重功能。

从能值产出率来看，理论上包含生态服务效益产出的 EYR 改进指标值应高于传统的 EYR 核算结果。从环境负载率来看，传统的 ELR 核算并未考虑到温室气体排放对环境造成的负面影响，可能导致测算结果低于改进的 ELR 值，然而将其用于分析作物系统中的生态环境压力有失偏颇。从可持续性指数来看，两种不同指标体系得到的结果存在差异，说明环境产出指标对衡量和评价农业系统稳定性与可持续性具有较大的影响，不能被忽视。

整体上，传统的未考虑农业系统双碳效应的能值评价指标体系分析结果与改进的能值评价指标体系分析结果相比，只强调农作系统社会、经济效益而忽略生态产出（包括生态服务产出和环境损害产出）的传统能值分析，很可能导致可持续评价结果的高估（无视农业温室气体源排放）或低估（忽略农田生态系统作物碳固定），不能综合、全面地判定农业生产系统的可持续发展能力。未来考虑环境排放与生态服务的多维能值评价指标应是能值分析方法运用于农业系统可持续性研究的重点内容。

（二）结论

在新民镇区域内，红米和烤烟系统对环境造成的压力虽然都比较小，但红米系统净温室气体平衡效果不理想，整体表现为碳排放“源”，因此需采取有效的稻田温室气体减排措施，将碳排放量限制在能够维持作物生产系统可持续发展的可控范围内。烤烟系统虽然表现为较好的生态效益，但是作物单位面积产量较低，因此提高烟叶产量是今后烤烟种植实现可持续发展的主攻方向。

五、参考文献

[1] 张洁瑕，陈佑启，郝晋珉，等. 乡村振兴战略框架下的区域农业生态系统研究进展[J]. 中国农业大学学报，2021，26(5)：92-105.

[2] 王小龙，刘星星，隋鹏，等. 能值方法在农业系统应用中的常见问题及其纠正思路探讨[J]. 中国生态农业学报（中英文），2020，28(4)：503-512.

[3] Xu Q, Yang Y, Hu K L, et al. Economic, environmental, and emergy analysis of China's green tea production[J]. Sustainable Production and Consumption, 2021, 28(10): 269-280.

[4] 焦士兴，崔思静，王安周，等. 基于能值理论的河南省农业生态系统评价[J]. 地域研究与开发，2021，40(2)：135-139.

[5] 宋丹，李丁，王岳光，等. 京津保农业生态系统的能值分析[J]. 江苏农业科学，2017，45(4)：231-235.

[6] 马世昌，吴晓磊. 安徽省农业生态经济系统能值分析[J]. 中国农业资源与区划，2019，40(12)：101-107.

[7] Hau J L, Bakshi B R. Promise and problems of emergy analysis[J]. Ecological Modelling, 2004, 178(2): 215-225.

[8] Wang Q S, Xiao H, Ma Q, et al. Review of emergy analysis and life cycle assessment: Coupling Development Perspective[J]. Sustainability, 2020, 12(1): 367-380.

[9] 王一超,赵桂慎,彭澎,等. 基于能值与生命周期评价耦合模型的农业系统生态效率评估:以北京市郊区为例[J].农业环境科学学报,2018,37(6):1311-1320.

[10] Patterson M,Mcdonald G,Hardy D. Is there more in common than we think? Convergence of ecological footprinting, emergy analysis, life cycle assessment and other methods of environmental accounting[J]. Ecological Modelling,2017,362(24):19-36.

[11] Wang X L,Wang W,Guan Y S,et al. A joint use of emergy evaluation,carbon footprint and economic analysis for sustainability assessment of grain system in China during 2000-2015[J]. Journal of Integrative Agriculture,2018,17(12):2822-2835.

[12] Su Y,He S,Wang K,et al. Quantifying the sustainability of three types of agricultural production in China:An emergy analysis with the integration of environmental pollution [J]. Journal of Cleaner Production,2019,252(10):119650.

[13] Jian L F,Brian G M C,Henry H J,et al. Emergy and energy analysis as an integrative indicator of sustainability:A case study in semi-arid Canadian farmlands[J]. Journal of Cleaner Production,2018,172(1):428-437.

[14] 方一平,朱冉. "两山"价值转化的经济地理思维:从逻辑框架到西南实证[J]. 经济地理,2021,41(10):192-199.

[15] Wang Q S,Ma Z,Ma Q,et al. Comprehensive evaluation and optimization of agricultural system:An emergy approach[J]. Ecological indicators,2019,107(12):105650-105658.

[16] Wang Q S,Zhang Y,Tian S,et al. Evaluation and optimization of a circular economy model integrating planting and breeding based on the coupling of emergy analysis and life cycle assessment[J]. Environmental Science and Pollution Research,2021,1(7):1-14.

[17] 陈起伟,熊康宁,兰安军. 基于GIS技术的贵州省土壤侵蚀危险性评价[J]. 长江科学院院报,2020,37(12):47-52,66.

[18] 刘彦伶,李渝,张萌,等. 基于文献计量的贵州喀斯特地区石漠化等级土壤养分状况分析[J]. 中国土壤与肥料,2019(2):171-180.

[19] 蓝盛芳,钦佩,陆宏芳. 生态经济系统能值分析[M]. 北京:化学工业出版社,2002.

[20] Odum H T. Environmental Accounting:Emergy and Environmental Decision Making [M]. New York:Wiley,1996.

[21] Boody G,Vondracek B,Andow D A,et al. Multifunctional agriculture in the United States[J]. Biological Science,2005,55(1):27-38.

[22] Brown M T,Ulgiati S. Assessing the global environmental sources driving the geobiosphere:A revised emergy baseline[J]. Ecological Modelling,2016,339(10):126-132.

[23] 陈阜. 农业生态学[M]. 北京:中国农业大学出版社,2009.

[24] Watanabe M D B,Ortega E. Dynamic emergy accounting of water and carbon ecosystem services:A model to simulate the impacts of land-use change[J]. Ecological Modelling,2014,271(10):113-131.

[25] Liang L, Ridoutt B G, Wang L, et al. China' s tea industry: Net greenhouse gas emissions and mitigation potential[J]. Agriculture, 2021, 11(4): 363-381.
[26] 王孝忠. 我国蔬菜生产的环境代价、减排潜力与调控途径[D]. 北京:中国农业大学, 2018.
[27] IPCC. Climate Change 2014: Mitigation of climate change. contribution of working group III to the fifth assessment report of the intergovernmental Panel on Climate Change[M]. Cambridge: Cambridge University Press, 2014.
[28] 夏龙龙, 颜晓元. 中国粮食作物生命周期生产过程温室气体排放的研究进展及展望[J]. 农业环境科学学报, 2020, 39(4): 665-672.
[29] Zhang B, Chen B. Sustainability accounting of a household biogas project based on emergy[J]. Applied Energy, 2017, 194(15): 819-831.
[30] 赵桂慎, 李彩恋, 彭澎, 等. 生态敏感区有机板栗生态补偿标准及其估算:以北京市密云水库库区为例[J]. 中国农业资源与区划, 2016, 37(6): 50-56.
[31] 白义鑫, 盛茂银, 胡琪娟, 等. 贵州喀斯特农田生态系统碳足迹时空差异研究[J]. 四川农业大学学报, 2019, 37(5): 685-694.
[32] 刘巽浩, 徐文修, 李增嘉, 等. 农田生态系统碳足迹法:误区、改进与应用:兼析中国集约农作碳效率[J]. 中国农业资源与区划, 2013, 34(6): 1-11.
[33] Liu Y, Langer V, Høgh-Jensen H, et al. Life cycle assessment of fossil energy use and greenhouse gas emissions in Chinese pear production [J]. Journal of Cleaner Production, 2010, 18(14): 1423-1430.
[34] 陈舜, 逯非, 王效科. 中国氮磷钾肥制造温室气体排放系数的估算[J]. 生态学报, 2015, 35(19): 6371-6383.
[35] 张芬, 程泰鸿, 陈新平, 等. 我国典型露地蔬菜生产中的温室气体排放[J]. 环境科学, 2020, 41(7): 3410-3417.
[36] Liang L, Ridoutt B G, Wu W, et al. A multi-indicator assessment of peri-urban agricultural production in Beijing, China[J]. Ecological Indicators, 2019, 97(2): 350-362.
[37] Wang Y Y, Cai Y P, Liu G Y, et al. Evaluation of sustainable crop production from an ecological perspective based emergy analysis: A case of China's provinces[J]. Journal of Cleaner Production, 2021, 313(2): 127912.
[38] 姜秋香, 赵蚰竹, 王子龙, 等. 基于系统动力学的黑龙江省农业生态系统能值分析[J]. 应用基础与工程科学学报, 2019, 27(4): 780-793.

(注:本章为2020级农村发展班孙凯的期刊论文部分内容,指导老师梁龙。)

第十章　贵州省露地菜椒生产的能量效益和碳足迹评价——以锦屏县为例

一、引言

20 世纪 60 年代中期，为改善农业生产现状，避免国内饥荒，印度率先发起了农业绿色革命并成功推向亚洲和拉丁美洲等发展中国家[1]。然而农业绿色革命的发生是喜忧参半的，大量能源和农业化学品投入带来作物增产的同时也对环境产生了不小的负面影响[2]。中国承诺在 2030 年实现碳达峰，2060 年实现碳中和。农田生态系统作为陆地最活跃的碳库之一，其中温室气体的排放最为引起关注[3]。

中国蔬菜种植业在新一轮农村产业变革的实施下迅速发展[4]，然而蔬菜发展伴随而来的是农田温室气体排放量的增加[4-5]、能源和环境的高消耗[6-8]，蔬菜种植的节能减排和低碳高效已成为中国农业实现绿色可持续发展的重点。杨帆等[9]通过调查小农户种植业化肥的施用状况，发现蔬菜已成为中国化肥施用量最大的农作物之一，占到种植业施肥总量的 82.8%。Chen 等[10]对中国 16 种主要作物生产的碳足迹进行研究，结果表明，蔬菜生产系统是农场最大的碳足迹，而施肥是影响农田净碳排放的关键。张芬等[11]基于中国宏观蔬菜生产统计数据，研究了 4 种典型露地蔬菜（番茄、黄瓜、大白菜、萝卜）生产系统的温室气体排放，发现中国露地蔬菜生产系统的温室气体排放量较高且存在区域空间差异。贵州作为“镰刀湾”低效玉米种植区之一，在保粮食、调结构、促增收的基础上依照 2015 年农业部《关于进一步调整优化农业结构的指导意见》及 2016 年《全国种植业结构调整规划（2016—2020 年）》提出的减少镰刀湾地区非优势玉米播种面积的要求，大力发展包括精品蔬菜、水果、茶叶、食用菌在内的 12 项农业特色优势产业[12]。目前，产业调整的经济效益明显，但对调整后包括环境和生态在内的综合效益及农田低碳、绿色生产管理尚缺乏探索。贵州是否能够真正将“绿水青山”转化为“金山银山”，最终实现生态与经济的良性循环和农业的绿色可持续发展亟待探究。因此，本研究以贵州省锦屏县辣椒为分析对象，运用生命周期评价（life cycle assessment，LCA），从“摇篮到农田大门”定量化辣椒生产全过程中的能量消耗和碳足迹情况，以期为地方减小环境排放，提升农田节能减排潜力和优化作物绿色低碳生产管理提供实际参考，同时也为贵州地区蔬菜生产补充相关数据。

二、研究方法

（一）材料及方法

1.研究区域概况

研究选取贵州省黔东南苗族侗族自治州锦屏县为调查地。锦屏县位于贵州省东部，北纬 26°23′29″～26°16′49″，东经 108°48′37″～109°24′35″，属中亚热带湿润性季风气候地区，气候温和，年平均温度 16.5 ℃，全年日照时数 1 231.9 h，年平均降雨量 12 53.1 mm，日照充足、雨量丰沛，总面积 1 596 km^2，是贵州省重点林业县，森林面积 2 550 hm^2，森林覆盖率 72.12%。过去锦屏县主要以玉米种植为主，但近年来通过产业结构调整逐步改种其他经济作物，其中共流转土地 33 hm^2 用于发展带动能力强的菜椒产业，成为锦屏县“六大农业特色产业”之一。

2.研究对象及边界

研究以每单位面积 1 hm^2 辣椒生产为分析对象，以辣椒栽培全过程为生命周期，从农资生产开始到辣椒产出结束，充分考虑到农资生产和作物种植过程中碳排放、碳固存及能量流动的细节。

3.数据收集与处理

本研究数据来自 2019 年课题组对锦屏县新化乡、钟灵乡、铜鼓镇、敦寨镇辣椒生产经营主体的调查，包括 4 个合作社，80 户小农户。通过实地走访和面对面访谈的形式，按种植面积随机抽取各村符合研究条件的小农户生产者并利用统一设计的调查问卷进行数据收集，问卷内容包括人力、种子、化肥、电力、燃油、农药、农家肥、作物产量等物质投入产出数据。本次共实际调查 84 个样本，剔除 4 份小农户数据，共搜集到农业结构调整后小农户生产者及合作社辣椒种植的 80 份真实数据。由于被调查对象在农资投入偏好、作物种植管理等方面的行为具有一致性，因此调查所获得的数据能够代表锦屏县域辣椒种植的平均水平。所有原始数据运用 Excel 进行处理并计算，具体物质投入产出数据见表 10-1。

表 10-1　单位面积(hm^2)辣椒生产的投入与产出清单

投入产出要素	项目	数值
投入	劳动力/d	375
	柴油/L	30
	复合肥/kg	1500
	机械/h	5
	叶面肥/kg	12
	有机肥/kg	3750
	地膜/kg	105
	农药/kg	10.5
	苗/株	34 500
产出	鲜辣椒/kg	11 250

不同肥料的具体养分含量：复合肥(N=15%，P_2O_5=15%，K_2O=15%)；叶面肥(P_2O_5=52%，K_2O=34%)；有机肥(N=1.63%，P_2O_5=1.54%，K_2O=0.85%)。

(二)研究方法

1.能量法

能量法是计算农田生态系统能流的重要方法之一，能量的投入、产出能够较好的体现整个生产系统能量和养分的利用效率，具体参考刘巽浩[13]的核算方法。本研究通过相关能量测算指标包括能量产投比、净能量、单位产品能量比和单位能量生产率对辣椒生产的能源利用效率进行评价,计算公式见式(10-1)至式(10-4),涉及的能量转换系数见表10-2。

$$E_e = E_o E_i \tag{10-1}$$

$$E_n = E_o - E_i \tag{10-2}$$

$$E_p = E_i Y \tag{10-3}$$

$$E_y = Y E_i \tag{10-4}$$

式中:E_e 为能量利用效率;E_o 和 E_i 分别为产出能量和投入能量;E_n 为净能量;E_p 为单位产品能量比;Y 为作物产量;E_y 为单位能量生产率。

2.碳足迹法

碳足迹法又称碳流法,是衡量大气增加趋势及温室气体排放的重要方法,目前已广泛应用于农业领域,涉及的指标有净碳足迹、碳效率、单位面积碳足迹、单位产品足迹、单位产品经济碳效益等。农田碳足迹既包括各类农事活动投入导致的直接或间接碳排放,又包括植物光合作用对空气中碳的吸收和有机肥施用引起的土壤碳固定[14-16]。计算公式见式(10-5)至式(10-15),碳当量系数见表10-2。

表10-2　辣椒种植投入产出要素的能量和碳足迹相关系数

投入产出要素	项目	能量当量/MJ	温室气体当量(CO_2 eq)
投入	劳动力/d	12.60[26]	0.86[15]
	机械/h	62.70[27]	3.32[29]
	柴油/L	44.50[26]	3.32[15]
	N/kg	92.02[28]	8.30[30]
	P_2O_5/kg	20.96[28]	1.50[30]
	K_2O/kg	13.13[28]	0.98[30]
	农药/kg	240.00[28]	18.00[28]
	农膜	83.10[26]	2.49[28]
	有机肥	—	0.10[4]
产出	鲜辣椒	0.80[31]	—

(1)温室气体排放计算　见式(10-5)至式(10-7)。

$$C_E = C_d + C_n \tag{10-5}$$

$$C_d = \sum G_i \times \beta_i \tag{10-6}$$

$$C_n = (1.4\% \times N + 1\% \times NH_3 + 2.5\% \times NO_3^-) \times 1.57 \times 265 \tag{10-7}$$

式中:C_E 为辣椒生产的总温室气体排放量;C_d 为外源投入引起的总碳排量;C_n 为肥料施用引起的总 NO_2 排放量;G_i 为每种农资的投入量;β_i 为每种农资的相关碳排系数;N 为氮肥施用总量;NH_3、NO_3^- 分别为氨挥发和植物根系氮素流失量[17];1.4%是施入氮肥直接导致的 N_2O 排放量[18],1%和2.5%是施入氮肥间接引起的氨挥发和硝态氮淋失中N对 N_2O-N 的转化系数[19];1.57是 N_2 对 N_2O 的分子转化系数;265是100年尺度上 N_2O 等量于 CO_2 的全球潜在增温趋势[20]。

（2）碳固定计算　见式（10-8）至式（10-10）。

$$C_S = C_{NPP} + C_m \tag{10-8}$$

$$C_{NPP} = 1.63 \times Y \times (1-\theta) H \tag{10-9}$$

$$C_m = 27\% \times M \times 2.8\% \times 3.67 \tag{10-10}$$

式中：C_S 为农田生态系统总碳固定；C_{NPP} 为植物固定的 CO_2 量，1.63 为植物干物质积累所固定的 CO_2，根据光合作用方程式：$6CO_2 + 6H_2O \rightarrow C_6H_{12}O_6 + O_2 \rightarrow C_6H_{10}O_5$（多糖），即植物体每积累 1 g 干物质，分别需向大气吸收 1.63 g 的 CO_2，释放 1.19 g 的 O_2[21]；C_m 为土壤有机碳固存量；Y 为辣椒产量；θ 为生物体含水率；H 为作物的经济系数，辣椒含水率及经济系数分别取 0.89[22]、0.95[23]；M 为有机肥投入量；27%是有机肥所含有机碳对土壤碳储量的贡献[24]，2.8% 是有机肥的有机碳含量[25]，3.67 是 C 对 CO_2 的转换系数。

（3）碳效率计算　见式（10-11）至式（10-12）。

$$C_x = C_S / C_E \tag{10-11}$$

$$C_a = C_t / C_E \tag{10-12}$$

式中：C_x 为净碳效率；C_S 为农田生态系统总碳固定量；C_E 为农田生态系统总温室气体排放量；C_a 为有机碳排与总碳排之间的比值；C_t 为有机质耗碳量。

（4）碳足迹计算　见式（10-13）至式（10-15）。

$$C_r = C_E / R \tag{10-13}$$

$$C_p = C_E / Y \tag{10-14}$$

$$C_v = V / C_E \tag{10-15}$$

式中：C_r 为单位面积碳足迹；C_E 为农田生态系统的总温室气体排放量；C_p 为单位产品碳足迹；C_v 为单位产品经济效益碳足迹；R 为土地面积；V 为产品利润。

三、结果与分析

（一）辣椒种植的能量利用效益分析

辣椒生产的各投入能量占比见图 10-1，其中复合肥对农田总能量投入的贡献最高，每公顷单位面积土地的投入量为 1 500 MJ，占总能量消耗的 53%以上。这比国外辣椒生产 39.31%的化肥投入占比高出近 14%[31]，说明当地化肥投入不合理，辣椒种植活动仅凭以往经验。而化肥的高投入与生产经营者的管理和栽培技术水平有关，生产过程中盲目地投入化肥，将超出作物生产的阈值。其次，能量投入占比较高的还包括柴油、农药、地膜等农用化学品，其中地膜占 16%，农药占 5%，说明在该地区辣椒生产的外源投入较多。最后，菜椒种植劳动力的投入也占有较大比重，占比为 9%。因此，从能量投入占比来看，在保证或提高辣椒产量的前提下，该地区需要通过利用无机肥和生物防控技术替代化肥和农用化学药剂，以降低辣椒生产的高能源消耗。通过能流核算发现，辣椒生产系统各能量的投入和产出不平衡（表 10-3）。辣椒生产中的总投入能量是 53 431.8 MJ/hm^2，输出能量是 9 000 MJ/hm^2，系统净能量效益是 −44 431.8 MJ/hm^2，净能量效益为负值，能量投入与输出严重失衡，能量失衡的影响包括农田高能量投入、低作物产出以及辣椒自身较低的能量含量。此外，辣椒生产系统的能量耗散较大，能量利用率较低，能量利用效率仅为 0.17。低能量利用效率一方面造成大量的能量外流，损害环境；另一方面生产的高碳投入、低产品产出不利于农业可持续发展。同样，单位产品能量比和单位能量生产率也不理想，分别为 4.75 MJ/kg、0.21 kg/MJ，意味着生产经营者要获得 1 kg 辣椒产品需向农田生态系统输入 4.75 MJ 的能量，而每输入 1 MJ 能量仅只能获得 0.21 kg 的产品。锦屏县亟待通过优化辣椒生产的能量投入结构、提高作物单位面积产出、改良育种技术等措施实现辣椒低能耗高效率的可持续发展。

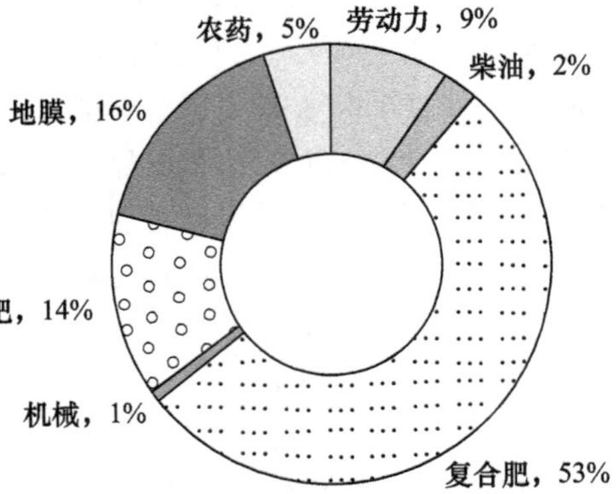

图 10-1 辣椒生产的各投入能量占比

表 10-3 辣椒生产能量效益指标

指标	值
投入能量	53 431.8 MJ/hm^2
输出能量	9 000 MJ/hm^2
净能量	−44 431.8 MJ/hm^2
能量利用效率	0.17
单位产品能量比	4.75 MJ/kg
单位能量生产率	0.21 kg/MJ

(二)辣椒种植的碳效益及碳足迹评价

通过式(10-5)至式(10-15)的计算得出结果如表 10-4 所示，辣椒生产全生命周期产生的碳排放总量为 53 431.8 $kgCO_2eq$。在农作阶段，劳动力、机械、柴油及肥料投入对温室气体排放的直接贡献分别为 5.92%、0.30%、1.83%、32.07%，占总碳排放量的 40%，其中肥料碳排放量最高，劳动力次之，主要原因在于：①肥料投入会直接和间接引起土壤硝化、反硝化作用和硝酸盐的淋洗、氨的挥发，从而释放出大量的 N_2O 气体，增加温室气体排放。②锦屏县辣椒种植的机械化程度较低，而蔬菜属于劳动力密集型产业，因此劳动力的投入较大。在农资生产及运输阶段，化肥对温室气体排放的贡献最大，贡献率达 44.7%，有机肥堆肥及运输、农药、农膜等贡献率则在 3.47%～6.88%之间。这说明农资生产及运输环节产生的间接碳排放量占到总碳排放量的 60%，超过田间农事活动产生的直接碳排放量，原因在于该地区辣椒种植高度依赖化肥，其中在辣椒采收前后都施用化肥，在生长期还需补充少量的叶面肥。因此，在辣椒生产的全生命周期过程中，化肥的生产、运输和施用都是碳排放的主要贡献因子，是该地区辣椒生产的第一大碳排放源。而农田通过植物光合作用和土壤碳固存的量仅有 2 227.3 kg CO_2eq，远低于总碳排放量。从各碳效益指标来看，辣椒生产的净碳效率为 0.41（小于 1），表明生产对生态环境具有负外部性，为温室气体排放“源”，需进一步采取减源增汇措施以提高辣椒生产的减排潜力，实现绿色低碳发展。有机耗碳比同样低于 1 的水平且接近于 0，表明该地区辣椒生产的有机投入小于无机投入。单位面积碳足迹 0.55 kg CO_2eq/m^2 的结果表明，每增加 1 m^2 的辣椒种植面积，将增加 0.55 kg CO_2eq 的温室气体排放，辣椒种植可能存在潜在的环境排放风险。而单位经济效益碳足迹为 2.91 元/kg CO_2eq，表明辣椒种植每排放 1 kg CO_2eq 可为生产经营者带来 2.91 元的可观利润，但 0.48 kg CO_2eq/kg 的单位产品碳足迹（碳生产效率）结果意味着每产出 1 kg 的辣椒，将引起 0.48 个单位的 CO_2 释放。由此可见，虽然辣椒种植的经济效益表现良好，但环境排放问题不容忽视。

表 10-4 辣椒生产碳排效益指标

碳排项目及指标	细分项目	数值	占比/%
碳排项目	农田直接碳排放	—	—
	劳动力	322.5 kg CO_2eq	5.92
	机械	16.6 kg CO_2eq	0.30
	柴油	99.6 kg CO_2eq	1.83
	施氮引起的碳排	1 747.9 kg CO_2eq	32.07
	外源要素引起的间接碳排放	—	—
	氮肥生产运输	1 867.5 kg CO_2eq	34.26
	磷肥生产运输	346.9 kg CO_2eq	6.36
	钾肥生产运输	224.5 kg CO_2eq	4.12
	有机肥	375 kg CO_2eq	6.88
	农药	189 kg CO_2eq	3.47
	农膜	261.5 kg CO_2eq	4.80
碳核算指标	碳排总量	5 450.9 kg CO_2eq	—
	碳固定量	2 227.3 kg CO_2eq	—
	净碳效率	0.41	—
	有机耗碳比	0.07	—
	单位面积碳足迹	0.55 kg CO_2eq/m^2	—
	单位产品碳足迹	0.48 kg CO_2eq/kg	—
	单位经济效益碳足迹	2.91 元/kg CO_2eq	—

四、讨论与结论

(一)讨论

碳足迹作为诸多环境影响评价方法之一,是一种关注农业系统生产过程中“下游”温室气体排放的核算方法,当下碳足迹法在核算农业生态效率方面变得非常流行。但碳足迹仅反映农业生产的一个侧面而不是全部[16]。因此,本研究基于生命周期理念,将投入产出分析框架下衡量农业生产系统能流和碳流的两种方法,共同运用于贵州省锦屏县域辣椒产业发展的环境效益核算。温室气体排放核算结果表明,在该地区辣椒生产的碳排放量远大于碳固定量,尤其是氮肥的生产和使用占生产全过程总温室气体排放量的多数,为 66.33%,而农田的碳固定只能平衡 41%,辣椒生产总体上表现为温室气体排放源,这与中国四种典型露地蔬菜(黄瓜、番茄、大白菜、萝卜)种植的温室气体排放分析结论相一致[11]。同时 Zhi 等[32]通过研究贵州当地玉米生产系统的碳排放,发现玉米种植的温室气体排放是 3 767 kg CO_2eq,相比辣椒种植其减少约 1 947 kg CO_2eq。王孝忠[8]以西南地区重庆市为例,研究露地辣椒生产的减排潜力,结果表明重庆市辣椒生产的碳排放量为 4 060 kg CO_2eq,相比贵州锦屏(5 450.9 kg CO_2eq)低 1 654.37 kg CO_2eq。导致此差异的主要原因:一是集约化蔬菜种植系统的氮肥施用量显著高于粮食作物系统[10];二是不同地区土壤、降雨、光照等自然条件和农民长期形成的施肥、栽培习惯等特性差异较大,致使区域间施肥结构不同[11];三是目前农业生产资料的温室气体排放核算系数存在区域化差异和不确定性,尤其在有机肥方面[33]。虽然在贵州地区玉米改种蔬菜能够为农户带来更多的经济效益,提高农民收入[34],但却增加了农田温室气体排放的风险。因此,在农业产业结构调整过程中,如何在保证生产经营者经济利益的同时维护好农业系统生态环境,是目前绿色低碳发展战略背景下,贵州省打造地方农业特色优势产业应该重点关注的方向。

近年来,基于各种方法的多指标农业生态系统环境影响评价已成为一种趋势[35],刘巽浩曾用过能流法对中国南方水稻生产的能量产出效率进行分析[13],梁龙等[36]也沿用能流法对贵州省黔东南州锦屏县水稻生产的能量利用效益进行分析,结果表明,当地水稻生产的能量利用效率为 0.21,很明显在锦屏县水稻种植的能量利用效率高于辣椒种植(0.17)。而相比国外地区,锦屏县辣椒生产的能量利用效率远低于土耳其 0.99 的核算结果[31]。这也说明锦屏县辣椒生产的能量利用效率并不理想,能量投入产出不平衡,辣椒生产投入不合理,能量流失严重。

(二)结论

(1)从能效方面来看　辣椒生产的总能量投入大于产出,分别是 53 431.8 MJ 和 9 000 MJ,净能量效益为 44 431.8 MJ,其中化肥、农膜占有总能量投入相当大的份额,分别是 53%和 16%。能量利用效率、单位产品能量比和单位能量生产率指标得出的结果分别是 0.17 MJ/kg、4.75 MJ/kg 和 0.21 kg/MJ,能量生产效率偏低,未来应加强良种选育,提高作物光合强度和能量吸收效率,同时也需要考虑发展清洁能源替代初级不可更新能源。

(2)从碳效益来看　辣椒生产的碳效益指标包括碳排总量、碳固定量、净碳效率、有机耗碳比、单位面积碳足迹、单位产品碳足迹和单位经济效益碳足迹,核算结果分别是 5 450.9 kg CO_2eq、2 227.3 kg CO_2eq、0.41、0.07、0.55 kg CO_2eq/m^2、0.48 kg CO_2eq/kg、2.91 元/kg

CO_2eq。辣椒生产整体表现为温室气体排放源，未来该地区仍需进一步重视农田的生态保育作用，可通过优化农资投入结构、增加有机物质投入占比、提升土壤质量、发掘土壤固碳潜力等农艺措施，实现地方辣椒生产零碳排。

五、参考文献

[1] 陈培彬，张精，朱朝枝.印度“绿色革命”经验对我国发展生态农业的启示[J].农业经济，2020(6)：11-13.

[2] Wang X Z, Zou C, Gao X P, et al. Nitrous oxide emissions in Chinese vegetable systems: A meta-analysis [J]. Environmental pollution, 2018, 239(8): 375-383.

[3] 尹钰莹，郝晋珉，牛灵安，等.河北省曲周县农田生态系统碳循环及碳效率研究[J].资源科学，2016，38(5)：918-928.

[4] 胡亮，文礼章，彭云鹏，等.不同蔬菜品种生产效益和碳效益评价[J].农业资源与环境学报，2016，33(1)：92-101.

[5] Ti C, Luo Y, Yan X. Characteristics of nitrogen balance inopenair and greenhouse vegetable cropping systems of China [J]. Environmental science and pollution research, 2015, 22(23): 18508-18518.

[6] 邬磊.双季稻田转菜地对生态系统碳平衡和温室气体排放的影响研究[D].武汉：华中农业大学，2018.

[7] 陈晓辉.中国种植业结构演变及其资源环境代价研究[D].北京：中国农业大学，2018.

[8] 王孝忠.我国蔬菜生产的环境代价、减排潜力与调控途径[D].北京：中国农业大学，2018.

[9] 杨帆，孟远夺，姜义，等.2013年我国种植业化肥施用状况分析[J].植物营养与肥料学报，2015，21(1)：217-225.

[10] Chen X H, Ma C C, et al. Identifying the main crops and key factors determining the carbon footprint of crop production in China, 2001-2018[J]. Resources, conservation & recycling, 2021, 172: 1-17.

[11] 张芬，程泰鸿，陈新平，等.我国典型露地蔬菜生产中的温室气体排放[J].环境科学，2020，41(7)：3410-3417.

[12] 梁龙，谢斌，李明红，等.基于生态位视角的贵州茶产业发展现状及问题与对策[J].贵州农业科学，2020，48(9)：147-152.

[13] 刘巽浩.能量投入产出研究在农业上的应用[J].农业现代化研究，1984(4)：15-20.

[14] 梁龙，陈源泉，高旺盛.基于生命周期的循环农业系统评价[J].环境科学，2010，31(11)：2795-2803.

[15] 刘巽浩，徐文修，李增嘉，等.农田生态系统碳足迹法：误区、改进与应用：兼析中国集约农作碳效率[J].中国农业资源与区划，2013，34(6)：1-11.

[16] 刘巽浩，徐文修，李增嘉，等.农田生态系统碳足迹法：误区、改进与应用：兼析中国集约农作碳效率(续)[J].中国农业资源与区划，2014，35(1)：1-7.

[17] Wang X Z, Liu B, Wu G, et al. Environmental costs and mitigation potential in plastic-greenhouse pepper production system in China: A life cycle assessment [J]. Agricultural Systems, 2018, 167: 186-194.

[18] Liang L, Ridoutt B G, Wang L, et al. China's tea industry: net greenhouse gas emissions and mitigation potential [J]. Agriculture, 2021, 11(4): 363.

[19] Xu Q, Hu K L, Yao Z S, et al. Evaluation of carbon, nitrogen footprint and primary energy demand under different rice production systems [J]. Ecological indicators, 2020, 117: 1-8.

[20] IPCC. Climate Change 2014: Mitigation of climate change. contribution of working group III to the fifth assessment report of the intergovernmental panel on climate change [R]. Cambridge: cambridge university press, 2014.

[21] 赵桂慎,李彩恋,彭澎,等.生态敏感区有机板栗生态补偿标准及其估算:以北京市密云水库库区为例[J].中国农业资源与区划,2016,37(6):50-56.

[22] 赵桂慎,郭岩彬,梁龙,等.中国功能农业发展与政策研究[M].北京:科学出版社,2018.

[23] 白义鑫,盛茂银,胡琪娟,等.贵州喀斯特农田生态系统碳足迹时空差异研究[J].四川农业大学学报,2019,37(5):685-694.

[24] Li B, Song H, Cao W, et al. Responses of soil organic carbon stock to animal manure application: A new global synthesis integrating the impacts of agricultural managements and environmental conditions [J]. Global change biology, 2021, 27(20): 5356-5367.

[25] 张维理,Kolbe H,张认连,等.农田土壤有机碳管理与有机质平衡算法[J].中国农业科学,2020,53(2):332-345.

[26] 陈阜.农业生态学[M].北京:中国农业大学出版社,2009.

[27] Erdal G, Kesengün, Eredal H, et al. Energy use and economical analysis of sugar beet production in Tokat province of Turkey[J]. Energy, 2007, 32: 35-41.

[28] Liang L, Ridoutt B G, Wu W, et al. A multi-indicator assessment of peri-urban agricultural production in Beijing, China[J]. Ecological Indicators, 2019, 97: 350-362.

[29] Feng Y P, Zhang Y Y, Li S, et al. Sustainable options for reducing carbon inputs and improving the eco-efficiency of smallholder wheat-maize cropping systems in the Huanghuaihai Farming Region of China [J]. Journal of Cleaner Production, 2020, 224: 1-23.

[30] Gao B, Ju X, Meng Q, et al. The impact of alternative cropping systems on global warming potential, grain yield and groundwater use [J]. Agriculture ecosystems & environment, 2015, 203: 46-54.

[31] Ozkan B, Kurklu A, Akcaoz H. An input-output energy analysis in greenhouse vegetable production: a case study for Antalya region of Turkey [J]. Biomass and bioenergy, 2004, 26(1): 89-95.

[32] Zhi Y, Wu S Z, Wang X Z, et al. Carbon footprint of maize production in tropical/subtropical region: a case study of Southwest China [J]. Environmental science and pollution research, 2021, 28(22): 28680-28691.

[33] 夏龙龙,颜晓元.中国粮食作物生命周期生产过程温室气体排放的研究进展及展望[J].农业环境科学学报,2020,39(4):665-672.

[34] 余霜,李光.贵州省农业产业结构调整对农民收入的影响研究[J].湖北农业科学,2016,55

(4):1047-1050.
[35] Wang X L, Wang W, Guan Y S, et al. A joint use ofemergy evaluation, carbon footprint and economic analysis for sustainability assessment of grain system in China during 2000-2015 [J].农业科学学报(英文版),2018,17(12):2822-2835.
[36] 梁龙,郑雪艳,李仲佰.贵州粮食作物生产综合效益及减排增值潜力分析:以锦屏县为例[J].作物研究,2021,35(5):435-441.

(注:本章为2020级农村发展班孙凯的期刊论文部分内容,指导老师梁龙。)